U0753559

全—本—全—注—全—译

# 尚書

中华文化讲堂 注译

团结出版社

**图书在版编目（CIP）数据**

尚书 / 中华文化讲堂注译. -- 北京：团结出版社，
2017.2

（谦德国学文库）

ISBN 978-7-5126-4740-4

Ⅰ.①尚… Ⅱ.①中… Ⅲ.①中国历史—商周时代
②《尚书》—注释③《尚书》—译文 Ⅳ.①K221.04

中国版本图书馆CIP数据核字(2016)第311740号

**出版**：团结出版社

　　（北京市东城区东皇城根南街84号　邮编：100006）

**电话**：(010) 65228880　　65244790　（传真）

**网址**：www.tjpress.com

**Email**：65244790@163.com

**经销**：全国新华书店

**印刷**：北京天宇万达印刷有限公司

**开本**：148×210　1/32

**印张**：11.75

**字数**：308千字

**版次**：2017年6月　第1版

**印次**：2021年11月　第5次印刷

**书号**：978-7-5126-4740-4

**定价**：46.00元

# 《谦德国学文库》出版说明

　　人类进入二十一世纪以来，经济与科技超速发展，人们在体验经济繁荣和科技成果的同时，欲望的膨胀和内心的焦虑也日益放大。如何在物质繁荣的时代，让我们获得内心的满足和安详，从经典中获取智慧和慰藉，或许是我们不二的选择。

　　之所以要读经典，根本在于，我们应当更好地认识我们自己从何而来，去往何处。一个人如此，一个民族亦如此。一个爱读经典的人，其内心世界必定是丰富深邃的。而一个被经典浸润的民族，必定是一个思想丰赡、文化深厚的民族。因为，文化是民族之灵魂，一个民族如果不能认识其民族发展的精神源泉，必定就会失去其未来的生机。而一个民族的精神源泉，就保藏在经典之中。

　　今日，我们提倡复兴中华优秀传统文化，当自提倡重读经典始。然而，读经典之目的，绝不仅在徒增知识而已，应是古人所说的"变化气质"，进一步，是要引领我们进德修业。《易》曰："君子以多识前言往行，以蓄其德。"实乃读经典之要旨所在。

基于此理念，我们决定出版此套《谦德国学文库》，"谦德"，即本《周易》谦卦之精神。正如谦卦初六爻所言："谦谦君子，用涉大川"，我们期冀以谦虚恭敬之心，用今注今译的方式，让古圣先贤的教诲能够普及到每一个人。引导有心的读者，透过扫除古老经典的文字障碍，从而进入经典的智慧之海。

作为一套普及型的国学丛书，我们选择经典，不仅广泛选录以儒家文化为主的经、史、子、集，也将视野开拓到释、道的各种经典。一些大家所熟知的经典，基本全部收录。同时，有一些不太为人熟知，但有当代价值的经典，我们也选择性收录。整个丛书几乎囊括中国历史上哲学、史学、文学、宗教、科学、艺术等各领域的基本经典。

在注译工作方面，版本上我们主要以主流学界公认的权威版本为底本，在此基础上参考古今学者的研究成果，使整套丛书的注译既能博采众长而又独具一格。今文白话不求字字对应，只在保证文意准确的基础上进行了梳理，使译文更加通俗晓畅，更能贴合现代读者的阅读习惯。

古籍的注译，固然是现代读者进入经典的一条方便门径，然而这也仅仅是阅读经典的一个开端。要真正领悟经典的微言大义，我们提倡最好还是研读原本，因为再完美的白话语译，也不可能完全表达出文言经典的原有内涵，而这也正是中国经典的古典魅力所在吧。我们所做的工作，不过是打开阅读经典的一扇门而已。期望藉由此门，让更多读者能够领略经典的风采，走上领悟古人思想之路。进而在生活中体证，方能直趋圣贤之境，真得圣贤典籍之大用。

经典，是一代代的古圣先贤留给我们的恩泽与财富，是前辈先人的智慧精华。今日我们在享用这一份财富与恩泽时，更应对古人心存无尽的崇敬与感恩。我们虽恭敬从事，求备求全，然因学养所限、才力不及，舛误难免，恳请先贤原谅，读者海涵。期望这一套国学经典文库，能够为更多人打开博大精深之中华文化的大门。同时也期望得到各界人士的襄助和博雅君子的指正，让我们的工作能够做得更好！

团结出版社

2017年1月

# 前　言

　　《尚书》又叫作《书经》，是我国第一部古典文集和最早的历史文献。自尧舜至夏商周，跨越两千余年。为儒家"五经"之一，相传为孔子所删定，《汉书·艺文志》记载，原书共百篇。由于历史上秦始皇的焚书，导致后来《尚书》有今古文之分。

　　因为典籍缺乏，汉朝初年，汉文帝诏令天下求《尚书》。济南伏生应诏，但此时他已经九十余岁了，书虽然烧掉了，但是伏生凭记忆还能把这部《尚书》背诵下来。由于他年岁已大，行走不便，汉文帝就让掌故臣晁错前往，经由伏生口授，得到《尚书》二十九篇，这就是《今文尚书》。

　　《古文尚书》则源自汉武帝的时候，当时的鲁恭王好治宫室，把孔子的旧宅给毁了，想扩充为他的宫室之地，结果在墙壁当中发现了《尚书》《论语》《孝经》等书，都是科斗文，没有人认识。因为有伏生所传的《尚书》，因此才知道"科斗文"《尚书》和所传《尚书》的内容基本符合，便整理到了竹简上。后来经过孔子的后人孔安国辨认整理，并承武帝之诏，为经作传，也就是注解《书经》，名为《孔传》。完成后，因武帝宫廷发生"巫蛊"事变，这部书没能献上去，只好留在家中。孔安国有一篇《尚书序》，将孔壁古文经的原委说得很详细。

东晋元帝的时候，豫章内史梅赜获得古文经传，由他献出，《古文尚书》才始行于世。唐朝孔颖达依据《孔传》作疏，名为《正义》。现在《十三经注疏》中的《尚书正义》就是这一部古文《尚书》。

清儒阎若璩与惠栋等人考据，认为古文《尚书》除与今文经相同者外，其余的经文与《孔传》是王肃或梅赜伪造。因此称之为"伪古文尚书""伪孔传"。但是古文经学家们认为阎、惠诸儒的考证不足以否定古文《尚书》，姑且不论《孔传》，单说那些佶屈聱牙的经文，也是王肃或梅赜等人难以伪造出来的。

历史上研究《尚书》的人很多。最著名的，汉朝有孔安国、贾逵、马融、郑玄等，晋代有皇甫谧、梅赜等，唐代有孔颖达，其作品为《尚书正义》，宋代有蔡沈，其作品为《书经集传》，清初则有孙星衍、王鸣盛等。

《尚书》一直以来都被认为是"五经"中最难读的一部，唐代的韩愈就说它"周诰殷盘，佶屈聱牙"，读起来很不顺口。有人认为，这大概是由于《尚书》是虞夏商周四代的史官所作，并不是一个人写的，而且时间跨度差不多有两千多年，所以书中文辞意义的浅深，每一篇都不一样。然而，《尚书》虽然各篇迥异，但是典谟训诰誓命的文辞和义理无不典雅而闳深，均为圣贤之教，可以垂法万世，非是后世文人雅士所能为的。

《尚书》五十六篇，可以说篇篇都是中华文化的精华。其文体有典、谟、训、诰、誓、命六种，每一种的含义与使用范围都不一样。尧舜时期是禅让制，是"大道之行、天下为公"的时代，君臣咨俞和谐，民众逍遥击壤，所以文体是《尧典》《舜典》《大禹谟》《皋陶谟》。从大禹的儿子夏启继承父位，开始为"家天下"的时代。于是，夏有《甘誓》，商有《汤誓》，周有《泰誓》《牧誓》。誓就是誓师杀伐。等而下之，有《吕刑》《文侯之命等》。这是家天下的产物。春秋时代，孔子"祖述尧舜，宪章文武"，就是希望回到三代的圣王之治，最终得以实现天下大同的终极理想，可惜不得时位，只好退而修《诗》《书》，以待来者。

《尚书》的内容，虽然大多是君臣之间的言论、对话以及训诰和誓命等。但其中的内容大要总不离中国传统的"内圣外王"的智慧。不仅为君为臣需要熟读《尚书》，一般人读这部书，也能学到修身、齐家的功夫。《礼记·经解篇》就以"疏通知远"来称颂《书经》的教化之功。《史记》中《孔子世家》中也说："孔子以诗书礼乐教弟子。"这都足以说明《书经》的重要性，是孔门弟子必修的学问。由于《尚书》阐述的是治国、平天下的大道，历史上，《尚书》一直为古代的帝王和大臣所必读，同时也是古代读书人的必读书目。

作为上古历史文献的总汇，《尚书》是上古时期圣君贤臣智慧的荟萃，国人研读之后，必然因此而心量大开，所见深远，践履笃实。面对这样丰富的文化遗产，今日的国人应当感到无比庆幸，更要思考如何将此优秀文化进行创造性转化，以利今日世界之需。

我们此次为《尚书》做注译,参考了多种古今注本,孜孜矻矻用了近两年的时间。虽然学识有限,但确实也是花了不少心力和功夫。希望这本书能够为广大读者阅读《尚书》打开一扇方便之门。其中的不妥之处,还请广大读者指正。

# 目 录

## 虞 书

## 夏 书

# 商 书

# 周 书

虞书

# 尧典第一

【题解】尧，相传为我国原始社会后期氏族部落联盟的首领。名放勋，属陶唐氏，所以又称为唐尧。著名的"三皇五帝"中的"五帝"之一。典，《尔雅·释诂》云："常也。"《说文解字》云："典，五帝之书也。从册在丌上。尊阁之也。庄都说：典，大册也。"认为是"五帝之书"。可见，典是一种用来记述古代典制的体式。

《书序》云："昔在帝尧，聪明文思，光宅天下。将逊于位，让于虞舜，作《尧典》。"《尧典》主要记载了尧时禅让帝位、公开议论百官以及根据天象测定时令等政治制度和社会状况。突出表现了尧帝的贤德、圣明、功业和政绩，真实反映了氏族社会的状况，为我国研究古代原始社会的政治制度和思想、习惯等提供了宝贵的史料价值。

该卷文首皆以"曰若稽古"冠之，表明为后代史官追述之作，非当时文献。然具体成书年代已不可考，一般认为是周初至秦汉之间追记而成。

西汉伏生传今文《尚书》，其《尧典》《舜典》合为一篇，今依梅赜古文《尚书》分为两篇。

○昔在帝尧，聪明文思，光宅天下。将逊于位，让于虞舜，作《尧典》。

曰若稽古①，帝尧曰放勋②。钦明文思安安③。允恭克让④，光被四表⑤，格于上下⑥。克明俊德⑦，以亲九族⑧。九族既睦⑨，平章百姓⑩。百姓昭明，协和万邦⑪。黎民于变时雍⑫。

**【注释】**①曰若稽古：曰若，句首发语词，没有实际意义。或作"粤若""越若""零若"，都是同声假借。往往用作史官追述上古之事的开端语。稽古，即考察古史。②帝尧曰放勋：帝，是对上古贤明圣德的君主之尊称，谓其德合天地，道通古今，功盖寰宇，位极至尊。本义指天帝、上帝，即主宰宇宙万物的神灵，后因圣明君主，申通大道，以道化民，天人一贯，本无二致，而尊称为帝。尧，是古代的部落首领，传说为古代原始社会的贤明之帝，为五帝之一。放勋，为尧帝的名字。③钦明文思安安：钦，即处事严肃恭谨且节俭。明，明达，通达明了。文，文雅。安安，通"晏晏"，即指宽容、温和之意。④允恭克让：允，诚然，确实。恭，恭谨诚敬而不懈怠。克，能够。让，本字作"攘"，推让，让贤。⑤光被四表：光，光明普照。被，通"披"，覆盖、铺满之意。这里指尧帝圣德普照，恩泽广施，四方之外无不同沾圣恩，惠受雨露，日月所照，霜露所坠，没有不受其滋养的。⑥格于上下：格，至，达到。上下，指天地。这里意为尧帝圣德通天彻地，通于神明，光于四海，无所不通。⑦克明俊德：克，能够。明，发扬，彰显。俊，大。德，才德杰出的人。这里指尧帝睿智明达，知人善任，任人唯贤，发扬仁善，恢宏道德。⑧以亲九族：九族，今古文注疏说法不一。一说"九族"指父系同宗，上自高祖，下至玄孙，即高祖父、曾祖父、祖父、父亲、己身、子、孙、曾孙、玄孙。一说是指父族四、母族三、妻族二，父族即姑之子、姊妹之子、女儿之子、己之同族；母族即母之父、母之母、从母子；妻族即指岳父、岳母。孔安国、马融、郑玄皆从古文说，夏侯、欧阳皆从今文说。本书依古文说，从父宗之释义。⑨既：已经。⑩平章百姓：平，今文作"便"，音pián，经传通借作"辨""辩"，音义相同，为辨别测定之意。章，通"彰"，彰明、显扬之意。百姓，即百官。⑪百姓昭明，协和万邦：协和，指和睦、融洽。万邦，指众多的氏族部落。这里指尧帝明察表彰百官族姓，使众氏族融洽团结。⑫黎民于变时雍：黎民，犹言苍生、庶民。这里指氏族成员。时，通"是"。雍，和睦。意指天下百姓都变化从上，于是风俗大和。

【译文】考查古代历史，有个尧帝，名叫放勋。他恭敬庄严，敬慎节俭，事理通达，明察是非，仪表风雅，宽裕温柔，善于治理天下。他恭谨职守，推贤尚善，圣德普照，恩惠广施，四方之外，天地上下，无所不及。他能够知人善任，举贤用能，使同族人亲密和睦。族人亲密和睦了，又明察和表彰有善行的百官，协调诸侯各国的百姓，移风易俗，使他们也随着变得友善和睦起来了。

乃命羲和①，钦若昊天②，历象日月星辰③，敬授人时④。

【注释】①乃命羲和：命，任命，命令。羲和，即羲氏、和氏，相传为重黎的后代，世掌天地四时之官。颛顼时"乃命重黎，绝地天通"（《尚书·吕刑》），至尧帝时，重黎后代羲氏、和氏继续担任此职。②钦若昊天：钦，敬。若，顺从，遵循。昊天，元气广大之天。③历象日月星辰：历，推算之意。象，取法。星，四方中星。辰，日月所会。意指推算日月星辰运行的规律，并加以取用。④敬授人时：人时，当作"民时"，因唐朝时避唐太宗讳改为"人时"。意指恭敬地记取天体运行的规律，制定历法，为民所用。

【译文】于是尧帝命令羲氏与和氏，恭敬地遵循上天的规律，根据日月星辰运行的情况来制定历法，教导人民按照时令从事生产活动。

　　分命羲仲，宅嵎夷①，曰旸谷②。寅宾出日③，平秩东作④。日中⑤，星鸟⑥，以殷仲春⑦。厥民析，鸟兽孳尾⑧。

　　**【注释】**①嵎夷：地在渤海东岸一带，古代指东方极远之地。②旸谷：古代神话传说中指日出的地方，亦作"汤谷"。古人传说太阳早晨从东方的"旸谷"出发，晚上落入西方的"禺谷"。一天之内，从东端，中经天穹，进入西极，有几十万里路程。旸，日出而明。③寅宾出日：寅，通"夤"，恭敬、敬畏之意。宾，引导。殷商有"宾日"祭礼，"出日""入日"都有专门的祭礼。这里可以理解为恭敬谨慎地迎接日出。④平秩东作：秩，序，引申为清察之义。东作，五行以东方配春，东作即春作，春日务农，使民耕种。⑤日中：春分之日，白昼和黑夜一样长，昼夜平分。⑥星鸟：指南方朱雀七宿，在天呈鸟形，故名星鸟，傍晚在南方天空正中出现。⑦以殷仲春：殷，正，确定之意。仲春，春天的第二个月。⑧厥民析，鸟兽孳尾：厥，其。析，分散。甲骨文谓"东方曰析"，"析"为东方之神名。孳尾，生殖繁衍。尾，交尾。

　　**【译文】**尧帝又任命羲仲居住在东方的旸谷，恭敬谨慎地迎接日出，观察测定太阳东升的时刻。当昼夜平分，黄昏之时南方朱雀七宿出现在天空正中，根据这种情况来确定仲春时节。这时，老弱丁壮分开劳作，鸟兽开始生育繁殖。

　　申①命羲叔，宅南交②（曰明都）。平秩南为③，敬致④。日永⑤，星火⑥，以正仲夏。厥民因⑦，鸟兽希革⑧。

　　**【注释】**①申：又，再，重。②南交：指南方极远之地，古地交趾。③平秩南为：为，运动，运行。意指太阳从北回归线向南移动。④敬致：指恭敬地迎接太阳到来。⑤日永：永，长。谓夏至之日，白昼最长。⑥星火：火星名，东方青龙七宿之一的心宿。夏至之日，黄昏时分，出现在南方。⑦厥民因：因，就高地而居。夏天百姓避洪水，迁移高地。⑧鸟兽希革：希革，羽毛稀疏。希，通"稀"。革，改。

**【译文】**尧帝再命令羲叔居住在南方的交趾，观察辨别太阳向南运行的规律，恭敬地迎接太阳南来。当白昼最长，黄昏时东方苍龙七宿中的心宿出现在南方，根据这种情况来确定夏至的节气。这时天气炎热，百姓为了躲避洪涝灾害，迁移高地而居。鸟兽羽毛稀少，以避炎暑。

分命和仲，宅西①，曰昧谷②。寅饯纳日③，平秩西成④。宵中⑤，星虚⑥，以殷仲秋。厥民夷⑦，鸟兽毛毨⑧。

**【注释】**①西：本篇所指东、南、西三方，皆为宅下极其偏远之地，而为两字。此处独有一"西"字，疑有脱漏。可理解为西方极远之地。②昧谷：古代神话传说中西方日入之处。③寅饯纳日：饯，送。纳日，入日，落日。④平秩西成：西成，秋天庄稼已熟，农事告成。⑤宵中：古人称秋分为"宵中"，昼夜长短相等，阴阳平分。宵，夜也。春言日，秋言夜，互相备。⑥星虚：虚星，北方玄武七宿之一。秋分之日，黄昏时分，出现在西方。⑦厥民夷：夷，此处指回到平地居住。⑧鸟兽毛毨：羽毛重生，齐整鲜艳的样子。

**【译文】**尧帝又命令和仲住在西方的昧谷，恭敬地为太阳送行，辨别察看百姓的秋收情况。当昼夜长短相等，阴阳平分，黄昏时北方玄武七宿的虚星出现在天空的正南方，根据这种天象来确定秋分的节气。这时人们回到平地居住，鸟兽的羽毛重新生长。

申命和叔，宅朔方①，曰幽都②。平在朔易③。日短④，星昴⑤，以正仲冬。厥民隩⑥，鸟兽氄毛⑦。

【注释】①朔方：指北方极远之地。②幽都：幽州，古代神话传说中的极北之地。③平在朔易："在"疑为"秩"之误，因音近而讹。朔易，指太阳从南回归线向北运转。④日短：白昼时间最短之日。⑤星昴：昴星，西方白虎七宿之一。冬至之日，黄昏时分，出现在北方。⑥厥民隩：隩，通"奥"，室内。冬天入室居住，避寒取暖。⑦氄毛：细密而柔软的毛。

【译文】尧帝还命令和叔住在北方的幽州，观察太阳向北运行的规律。根据白天时间最短，黄昏时西方白虎七宿的昴星出现在正南方，来确定冬至的节气。这时人们居住在室内避寒取暖，鸟兽长出了细密而柔软的毛。

帝曰："咨①汝羲暨②和。期三百有六旬有六日③，以闰月定四时成岁④。"

【注释】①咨：告，命令。②暨：与。③期三百有六旬有六日：期，音jī，一周年。有，通"又"。旬，十日为一旬。一年有三百六十六日。古人根据太阳回归年运动，认识到一年的天数。④以闰月定四时成岁：月球绕地球运转周期和地球绕太阳公转周期不一致。一年之中有十二个朔望日，大月三十天，小月二十九天，总共三百五十四天，比阳历年少十一天及四分之一天。每三年累积为一个月，故需补闰月以配太阳周天，否则四季就会错乱。

【译文】尧帝说："唉！告诉你们，羲氏与和氏，一年有三百六十六天，用置闰月的办法来确定春夏秋冬四时，这样就可以成为一年。"

允厘百工①，庶绩咸熙②。帝曰："畴咨若时③登庸④？"放齐⑤曰："胤子朱启明⑥。"帝曰："吁⑦！嚚讼⑧，可乎？"帝曰："畴咨若予采⑨？"驩兜⑩曰："都⑪！共工方鸠僝功⑫。"帝曰："吁！静言庸违⑬，象恭滔天<sup>⑭</sup>。"

**【注释】**①允厘百工：切实地整饬百官。允，信，确实。厘，治，整饬。百工，百官。②庶绩咸熙：各种政事都办理得兴盛起来。庶，众。绩，功，指政事。咸，都。熙，兴起，兴盛。③畴咨若时：畴，谁。咨，嗟叹词，无实义。本当倒换，下句"畴咨若予采"同。若，顺，时，是。若时，即作"如此""如是"解。④登庸：登，升进。庸，用。⑤放齐：人名，尧帝时的大臣。传说为尧帝时八伯之一。⑥胤子：嗣子，即继嗣尧帝的人。朱：尧帝的儿子丹朱。启明：开明，通达。⑦吁：表示惊讶的叹词，表否决。⑧嚚讼：嚚，口不道忠信之言。讼，争。意指愚妄奸诈又好争辩。⑨畴咨若予采：畴，谁。若，顺。采，即胜任官职处理政务。意指谁能胜任我的官位。⑩驩兜：人名，传说为神话中人物，这里为尧帝时的臣子，相传他与共工、三苗、鲧并称为"四凶"。⑪都：表示赞叹的语气词。⑫共工：人名，传说为神话中的人物，这里为尧帝时的臣子，是"四凶"之一。方鸠：方，通"旁"，普遍，广大。鸠，通"纠"，聚集。僝：具有，显现。僝功：功事已具。意指共工能够聚集众人之力成就功业。⑬静言庸违：静，即"靖"。静言，巧饰之言，即花言巧语。庸，用。违，邪僻。⑭象恭滔天：象，似。滔，通"慆"，即傲慢不敬、轻慢上天。

**【译文】**尧帝切实地整饬百官，各种政事都兴盛起来。尧帝说："唉！谁能够顺应天时，被提升任用呢？"大臣放齐说："您的嗣子丹朱开明通达，可以任用。"尧帝说："唉！他愚顽丧德，又好争讼，怎么能行呢？"尧帝说："谁能胜任我的职位呢？"大臣驩兜说："噢！共工吧！他能够广泛地聚集众人的力量成就事业功绩。"尧帝说："唉！他表面上看似恭敬，内心却傲慢不敬、轻慢上天。"

帝曰："咨<sup>①</sup>！四岳<sup>②</sup>。汤汤洪水方割<sup>③</sup>，荡荡怀山襄陵<sup>④</sup>，浩浩

滔天⑤。下民其咨⑥，有能俾乂⑦？"佥曰⑧："于⑨！鲧哉⑩。"帝曰："吁！咈哉⑪，方命圮族⑫。"岳曰："异哉⑬！试可乃已⑭。"帝曰："往，钦哉⑮！"九载，绩用弗成⑯。

【注释】①咨：叹词。②四岳：尧帝时部落联盟属下的四方氏族部落首领。③汤汤：形容水流波涛汹涌的样子。洪水：大水。方割：大的灾害。方，通"旁"，大。割，通"害"，灾害、祸害。④荡荡：形容水奔突涌动的样子。怀，包围。襄陵：淹没了的丘陵。襄，凌驾，此处指淹没。⑤浩浩：形容水势盛大的样子。滔：弥漫。⑥咨：忧愁，困苦不堪。⑦有能俾乂：指有谁能治理。俾，使。乂，治理。⑧佥：都，皆，全。⑨于：同"吁"，语气叹词。⑩鲧：人名，古代传说中的人物，这里为尧帝时的大臣。⑪咈：违逆，乖戾。⑫方：同"放"，违背、违逆。方命，郑玄注曰："方，放，谓放弃教命。"圮族：毁族。⑬异：不同。⑭试可乃已：《尚书集注音疏》："试、已，皆用也。言用之可乃用尔。"⑮钦：敬。⑯绩：功。

【译文】尧帝说："唉！四方的部落首领！汹涌猛烈的洪水泛滥成灾，浩浩荡荡，包围了高山，淹没了丘陵，弥漫天际。天下的百姓困苦不堪，谁能使洪水得到治理呢？"群臣都说："啊！鲧呀！"尧帝说："唉！这个人性情乖戾，违逆天意，放弃教命，伤害同族。"四方部落首领说："唉！不一定是这样，试一试，不行再说。"尧帝说："去吧！鲧！要恭谨敬慎，恪尽职守啊！"可是，鲧治水九年，没有收到成效。

帝曰："咨！四岳。朕在位七十载①，汝能庸命②巽朕位③？"岳曰："否德④忝帝位⑤。"曰："明明扬侧陋⑥。"师锡帝曰⑦："有鳏在下⑧，曰虞舜⑨。"帝曰："俞⑩！予闻⑪，如何？"岳曰："瞽子⑫，父顽⑬，母嚚⑭，象傲⑮；克谐以孝⑯，烝烝乂⑰，不格奸⑱。"帝曰："我其试哉⑲！"

**【注释】**①朕：古人自称，我。②庸命：庸，用。庸命，用天命。③巽：通"逊"，辞让，这里指履行、继任。④否德：否，通"鄙"。否德，鄙陋之德，微德。⑤忝：古代常用作谦词，辱，不配、有愧于。⑥明明：前一个"明"用作动词，明察、彰显之意。后一个"明"用作名词，指贤明之人，高明之人。扬，推举。侧陋：隐匿，卑下，埋没无名的贤人。⑦师锡帝：师，众，大家。锡，同"赐"，赐言。意指大家给尧帝提出建议。⑧鳏：又作"矜"，老而无妻曰鳏。⑨虞舜：姚姓，名重华，传说为东夷部落首领。⑩俞：语气词，表肯定，然，是。⑪予闻：我听说过。予，我。⑫瞽子：瞽，古代称盲者为瞽。舜之父目盲，为瞽瞍，担任乐官。瞽子，即指瞎子的儿子。⑬顽：心不则德义之经为顽。⑭嚚：口不道忠信之言为嚚。⑮傲：傲慢，不友善。⑯克谐以孝：谐，和。意指舜能够以孝和谐家庭。⑰烝烝乂：厚美之意，言舜能以孝德之美治家，使道义和谐、纯厚。⑱不格奸：格，至，奸，邪恶，奸邪。指舜德行纯孝，善于感化诱导，能使家人改恶从善，不走邪径。⑲其：将。

**【译文】**尧帝说："唉！四方的部落首领！我在位任职七十年，你们之中有谁能顺应天命，继任我的帝位的呢？"四方部落首领说："我们德行鄙陋，不配登上帝位。"尧帝说："可以考察贵戚中贤明的人，也可以推举地位低微、埋没无名的贤人。"大家向尧帝举荐说："民间有个处境困苦的独身之人，名叫虞舜。"尧帝说："是啊，我听说过。这个人到底怎么样？"四方部落首领回答说："他是乐官瞽瞍的儿子。他的父亲心术不正，母亲说话悖谬，他的弟弟象傲慢骄横，但舜能与他们和睦相处。他用自己的孝行美德感化他们，使他们改恶从善，不走邪路。"尧帝说："那我就试试他吧？"

女于时①，观厥刑于二女②。厘降二女于妫汭③，嫔于虞④。帝曰："钦哉！"

【注释】①女于时：女，名词用作动词，当"嫁"讲，即把女儿嫁于人。时，通"是"，这里指虞舜。意指将女儿嫁给虞舜。②厥：其。刑：法则。二女：尧帝的两个女儿，即传说中的娥皇、女英。③厘：整饬、命令。降：下嫁。妫汭：妫水注入另一水的弯曲处。④嫔于虞：嫁到虞舜家做媳妇。嫁人为妇曰嫔。

【译文】尧帝决定将两个女儿嫁给他，想通过两个女儿考察他齐家治国的能力和人伦大道的德行。于是，尧帝就命令两个女儿下到妫水转弯处，在那里嫁给了虞舜。尧帝说："恭敬谨慎地处理政务吧！"

○"曰明都"三字，依郑玄注增。

# 舜典第二

【题解】舜，相传为我国原始社会后期氏族部落联盟的首领。名重华，属有虞氏，所以又称为"虞舜"。传说为"三皇五帝"中"五帝"之一。

舜帝是上古之世的贤圣帝君，为孔子所推崇备至，乃羲皇上世第一个由布衣平民而晋升继任，登基称帝的帝王。他由一身之仁孝而推行五教，教化百姓，易风化俗，修身、齐家、治国而平天下，被儒家奉为人伦大道的典范。

《书序》云："虞舜侧微，尧闻之聪明，将使嗣位，历试诸难，作《舜典》。"本篇尊仰舜帝的贤德圣明、才华卓绝。他不仅经历种种考验，继位后便巡行四岳、制定刑法、惩处"四凶"、举贤任能、勤政爱民而鞠躬尽瘁。

西汉伏生的今文《尚书》将《尧典》与《舜典》合为一篇，今依从梅赜古文《尚书》，独立成篇。

○虞舜侧微，尧闻之聪明，将使嗣位，历试诸难，作《舜典》。

曰若稽古，帝舜曰重华，协于帝①。濬哲文明②，温恭允塞③。

玄④德升闻，乃命⑤以位。

**【注释】**①协于帝：协，相同，相合。②浚哲文明：浚，深邃。哲，智慧。文明，孔疏："经纬天地曰文，照临四方曰明。"③温恭允塞：恭，谦逊。允，确实，信实。塞，塞满。④玄：潜修。⑤命：任命，授予。

**【译文】**考察古代历史，舜帝名叫重华，他的圣明与尧帝相合。他智慧深邃、温和谦逊，浩大圣德充塞天地之间。他潜修道德，声名远播，朝廷内外，众所周知，于是，他被任以官职。

慎徽五典①，五典克从②。纳于百揆③，百揆时叙④。宾于四门⑤，四门穆穆⑥。纳于大麓⑦，烈风雷雨弗迷⑧。

**【注释】**①慎徽五典：慎，慎重，谨慎。徽，美善。五典，即五教，《左传·文公十八年》所言："父义、母慈、兄友、弟恭、子孝。"②克：能。从：顺从，遵从。③纳于百揆：纳，入，引申为赐予职务。百揆，百官，这里指总管一切事务，后世称宰相为首揆。④叙：整齐，就序。《经义述闻》："时叙，犹承叙也。承叙者，承顺也。"⑤宾于四门：宾，通"傧"，以礼相待。孔疏："以诸侯为宾，舜主其礼迎而待之。"四门，指明堂四方的门。古代君主在明堂宣明政教，接受诸侯朝觐。⑥穆穆：端庄恭敬、肃穆盛美的样子。⑦大麓：山麓。⑧烈：暴，疾。迷：迷惑。

**【译文】**舜恭敬谨慎地推行"父义、母慈、兄友、弟恭、子孝"这五种伦常礼教，臣民都能顺从。然后，尧帝又命舜管理百官，总揽部落联盟一切政务，他把各种政务都处理得井井有条。接着又命舜在明堂四门礼待前来觐见的四方诸侯。四方诸侯全都肃然起敬、仪容端庄。后来又让舜深入大山丛林中，去主持祭祀山川之事，即使在狂风暴雨和电闪雷鸣的恶劣天气中也不迷失道路。

　　帝曰："格①！汝舜。询事考言②，乃言厎可绩③，三载。汝陟帝位④。"舜让于德⑤，弗嗣。

　　**【注释】**①格：来，呼语。②询事考言：询，谋。考，考核。③乃言厎可绩：乃，汝，你，指舜。乃言，即言乃，认为你。厎（zhǐ）可绩，为"可厎绩"的倒装。"厎绩"是当时的成语，即致功之谓。厎，致，求得。绩，功绩。④汝陟帝位：陟，登，升。帝位，指尧帝的部落联盟首领职位。⑤德：指有圣明之德的人。

　　**【译文】**尧帝说："来吧，舜啊。我同你谋划政事，又考察你的言论，我认为你可以取得功业。经过了三年的考验，你现在可以登上帝位了。"舜要把帝位谦让给更有圣德的人，不肯继承帝位。

　　正月上日①，受终于文祖②。在璇玑玉衡，以齐七政③。肆类于上帝④，禋于六宗⑤，望于山川⑥，遍于群神。辑五瑞⑦，既月乃日⑧，觐四岳群牧⑨，班瑞于群后⑩。

　　**【注释】**①上日：马融谓朔日，即初一。《尚书大传》谓元日。王引之曰："上旬之善日，非谓朔日也。"今从马说，正义曰：月之始日谓之朔日，每月皆有朔日，此是正月之朔，故云"上日"，言一岁日之上也。郑玄云："帝王易代，莫不改正。尧正建丑，舜正建子。此时未改尧正，故云'正月上日'。"②受终于文祖：受终，接受帝尧终结的帝位。文祖，帝尧始祖之庙。意谓尧禅让帝位于舜而用礼于祖庙。③在璇玑玉衡，以齐七政：在，观察。璇玑玉衡，指北斗七星，玉衡是杓，璇玑是魁。齐，排列整齐。七政，指日、月和金、木、水、火、土五星。④肆类于上帝：肆，遂，于是。类，古代因特殊事情祭祀上天，通"禷"，《说文》："禷，以事类祭天也。"这里指向天帝报告继承帝位的事。⑤禋于六宗：禋，古代一种精诚洁敬之祭礼。六宗，马融谓："天地四时，万物非天不覆，非地不载，非春不生，非夏不长，非秋不收，非冬不藏，此其谓六也。"⑥望于山川：望，祭祀山川之礼。⑦辑五瑞：辑，合，聚集。五瑞，指诸侯作为符信用的五种玉。《周礼·春官·典瑞》："公执桓圭，侯执信圭，伯执躬圭……子执谷璧，男执蒲璧。"⑧既月乃日：月、日，名词用作动词，即选择吉月，选择吉日。⑨觐：朝见、觐见，指朝见天子。牧：官长、官员。⑩班瑞于群后：班，通"颁"，颁发。瑞，即"五瑞"。后，王。这里指四方部族首领。

【译文】正月朔日，舜在尧帝的始祖宗庙接受了禅让的帝位。他观察北斗星的运行情况，以验证日月五星的行度，衡量政事的得失。接着举行祭祖，向上天报告继承帝位一事，并祭祖天地四时，祭祖山川和群神。舜聚集了诸侯的五等圭玉，挑选良辰吉日，接受四方部落首领的朝见，把圭玉颁发给他们。

岁二月，东巡守①，至于岱宗②，柴③。望秩于山川④，肆觐东后⑤。协时月，正日⑥，同律度量衡⑦。修五礼、五玉、三帛、二生、一死贽⑧。如五器⑨，卒乃复⑩。

【注释】①巡守："巡狩"。②岱宗：东岳泰山。③柴：祭天之礼，祭祀时积聚柴火，将祭品放于柴火之上而焚烧。马融云："柴，祭时积柴，加牲其上而燔之。"④望秩于山川：秩，次第。郑玄注云："遍以尊卑次秩祭之。"谓以望祭之礼按照尊卑次序先后祭祀山川。⑤肆觐东后：肆，遂，于是。觐东后，接受东方氏族部落首领的觐见。⑥协时月，正日：协和齐正四时节气，月之大小，使各国诸侯相同。正，定。⑦同律度量衡：同，统一。律，音律。古代十二律，即黄钟、大吕、太簇、夹钟、姑洗、仲吕、蕤宾、林钟、夷则、南吕、无射（yì）、应钟。其中，单数六种称六阳律，双数六种称六阴吕。单称"律"包含十二律吕。度，测量长度的器物，如丈、尺。量，斗、斛等容器。衡，称重量的器具，斤、两。⑧修五礼、五玉、三帛、二生、一死贽：五礼，可能承上"慎徽五典"之目，然而绝非"吉凶军宾嘉"和"公侯伯子男"五礼。五玉，即上文的五瑞，拿在手中称瑞，陈列起来称玉。三帛，即三种不同颜色的丝织品。二生，两种活物，即羊羔和雁，卿大夫拿着的。《周礼·大宗伯》："以禽作六挚，卿执羔，大夫执雁，士执雉。"贽，古代卑者见尊者所献的礼物，即野鸡。⑨如五器：如，和，与。五器，即上文所说"五瑞""五玉"。⑩卒乃复：卒，终。乃，于是。复，返还。《尚书大传》："诸侯执所受圭与璧朝于天子，无过行者得复其圭以归其国。"

【译文】这一年的二月，舜到东方巡视，到了泰山，用燔柴焚烧的祭礼祭天，并以望祭之礼，按照地位尊卑祭祀了山川。然后，接受了东方氏族部落首领的朝见。舜将四时节气、月之大小晦朔、日之甲乙名称一一齐正，并统一了音律和度、量、衡。修治了五种礼法，确定臣子觐见时所献礼物：五种瑞玉、三种彩帛，卿持活羊羔、大夫持活雁、士持一死雉。礼仪结束后，便把五等圭玉归还给诸侯。至于五种瑞玉，待合符之后，仍然返还诸侯。

五月，南巡守，至于南岳①，如岱礼②。

【注释】①南岳：《释山》云："泰山为东岳，华山为西岳，霍山为南岳，恒山为北岳。"《周礼》以衡山为南岳，唐、虞五岳即霍山也。②如岱礼：和巡狩泰山之礼一样。

【译文】五月,舜到南方巡视,到了霍山,像祭祀泰山一样行礼。

八月,西巡守,至于西岳,如初<sup>①</sup>。

【注释】① 如初:和最初巡狩泰山一样。

【译文】八月,舜到西方巡视,到了华山,祭祀礼仪同祭泰山一样。

十有一月,朔巡守<sup>①</sup>,至于北岳,如西礼。

【注释】①朔:北方。

【译文】十一月,舜到北方巡视,到了恒山,祭祀礼仪同在华山一样。

归,格于艺祖<sup>①</sup>,用特<sup>②</sup>。

【注释】①格:到。艺祖:上文所说的文祖。②用特:用一头公牛祭祀。

【译文】舜回来后,到尧帝的始祖宗庙祭祖,用的祭品是一头公牛。

五载一巡守,群后四朝<sup>①</sup>。敷奏以言<sup>②</sup>,明试以功<sup>③</sup>,车服以庸<sup>④</sup>。

【注释】①群后四朝:言四方诸侯各自会朝于方岳之下。凡四处别朝,故云“四朝”。②敷奏以言:敷,布,普遍。奏,进,告。敷奏,遍以政事奏告,这里是述职之意。③明试以功:试,用。明确考察政绩,试之以官。④车服以庸:庸,功劳。根据功勋赏赐给他们车马、冠服。

【译文】此后,舜规定每隔五年巡视一次。诸侯按四方之位,各朝于方岳之下。朝见时，诸侯须口头向天子述职。然后据其所言，明确考察他们的实绩。根据评定的政绩大小，论功行赏，赏赐给他们车马衣物作为酬劳。

肇十有二州①，封十有二山②，浚川③。

【注释】①肇十有二州：肇，开始。十有二州，即十二州。参见《尚书·禹贡》。②封十有二山：封禅。在泰山上筑土为坛，祭天称"封"；在泰山旁小山上除地为墠，祭地称"禅"。十有二山，出自《周礼·职方氏》。孙星衍《尚书今古文注疏》云："九州皆有镇山，扬州会稽，荆州衡山，豫州华山，青州沂山，兖州岱山，雍州岳山，幽州医无闾，冀州霍山，并州昭余祁，凡九山。唐虞十有二州，则山镇当十有二，无文可知。"③浚川：疏浚河道。

【译文】舜划定了十二个州的疆界，封土为坛，祭祀十二名山，并疏通了河道。

象以典刑①，流宥五刑②，鞭作官刑③，扑作教刑④，金作赎刑⑤。眚灾肆赦⑥，怙终贼刑⑦。钦哉⑧，钦哉，惟刑之恤哉⑨！

【注释】①象以典刑：象，刻画。典刑，常刑。一说谓古无肉刑，只有象刑，在犯人的衣服上画着不同的图形以示惩罚。一说把五刑的形状刻画在器物上警示世人，就像铸鼎象物一样。《尚书正读》："盖刻画墨、劓、剕、宫、大辟之刑于器物，使民知所惩戒。"②流宥五刑：流，流放。宥，宽宥。罪轻者或流放以宽宥。五刑，即指墨、劓、剕、宫、大辟。③鞭作官刑：官，官事，公事。④扑作教刑：扑，用槚木、荆条鞭挞。古代学校用来体罚的器具。教，学校，道业。⑤金作赎刑：金，古代多称铜为金。赎，赎罪。⑥眚（shěng）

灾肆赦：眚，过失，因一时糊涂而犯罪。肆，遂，于是。⑦怙（hù）终贼刑：怙，依仗，凭恃。怙终，作恶到底，犹今言"怙恶不悛"。贼，杀。意指对有所仗恃而终不悔改者视如杀人而不赦免。⑧钦：敬。⑨恤：忧惧，谨慎。

**【译文】**舜把五种常用的刑罚刻画在器物上警示世人，用流放的办法代替五刑以示宽大饶恕，用鞭笞来惩罚怠慢、贻误公事的庶人、官吏，用荆条教育不服从教化的学生，还有用铜作为赎罪的刑罚。凡是过失犯罪，可以赦免；要是犯了罪又不知悔改，就要严加惩罚。慎重啊，慎重啊，使用刑罚时一定要慎重啊！

流共工于幽州①，放驩兜于崇山②，窜三苗于三危③，殛鲧于羽山④，四罪而天下咸服。

**【注释】**①共工：尧帝时的大臣，见上文。《左传》："少皞氏有不才子，毁信废忠，崇饰恶言，靖谮庸回，服谗蒐慝，以诬盛德，天下之民谓之穷奇。"杜预云："即共工。"幽州：即幽都，见上文。②驩兜：尧帝时大臣，见上文。《左传》："帝鸿氏有不才子，掩义隐贼，好行凶德，丑类恶物，顽嚚不友，是与比周，天下之民谓之浑敦。"杜预云："即驩兜也。帝鸿，黄帝也。"崇山：泛指南方极其边远的山区。③窜三苗于三危：窜，逐。三苗，古代民族，与尧帝、舜帝都曾有过战争。三危，原指神话中的山名，这里泛指西方极其边远之地。④殛鲧于羽山：殛，一说流放，一说诛杀。鲧，尧帝时大臣，见上文。羽山，神话中鲧遭流放或诛杀之处，一谓在今江苏赣榆与山东郯城交界处，一谓在今山东蓬莱东南。

**【译文】**舜帝把共工流放到幽州，把驩兜流放到崇山，把三苗驱逐到了三危，把鲧流放到羽山。这四个罪人都受到了应有的惩罚，天下的人都心悦诚服了。

二十有八载,帝乃殂落①,百姓如丧考妣②。三载,四海遏密八音③。

**【注释】**①殂落:死去。②百姓如丧考妣:百姓,即百官、群臣。这里泛指百姓。丧,死。考妣,父母。《尔雅·释亲》:"父为考,母为妣。"《礼记·曲礼》:"生曰父、曰母,死曰考、曰妣。"③遏密八音:遏,止。密,静谧。八音,指金、石、丝、竹、匏、土、革、木。这里泛指一切演奏的音乐。

**【译文】**舜继承帝位二十八年之后,尧帝逝世了。天下的百姓像失去亲生父母一样无比悲痛。三年之中,全国上下停止了一切的音乐活动,百姓都在沉痛中默默哀悼逝去的圣君。

月正元日①,舜格于文祖②,询于四岳,辟四门③,明四目,达四聪④。咨十有二牧⑤,曰:"食哉,惟时⑥!柔远能迩⑦,惇德允元⑧,而难任人⑨,蛮夷率服⑩。"

**【注释】**①月正元日:正月初一,见上文"正月上日"。②格:祭告。文祖:尧帝的始祖宗庙,见上文。③询于四岳,辟四门:询,谋。四门,指明堂四方的门。见上文"宾于四门"。④明四目,达四聪:广视听于四方,使天下无壅塞。⑤咨十有二牧:咨,告。牧,州的行政长官。十二牧,即十二州长,泛指四方部落首领。⑥食哉,惟时:是"惟时食哉"的倒装。时,通"是"。食,通"饬",谨敬。⑦柔远能迩:柔,安抚。能,亲善,和睦。迩,近。⑧惇德允元:惇,厚。允,信实。元,善之长。⑨而难任人:难,阻挡,拒绝,引申为疏远。任人,即佞人,指奸邪之人。⑩蛮夷率服:蛮夷,泛指华夏族周边的民族,诸如东夷、南蛮、西戎、北狄。率服,循服,顺服。

**【译文】**正月朔日,舜帝祭告于尧的祖庙,和四方部落首领共同谋划政事。遍开明堂四门,宣明政教,广视听于四方,以期博闻远见。

　　告诫十二州的长官说："谨慎啊！要敬授民食，不违时令。安抚远方的臣民，爱戴中原的百姓。敦厚德行，信任善人，疏远奸佞小人，四方的少数民族受到感化，就能俯首称臣，倾心归附！"

　　舜曰①："咨！四岳。有能奋庸②，熙帝之载③，使宅百揆④，亮采惠畴⑤？"佥曰⑥："伯禹作司空⑦。"帝曰："俞⑧，咨！禹，汝平水土⑨，惟时懋哉⑩！"禹拜稽首⑪，让于稷⑫、契暨皋陶⑬。帝曰："俞，汝往哉！"

　　【注释】①舜曰：有别于上文所称的"尧曰"，此下"帝曰"皆指舜帝。②奋庸：奋起功事。③熙帝之载：熙，振兴。帝，帝王，君主。载，事。④使宅百揆：宅，居。百揆，百官。⑤亮采惠畴：亮，辅助。采，事。惠，顺。畴，类，事。意指居官相事，顺其畴类。⑥佥：皆。⑦伯禹作司空：伯禹，即大禹。相传禹从鲧腹中剖出，鲧为禹父，鲧又号称崇君，为伯爵，故禹又称伯禹。大禹为夏后氏部落首领，后来治水有功，接替舜为部落联盟首领。司空，官名，与司徒、司马并列，司田甸、工事等，这里指水利之官。⑧俞：然，相当于现在说的"好吧"。⑨平：治。⑩惟时懋哉：时，通"是"，指担任司空这项职务。懋（mào），勉励。⑪稽（qǐ）首：跪拜礼，叩头到地。⑫稷：人名，即后稷。姬姓，名"弃"，为周族始祖。黄帝玄孙，帝喾嫡长子，其母姜嫄履巨人足印怀孕而生。后稷出生于稷山（今山西省稷山县），被称为稷王（也作稷神或者农神）。后稷为童时，好种麻、菽，成人后，好耕农，相地之宜，善种谷物稼穑，民皆效法。尧舜时期掌管农业之官，被尧举为"农师"，被舜封为后稷，封地古邰城（今陕西武功县）。⑬契暨皋陶：契，又作"偰""高"，子姓，尊称阏伯。相传为殷商族的宗祖神，被奉为殷商族的始祖。帝喾之子、帝尧的异母弟，其母简狄吞玄鸟之卵怀孕而生。尧称帝时做司徒。因助禹治水有功，被舜任为司徒，掌教化之官，封都商丘，为火正。暨，与。皋陶（gāo），又作"皋繇""咎陶""咎繇"，又名"庭坚"。相传为东夷族首领，是一位贤臣，协助大禹治水有功，舜任其为掌刑法的官。他执法公平、正直，帮助尧、舜、禹推行"五刑""五教"被奉为中国司法鼻祖，后常为狱官或狱神的代称。

**【译文】**舜帝对四方部落首领说："唉，四方部落首领啊！谁能奋发有为，振兴帝王的功业，发扬光大尧帝的事业，就让他担任统帅百官的重任，辅佐朝政以顺成万事。"四方诸侯和群臣都说："可以让伯禹担任司空之职。"舜帝说："好啊！大禹，你治理水土大有功劳，要勤勉去做啊！"大禹跪拜叩头，谦让于后稷、契和皋陶。舜帝说："好了，还是你去吧！"

帝曰："弃①，黎民阻饥②，汝后稷③，播时百谷④。"

**【注释】**①弃：后稷，因被母亲姜源抛弃而命名，见《毛诗·生民》。②黎民阻饥：黎民，百姓，庶民。阻，还，仍。阻饥，仍旧饥饿。③汝后稷：你主管农事，执掌农官。后，动词，主，掌。④播时百谷：播，播种。时，通"莳"，种植。百谷，谷类的总称。

**【译文】**舜帝又说："弃，百姓久陷饥荒，你担任主管农事的稷官，就教导百姓种植各种谷物吧！"

帝曰："契，百姓不亲①，五品不逊②。汝作司徒③，敬敷五教，在宽④。"

**【注释】**①百姓：此处指百姓、庶民。②五品不逊：五品，指君臣、父子、夫妇、长幼、朋友五种伦理关系。郑玄注曰："五品，父、母、兄、弟、子。"逊，顺、驯。③司徒：官名，三公之一，主管教化。④敬敷五教，在宽：敬，恭谨。敷，布，开展，施行，传播。五教，即父义、母慈、兄友、弟恭、子孝之五教。宽，宽厚，不苛刻。

**【译文】**舜帝又说："契，百姓不亲善和睦，父母、兄弟、子女之间的伦常大道不和顺。你担任司徒，恭谨地推行父义、母慈、兄友、弟恭、子孝这五种伦理常道，但不要太严苛，要宽厚施教啊！"

帝曰："皋陶，蛮夷猾夏①，寇贼奸宄②。汝作士③，五刑有服④，五服三就⑤。五流有宅⑥，五宅三居⑦。惟明克允⑧！"

**【注释】**①蛮夷猾夏：猾夏，侵乱中国。猾，乱。②寇贼奸宄：寇，群行攻劫为害。贼，害人，违法。奸宄（guǐ），盗贼、凶乱之意。③士：官名，狱官之长。④五刑有服：这里指甲兵、斧钺、刀锯、钻笮、鞭扑五种刑具。服，承受，这里指服刑。⑤三就：即指原野、市、朝三个行刑之地。⑥五流有宅：见上文"流宥五刑"，意指五刑之流，各有所居。⑦五宅三居：指五刑之流，按照所居之地分为三等。⑧惟明克允：指只有明察公正，使刑罚与其罪相符，才能使众人信服。允，公允。

**【译文】**舜帝又说："皋陶，现在四边蛮夷侵扰中原，抢劫杀人，造成内患外乱。你担任刑狱之官，施用五刑，五刑各有使用的方法，分别在原野、市、朝三处执行；五种流放各有处所，分别流放到三处远近不同的地方。只要明察刑案，定罪公允，百姓就能信服。"

帝曰："畴若予工①？"佥曰："垂哉②！"帝曰："俞，咨！垂，汝共工③。"垂拜稽首，让于殳斨暨伯与④。帝曰："俞，往哉！汝谐⑤。"

**【注释】**①畴若予工：畴，谁。若，善。工，官名，为百工之长，掌管百工之事。②垂：人名，相传为舜时掌百工之官，擅长工艺，被誉为"巧倕"。③共工：共，动词，作。《孔传》："共谓供其职事。"④殳斨暨伯与：殳斨，人名，传说为炎帝之孙伯陵与吴权的妻子私通所生的第三个儿子。见《山海经·海内经》。暨，与，及，和。伯与，人名，相传为舜的臣子。⑤谐：宜，适合。

**【译文】**舜帝询问说："谁可以担任百工之长这个职位？"群臣都说："垂啊！"舜帝说："好！垂，你担任掌管百工的官职吧！"垂叩头跪拜，谦让于殳斨和伯与。舜帝说："好了，去吧，你适合这个职位。"

帝曰："畴若予上下草木鸟兽①？"佥曰②："益哉③！"帝曰："俞，咨！益，汝作朕虞④。"益拜稽首，让于朱、虎、熊、罴⑤。帝曰："俞，往哉！汝谐。"

**【注释】**①上下：上，丘陵。下，草泽。②佥：皆。③益：伯益，又作"伯翳""柏翳""伯繄"；又名大费，传说为嬴秦祖先。④虞：官名，负责掌管山泽禽兽。⑤朱、虎、熊、罴：山泽之中的四个"灵兽"。在神话传说中作为氏族首领的名字，这里指四个大臣。

**【译文】**舜帝询问："谁能够掌管山泽禽兽、林牧渔副之政呢？"群臣都说："伯益啊！"舜帝说："好！伯益，你担任掌管山泽的虞官吧！"伯益叩头跪拜，谦让于朱、虎、熊、罴诸人。舜帝说："好了，去吧，你适合这个职位。"

帝曰："咨！四岳，有能典朕三礼①？"佥曰："伯夷②！"帝曰："俞，咨！伯③，汝作秩宗④，夙夜惟寅⑤，直哉惟清⑥。"伯拜稽首，让于夔、龙⑦。帝曰："俞，往，钦哉！"

**【注释】**①典朕三礼：典，主持。三礼，泛指礼法。马融注曰："天神、地祇、人鬼之礼。"郑玄注曰："天事、地事、人事之礼也。"②伯夷：东夷族部落首领，齐太公始祖，姜姓宗祖神，相传为尧舜之时臣子。舜时为秩官，典三礼。非商末周初耻食周粟，采薇而食，饿死于首阳山的伯夷。③伯："伯"下当缺一"夷"字，实指伯夷。下句"伯拜稽首"同。④秩宗：主掌宗庙祭祀的礼官。⑤夙夜惟寅：夙，早。夜，晚。寅，敬。⑥直哉惟清：直，正直，无私。清，清明，廉洁。⑦夔、龙：神话中的两个氏族宗祖神。这里指舜时的两个臣子。夔，相传为尧舜时的乐官。尧帝之时作乐，百兽闻而起舞。舜帝之时，专司典乐，教育贵族子弟，曾作《九招》《六列》《六英》诸曲，以彰明贤帝之德。龙，相传为舜时的纳言之官，专司体察下情，传达政令。

**【译文】**舜帝询问："唉，四方部落首领！谁能替我主持三礼之政事呢？"群臣都说："伯夷啊！"舜帝说："好啊！伯夷，你掌管祭祀的礼官吧！不论早晚，都要恭敬庄重地祭祀鬼神，而且要正直无私、清正廉洁。"伯夷叩头跪拜，谦让于夔、龙二人。舜帝说："好了，还是你去吧！要敬重职事、恭谨不怠啊！"

帝曰："夔！命汝典乐①，教胄子②，直而温③，宽而栗④，刚而无虐⑤，简而无傲⑥。诗言志⑦，歌永言⑧，声依咏⑨，律和声⑩。八音克谐⑪，无相夺伦⑫，神人以和。"夔曰："於⑬！予击石拊石⑭，百兽率舞⑮。"

**【注释】**①典乐：司乐正之官。典，主持，掌管。②胄子：即贵族子弟。③直而温：正直而温和。④宽而栗：宽大而谨慎。孙星衍疏："梗直者加以温和；宽厚者加以明辨，性以相反者相成也。"⑤刚而无虐：无，通"毋"不要。刚强而不要苛刻暴虐。⑥简而无傲：简易疏大而不傲慢。⑦诗言志：《毛诗·周南·关雎》："在心为志，发言为诗。"即为此义。⑧歌永言：永，同"咏"。⑨声依咏：根据歌咏的需要来运用五声宫、商、角、徵、羽。⑩律和声：声，唱出的歌声。意指唱出的歌声要合乎音律。郑玄注曰："声之曲折又依长言，声中律乃为合也。"⑪八音克谐：八音，即八种乐器鸣奏出来的声音。八种乐器指金、石、土、革、丝、木、匏、竹。克，能。谐，和。⑫无相夺伦：夺伦，走调，打乱旋律。夺，乱，失去。伦，理，次序。⑬於（wū）："乌"的古文，同"呜"，叹美之词。⑭予击石拊石：拊，轻击。石，磬，古代的一种乐器。⑮百兽率舞：指扮演成各种兽类的舞队感动于乐而起舞。

**【译文】**舜帝说："夔啊！我任命你为乐正之官，教导贵族子弟，使他们为人正直而温和，处事宽厚而恭谨，性情刚强而不暴戾，言谈简约而不傲慢。诗是用来表达思想情感的，歌是把这种思想情感咏唱出来，唱出的歌谣与思想情感一致，又要合乎吟唱的音律。八种乐器演奏出的音调能够调和，相互间不失去次序，这样让神和人听了都能够感到和谐起来。"夔说："是啊！我轻重有致地击打石磬，发为乐歌，使扮演成各种兽类的舞队都能随着音乐翩翩起舞。"

帝曰："龙，朕堲谗说殄行①，震惊朕师②。命汝作纳言③，夙夜出纳朕命，惟允④！"

**【注释】**①堲（jí）谗说殄（tiǎn）行：堲，通"疾"，憎恶。殄，病，败。意指憎恶谗言、恶行。②震惊朕师：师，民众，指耸动我众人。③纳言：官名。《孔传》："纳言，喉舌之官。听下言纳于上，受上言宣于下，必以信。"④夙夜出纳朕命，惟允：夙夜，早晚。纳，入。允，信实。

【译文】舜帝说:"龙啊!我憎恶那些耸动众人的谗言恶行。我任命你为纳言之官,随时下达我的敕命,反映百姓的呼声,必须真实不虚。"

帝曰:"咨汝二十有二人<sup>①</sup>,钦哉!惟时亮天功<sup>②</sup>。"

【注释】①汝二十有二人:有,通"又"。马融注曰:"禹及垂以下皆初命,凡六人,与上十二牧、四岳、凡二十二人。"郑玄注曰:"十二牧与禹、垂、益、伯夷、夔、龙、殳斨、伯与、朱、虎、熊、罴共二十二人。"②惟时亮天功:时,通"是"。亮,辅佐,辅助。功,事。

【译文】舜帝说:"告诫你们二十二个人,要恭敬尽职啊!要承受上天旨意,辅助成就功业!"

三载考绩,三考,黜陟幽明<sup>①</sup>,庶绩咸熙。

【注释】①黜陟幽明:黜,废除、罢免。陟,登任,上升。幽,暗,昏庸。明,贤明。意指没有功绩的黜退,功绩卓著的升迁。

【译文】舜帝每隔三年考察一次政绩,经过九年三次的考核,黜退昏庸的官员,晋升贤明的功勋之臣,国家的各项政事都兴盛起来。

分北三苗<sup>①</sup>。

【注释】①分北三苗:分出三苗的一部分迁移到北方。
【译文】又把三苗的一部分分出来,迁移到北方。

舜生三十征庸<sup>①</sup>，三十在位，五十载，陟方乃死<sup>②</sup>。

**【注释】**①征庸：召用，任用。②陟方乃死：方，方岳，四方之岳，这里特指南岳。陟方，即巡狩四岳。传说南岳一带，有苗作乱，舜巡狩至南岳，死于苍梧之野。

**【译文】**舜三十岁时被征召，施政二十年，在帝位五十年，在巡狩南方时才逝世。

○帝厘下土，方设居方，别生分类。作《汨作》、《九共》九篇、《稾饫》。

# 大禹谟第三

【题解】大禹，相传为原始社会末期夏后氏的部落首领。后受舜帝禅让，成为部落联盟的首领。姒（sì）姓，又称禹、夏禹、戎禹。鲧之子，继承父志，治理洪水、疏导江河，平治水患。

大禹治理水患，拯救万民，兴利除害，功勋卓著，为天下劳而忘家，救百姓苦而唯公，劳苦无休，勤勉不怠，为后世墨家所推崇备至。

谟，《说文》："议谋也。"《书序》："皋陶矢厥谟，禹成厥功，帝舜申之。作《大禹》、《皋陶谟》、《益稷》。"古人言，虞书已有《尧典》、《舜典》，但二典记叙不详、政事不备，于是复述君臣间嘉言善政而成《大禹谟》、《皋陶谟》、《益稷》三篇，以作补充。

《大禹谟》是舜帝与大臣禹、益、皋陶讨论政务的记录。他们都高度赞扬了尧帝广施文德教化、平定祸乱、治国安邦的功业，大禹、伯益、皋陶分别阐述治国的主张。同时记载了舜帝禅让帝位于大禹，以及大禹征讨三苗、开拓疆域的政事。

《大禹谟》今文《尚书》无，此属梅赜古文《尚书》。

〇皋陶矢厥谟，禹成厥功，帝舜申之。作《大禹》、《皋陶谟》、《益稷》。

曰若稽古①。大禹曰文命②，敷于四海③，祗承于帝④。曰："后克艰厥后⑤，臣克艰厥臣，政乃乂⑥，黎民敏德⑦。"

**【注释】**①曰若稽古：见《尧典》注解。②文命：《史记·夏本纪》："夏禹名曰文命。"孔云："文德教命也。"先儒云："文命，禹名。"一说紧接下句"敷于四海"，指文德教化广布四海。《孔传》："言其外布文德教命，内则敬承尧舜。"本书依从前者。③敷于四海：敷，分布，治理。四海，即指天下四方。④祗承于帝：祗，恭敬。帝，上帝。⑤后克艰厥后：后，即君王，上古及三代的部落联盟首领或君主皆称为后。克，能。艰，艰难，认为艰难，看得艰难。厥，那个。⑥乂：治理。⑦黎民敏德：黎民，庶民，百姓。敏，勉力。德，修德。

**【译文】**考查古代传说，大禹名文命将文德教化广布于四海，恭敬地秉承上帝的旨意。说道："君主能够认识到当君主的艰难，臣下能够认识到当臣下的不易，政事就能得到很好的治理，民众就会勉力修德。"

帝曰："俞！允若兹①，嘉言罔攸伏②，野无遗贤，万邦咸宁③。稽于众④，舍己从人，不虐无告⑤，不废困穷⑥，惟帝时克⑦。"益曰："都⑧！帝德广运⑨。乃圣乃神⑩，乃武乃文⑪；皇天眷命⑫，奄有四海⑬，为天下君。"

**【注释】**①允若兹：允，的确。若，像。兹，代词，这样，如此。②嘉言罔攸伏：嘉言，善言，好的言论。罔，无。攸，所。伏，隐伏，遮藏。③野无遗贤，万邦咸宁：野，古有国野之分，国即指国都，野即指民间、乡村。万邦，指天下四方氏族部落。④稽：考察。⑤不虐无告：虐，虐待。无告，即指孤苦无依，无处言告的鳏寡老人。⑥不废困穷：废，丢弃。困穷，指困苦贫穷之人。⑦惟帝时克：帝，这里指尧帝。时，通"是"。克，能够做到。⑧都：表示赞叹的语气词。⑨帝德广运：帝，这里指尧帝。广，大。运，远。⑩乃圣乃神：乃，语气助词，如此。圣，圣明。神，神妙。意指通知众事，神妙无方。⑪乃武乃文：《礼记·谥法》云："经纬天地曰文，克定祸乱曰武。"⑫皇天眷命：皇天，天帝。眷，眷顾、顾念，垂爱。命，任命，赋予重任。⑬奄有四海：奄，尽。奄有，覆盖，包括。

**【译文】**舜帝说："是啊！若真是这样，善言不被埋没，贤德之人没有被遗弃于民间，天下四方就会太平安乐。倾听众人的呼声，抛弃自我错误的言论，采纳大家正确的意见。不虐待无依无靠的恶人，不遗弃困苦贫穷的人，只有尧帝能够做到。"伯益说："啊，尧帝的圣德，广大而深远，圣明而通达，神妙而无方。治国安邦、平定祸乱；皇天垂爱赋予重命，使他拥有四海，成为天下的君王。"

禹曰："惠迪吉，从逆凶①，惟影响②。"益曰："吁③！戒哉！儆戒无虞，罔失法度④，罔游于逸，罔淫于乐⑤。任贤勿贰，去邪勿疑⑥，疑谋勿成，百志惟熙⑦。罔违道以干⑧百姓之誉，罔咈⑨百姓以从己之欲。无怠无荒，四夷来王⑩。"

**【注释】**①惠迪吉，从逆凶：惠，顺。迪，道。逆，悖逆、反叛。②惟影响：影，影子。响，回声。意指君王要顺应天道，敬畏天命，精诚致一，中道而行。③吁：叹词。④儆戒无虞，罔失法度：儆，警惕、戒备。虞，失误。罔，勿，不要。法度，法则制度。⑤罔游于逸，罔淫于乐：逸，放纵。淫，过分。⑥任贤勿贰，去邪勿疑：《孔传》："一意任贤，果于去邪，疑则勿行，道义所存於心，日以广矣。"《书集传》："任贤以小人间之谓之贰，去邪不能果断谓之疑。"⑦疑谋勿成，百志惟熙：成，完成，实现。熙，广，宽广。⑧干：
求。⑨咈：逆，违背。⑩无怠无荒，四夷来王：《孔传》："言天子常戒慎，无
怠惰荒废，则四夷归往之。"

**【译文】**大禹说："遵循善道就吉祥，顺从恶道就凶险。吉凶善恶
的关系，就如同影子离于形体，回响出于声音一样。"伯益说："啊！要
警戒呀！高度地警惕不要出现失误，不要违背法则制度，不要游荡放
纵，不要过度享乐。任用贤才不生二心，祛除奸邪果断坚决，意志不定
终难成功，各种政事的谋划都需要集思广益。不要悖逆常道以谋求百
姓的称誉，不要违背民意去满足自己的私欲。倘若能够持之以恒，不懈
怠、不荒废，天下四方的氏族部落都会归顺臣服，从各地来觐见君主，
并称臣纳贡，岁岁朝见。"

禹曰："於①！帝念哉②！德惟善政，政在养民。水、火、金、木、
土、谷惟修③，正德、利用、厚生惟和④，九功惟叙⑤，九叙惟歌⑥。戒
之用休，董之用威，劝之以九歌，俾勿坏⑦。"帝曰："俞！地平天成⑧，
六府三事允治⑨，万世永赖⑩，时乃功⑪。"

**【注释】**①於：叹词。②帝：这里指舜帝。③水、火、金、木、土、谷
惟修：见上文"六府"，即"水、火、金、木、土、谷"。修，治理。④正德、利
用、厚生惟和：正德，使百姓的德行正当，即修正百姓的德行。德，一说谓古
代伦理之道的"六德"，即父慈、子孝、兄友、弟恭、夫义、妇听。利用，使财
物充分富足，以保障百姓的供给和使用。厚生，使百姓的生计丰厚，衣食充
足。⑤九功惟叙：九功，见上文"六府三事"。叙，次序，引申为安排。⑥九
叙惟歌：九叙，指上述九功各顺其理，不乱常法。⑦戒之用休，董之用威，
劝之以九歌，俾勿坏：用，以。休，美道，董，督察。威，古文谓"畏"。劝，劝

勉，鼓励。俾，使。坏，败坏。俾勿坏，指使德政不致败坏。⑧地平天成：平，指水土得到治理。⑨六府三事允治：六府三事，参见上文"六府三事"。允，的确。⑩赖：利。⑪时乃功：时，通"是"。乃，你的。功，功绩。

【译文】大禹说："唉！舜帝你要深思啊！德教就是善于治理政事，治理政事就在于教养百姓。水、火、金、木、土、谷六府之事要经营好。修正百姓的伦理之德，便利百姓的财物之用，丰厚百姓的衣食生计，这三件事要协调和合。六府三事要理顺次序，不乱章法，六府三事处置妥当了，百姓就会歌颂君王的德政。用美好的德教来劝戒百姓，用令人畏惧的刑罚来惩戒百姓，用九歌来劝勉百姓，使德政不致败坏。"舜帝说："啊！水土得到治理，万物得以成长，六府三事得到妥善治理，这造福千秋万代的功业，是你的功绩啊！"

帝曰："格①，汝禹！朕宅帝位②，三十有三载，耄期倦于勤③。汝惟不怠，揔朕师④。"禹曰："朕德罔克⑤，民不依。皋陶迈种德⑥，德乃降⑦，黎民怀之⑧。帝念哉！念兹在兹，释兹在兹⑨，名言兹在兹，允出兹在兹⑩。惟帝念功！"

【注释】①格：来。②朕宅帝位：朕，我。宅，居。③耄期倦于勤：耄期，年老。倦，困倦、疲倦。勤，辛劳。④汝惟不怠，揔朕师：怠，懈怠。揔，古字，同"总"，总领、统帅，这里有摄政之意。师，众。⑤朕德罔克：罔克，即不能胜任。⑥皋陶迈种德：迈，勇往力行。种，广布，施行。⑦德乃降：乃，就。降，下。德政下及于民，即指德正教化能够化及百姓。⑧黎民怀之：怀，《尔雅·释诂》："怀，至也。"这里是归附的意思。⑨念兹在兹，释兹在兹：念，考虑。兹，这，此。释，通"怿"，喜悦，欢欣。第一个兹指德。第二个兹指皋陶。⑩名言兹在兹，允出兹在兹。惟帝念功：名言，名言于口。允，诚信。

出，发出，推行。

**【译文】**舜帝说："往前来，大禹啊！我居帝位三十三年了，现在年近百岁，因为勤劳治政，日理万机，深感疲惫。你做事勤勉毫无懈怠，就统帅我的百官族众吧！"大禹说："我德行浅薄难以胜任，百姓不会依附。皋陶勇往力行，广施仁德，恩德泽及百姓，百姓纷纷归附。帝主您要慎重考虑啊！念念于德的是皋陶，欣欣于德的是皋陶，宣传仁德的是皋陶，推行仁德的也是皋陶。帝主您要慎重考虑皋陶的功绩啊！"

　　帝曰："皋陶！惟兹臣庶，罔或干予正①，汝作士②，明于五刑③，以弼五教④，期于予治。刑期于无刑，民协于中⑤。时乃功，懋哉⑥！"皋陶曰："帝德罔愆⑦。临下以简，御众以宽⑧；罚弗及嗣，赏延于世⑨；宥过无大，刑故无小⑩；罪疑惟轻，功疑惟重⑪；与其杀不辜，宁失不经⑫。好生之德洽于民心，兹用不犯于有司⑬。"

**【注释】**①惟兹臣庶，罔或干予正：或，有人。干，干犯、冒犯。正，通"政"。②士：官名，主管刑狱的士师。③五刑：见《舜典》"流宥五刑"。④以弼五教，期于予治：弼，辅助，辅佐。五教，见《舜典》"慎徽五典"。⑤刑期于无刑，民协于中：协，服从。中，中正之道。意指起初用刑，是期望以后不必用刑，最终使百姓都服从于中正之道。⑥时乃功，懋哉：时，通"是"。懋，劝勉、鼓励。⑦帝德罔愆：罔，无。愆，过失。指舜帝的德行毫无过失。⑧临下以简，御众以宽：临，从上往下看，这里意指面对。简，简易，不烦琐。御，驾驭、控制。宽，宽厚。⑨罚弗及嗣，赏延于世：嗣，后嗣，子孙后代。延，延续，远及。⑩宥过无大，刑故无小：宥，宽恕，饶恕。过，过失。这里指无意之过，不识而犯。故，故意，明知故犯的过失。⑪罪疑惟轻，功疑惟重：意指定罪之后，可以轻判也可以重判的，就从轻量刑；赏赐可以轻赏也可以重赏的，就从重赏赐。⑫与其杀不辜，宁失不经：不辜，无罪。不经，不遵守常法。⑬好生之德洽于民心，兹用不犯于有司：好生，爱惜生灵，不恃杀戮。洽，和谐。这里指深得民心。有司，官府，官吏。古代设官，各官各司专职，故称有司。

**【译文】** 舜帝说："皋陶！这些群臣众庶，没有人冒犯我的德政。你掌管刑狱，明白用五刑来辅助五教，合于政体统治。施用五刑的目的正是期望以后不再使用五刑，使百姓都归于中正之道。这都是你的功劳，应当值得勉励啊！"皋陶说："帝主，您仁德圣明，没有过失。您对待臣下简易不烦，统治百姓宽厚不严。惩罚不株连子孙，奖赏能延及后世。若是无心之过，无论多大，都能得到宽恕；若是明知故犯，无论多小，都要施以刑罚。罪行处罚可轻可重时，就从轻量刑；功绩奖赏可轻可重时，就从重奖赏。与其误杀无罪之人，宁可放过不守正法之人。帝主您爱惜生命、仁厚宽大的德政深得民心，所以百姓不去冒犯他们的上司。"

帝曰："俾予从欲以治①，四方风动②，惟乃之休③。"

**【注释】** ①俾予从欲以治：俾，使。予，我。从欲以治，如心之愿而治理国家，即指民不犯法，官不用刑，以德和谐而治。②四方风动：指四方像风吹草伏一样鼓动响应。③惟乃之休：乃，你的。休，美德。

**【译文】** 舜帝说："使我如愿以偿地治理国家，四方百姓风起响应，这都是你的美德所致啊。"

帝曰："来，禹！降水儆予①，成允成功②，惟汝贤；克勤于邦③，克俭于家④，不自满假⑤，惟汝贤。汝惟不矜⑥，天下莫与汝争能；汝惟不伐⑦，天下莫与汝争功。予懋乃德⑧，嘉乃丕绩⑨。天之历数在汝躬⑩，汝终陟元后⑪。人心惟危，道心惟微，惟精惟一，允执厥中⑫。无稽之言勿听，弗询之谋勿庸⑬。可爱非君⑭？可畏非民⑮？众非元后何戴⑯？后非众罔与守邦。钦哉！慎乃有位⑰，敬修其可愿⑱。四海困穷，天禄永终⑲。惟口出好兴戎，朕言不再⑳。"

【注释】①降水儆予：降水，即洪水、大水。儆，警惧、警告。②成允成功：允，信。功，功业。③克勤于邦：指治水能够竭尽全力。④克俭于家：指饮食低劣，居住简陋，生活节俭。⑤不自满假：满，自满。假，夸大。⑥矜：自我夸耀。⑦伐：《孔传》："自功曰伐。"⑧予懋乃德：懋，通"楙"、"茂"，盛大、褒奖。⑨嘉乃丕绩：嘉，嘉奖、赞美。丕，大。绩，功绩。⑩天之历数在汝躬：历数，历运之数。帝王相继传承的次序。躬，自身。⑪汝终陟元后：陟，登上，升任。元，大。后，帝王。⑫人心惟危，道心惟微，惟精惟一，允执厥中：危，人心易私而难公，故危。微，道心难明而易隐，故微。精，精诚，精心。一，专一。允，信实。执，实行。厥，其。中，大中至正，中正、中庸之道。⑬无稽之言勿听，弗询之谋勿庸：稽，考查、验证。询，咨询、询问。庸，用。意指没有考证的言论不要轻信，没有咨询众臣的谋略就不可轻用。⑭可爱非君：爱，爱戴。意指百姓所爱戴的不是君主吗？⑮可畏非民：畏，畏惧。意指君主所畏惧的不是百姓吗？⑯众非元后何戴，后非众罔与守邦：元后，帝主、君王。戴，拥戴。意指百姓若无君主去拥戴谁呢？⑰钦哉！慎乃有位：钦，敬。慎乃有位，谨慎你的职守。⑱可愿：可欲。百姓所希望的道德美善。⑲四海困穷，天禄永终：四海，天下四方。困穷，指百姓困苦遭难。天禄，上天所赐的福禄。终，终止，完结。意指天下百姓困苦遭难，上天所赐的福禄就会永远终止。⑳惟口出好兴戎，朕言不再：出好，说出善言。兴戎，引起战争。再，第二次。朕言不再，我的话不说第二次。

【译文】舜帝说："往前来，大禹！洪水向我们发出警告，你信守承诺，完成治水的功业，只有你贤能；为国事不辞辛劳，居家生活俭朴，不自高自大，只有你贤能。你虽不自以为贤，但天下没有人与你争能；你虽不自我夸耀，但天下没有人可与你争功。我褒奖你的美德，嘉许你的功绩。上天赐命继任的帝位落到你身上，你终究要登上君主的大位。人心自私危险，道心幽昧难明，只有精诚专一，真正地遵从中正之道。没有考证的言论不要轻信，没有征询众臣的谋略不可轻用。百姓所爱戴的不是君王吗？君王所畏惧的不是百姓吗？百姓若无君王还去拥戴谁呢？君王若无百姓，谁来守卫国家呢？恭敬啊！谨慎地忠于你的职守，恭敬地施行百姓所希望的道德美善。如果天下百姓困苦遭难，上天所赐给你的福禄就会永远终结。言出于口，口为赏善、伐恶的门户，要深思熟虑之后再说，我的话就不再重复了。"

禹曰："枚卜功臣，惟吉之从①。"帝曰："禹！官占，惟先蔽志②，昆命于元龟③。朕志先定，询谋金同④，鬼神其依，龟筮协从⑤，卜不习吉⑥。"禹拜稽首，固辞⑦。帝曰："毋！惟汝谐⑧。"正月朔旦⑨，受命于神宗⑩，率百官若帝之初⑪。

**【注释】**①枚卜功臣，惟吉之从：枚卜，占卜，即逐个占卜。古代以占卜法选官。意指禹请求逐个占卜有功的臣子，吉者入选。②官占，惟先蔽志：官占，即占卜的方法。蔽，断定。蔽志，断定志向。③昆命于元龟：昆，后。命，占卜。元龟，大龟，占卜大事时所用。④朕志先定，询谋金同：朕志，舜帝欲禅让帝位于大禹的志向。定，坚定、确定。询，咨询。询谋，询问众人的谋略。金，皆，都。⑤鬼神其依，龟筮协从：依，依从，依顺。龟筮，龟为龟甲，筮即蓍草，皆古代用于占卜的灵物。龟著象，筮衍数，用龟甲经或灼烧之后显示裂纹图象以测吉凶曰卜；用蓍草奇偶多少以测吉凶曰筮。⑥卜不习吉：习，重复、反复。习吉，即重复出现吉兆。⑦固辞：再三推辞，坚决推辞。⑧毋！惟汝谐：毋，勿，不要。谐，适合。⑨正月朔旦：指阴历正月初一的清晨。朔，阴历每月初一。⑩受命于神宗：神宗，指尧帝宗庙。⑪率百官若帝之初：率领百官就像当初舜帝接受尧帝的禅让礼仪一样。

**【译文】**大禹说："还是主意占卜功臣，让吉祥的臣子来继任您的帝位吧！"舜帝却说："官占的方法是先断定志向，然后才用大龟占卜。我的志向先已确定，询问众臣的建议，不谋而合，这样鬼神依顺，龟卜和占筮的结果都会协和依从，况且占卜的方法，不可重复地出现吉兆。"大禹跪拜叩头，坚决推辞。舜帝说："你就不要推辞了，只有你适合继承帝位。"

正月初一的清晨，大禹在尧帝的宗庙继承了帝位，就如同舜帝继承尧帝的帝位一样，率领百官恭行禅让大礼。

帝曰："咨，禹！惟时有苗弗率①，汝徂征②！"禹乃会群后③，誓于师，曰："济济有众④，咸听朕命！蠢兹有苗，昏迷不恭⑤。侮慢自贤，反道败德⑥。君子在野，小人在位。民弃不保，天降之咎⑦。肆予以尔众士，奉辞罚罪⑧。尔尚一乃心力，其克有勋⑨。"

**【注释】**①惟时有苗弗率：有苗，古代的三苗，见上文《尧典》。弗率，不遵从。②徂：往。③群后：指四方氏族部落首领。④济济：形容兵士众多且整齐的样子。⑤蠢兹有苗，昏迷不恭：蠢，动，指无知妄动。昏，暗。迷，惑。不恭，不敬。⑥侮慢自贤，反道败德：侮慢，轻慢、怠慢。自贤，妄自尊大。反，悖逆、违背。败，败坏。⑦民弃不保，天降之咎：弃，被弃。保，安。咎，灾祸、灾殃。⑧肆予以尔众士，奉辞罚罪：肆，故，因此。辞，言辞，指上文舜帝所言："惟时有苗弗率，汝徂征。"⑨尔尚一乃心力，其克有勋：尚，庶几，差不多。这里指期望。一，统一，整齐划一。其，代指"尔众士"。克，能够。勋，功绩。

**【译文】**舜帝说："唉！大禹啊！三苗不遵从教命，你前去讨伐他们。"大禹便召集四方诸侯，率领大家誓师道："众位将士，都听从我的命令！蠢动的三苗，昏暗迷惑，不恭不敬。轻狂怠慢，妄自尊大，悖逆正道、败坏德义。遗弃贤能，重用奸佞。抛弃民众而不顾，上天降下灾殃。因此，我率领你们诸位将士，恭奉舜帝的敕令，征讨有罪的三苗，希望你们能够同心协力，祈求建立功勋。"

三旬，苗民逆命①。益赞于禹曰②："惟德动天，无远弗届③。满招损，谦受益，时乃天道④。帝初于历山⑤，往于田，日号泣于旻天⑥，于父母，负罪引慝⑦。祇载见瞽瞍⑧，夔夔斋栗⑨。瞽亦允若⑩。至诚感神，矧兹有苗⑪？"禹拜昌言曰⑫："俞！"班师振旅⑬，帝乃诞敷文德⑭，舞干羽于两阶⑮，七旬，有苗格⑯。

**【注释】**①三旬，苗民逆命：三旬，即三十天。逆命，违逆舜帝的敕命。②益赞于禹：益，即伯益。赞，辅佐，辅助。古代助祭之人叫赞佐，故赞有辅佐之义。③惟德动天，无远弗届：届，至，到达。④满招损，谦受益，时乃天道：时，通"是"。天道，天之常道，即自然规律。⑤帝初于历山：历山，地名，相传为舜耕作之处，今实无从考。意指舜帝当初在历山耕种之时。⑥往于田，日号泣于旻天：日，日日，每天。号，大声喊叫。泣，哭泣。旻天，上天。仁覆悯下谓之旻天。⑦于父母，负罪引慝：于父母，舜帝对于他的父母。负罪，自负其罪，即自己承担罪名。引，取得，招来。慝，邪恶。⑧祇载见瞽瞍：祇，恭敬。载，事，引申为侍奉、服侍。瞽瞍，见上文《尧典》。⑨夔夔斋栗：夔夔，敬惧的样子。斋栗，庄敬战栗。⑩允若：信任，和顺。若，温顺，不发怒。⑪至诚感神，矧兹有苗：至诚，精诚、至和。矧，况且，何况。⑫昌言：美言。⑬班师振旅：班，通"搬"还。班师，即搬师，军队返回。振，整顿。振旅，整顿士卒。⑭帝乃诞敷文德：诞，大。敷，宣布。⑮舞干羽于两阶：干，古代盾牌一类的防御性兵器。羽，翳，即用羽毛装饰的舞蹈时所持的道具。两阶，宾主之阶。⑯格：来。

【译文】三十天过去了，三苗还是违抗舜帝的命令。伯益前往辅佐大禹说："只有仁德至诚才可感动上天，仁德广布，无论多么远的四方氏族部落都能前来归附。自满招致损害，谦虚得到裨益，这是天之常道。当初，舜帝在历山躬耕，往来于田间，天天向上帝号啕哭泣，对于父亲和继母，宁可自己背负着不孝的罪名，招来邪恶的名声。舜帝恭敬地侍奉父亲瞽瞍，拜见父亲时，总是庄重而又敬畏。瞽瞍也变得信任和顺了。至诚之心可以感动神灵，何况是三苗呢？"大禹拜谢了伯益的美言，说："是啊！"于是，就整顿军队，搬师回朝。舜帝于是广布文教德政，让大家放下武器，拿起木楯和翳羽在宫廷的台阶前跳舞，过了七十天，三苗主动前来归顺。

# 皋陶谟第四

【题解】皋陶（yáo），又作"皋繇"、"咎陶"、"咎繇"，又名"庭坚"。相传为东夷族首领，为舜帝时贤臣，掌管刑狱，协助大禹治水有功。他执法公平、正直，帮助尧舜禹推行"五刑"、"五教"被奉为中国司法鼻祖，后常为狱官或狱神的代称。

据《史记夏本纪》记载："帝舜朝，禹、伯夷、皋陶相与语帝前，皋陶述其谋。"故作此篇。本篇记述了部落联盟施行德政的主张。皋陶的政治主张和伦理观念对当时的政治思想和道德伦理具有很大的参考价值。《皋陶谟》是我国古代最早、最完整的议事记录。

西汉伏生的今文《尚书》将《皋陶谟》和《益稷》合为一篇，今依梅赜古文《尚书》分作两篇。

曰若稽古。皋陶曰："允迪厥德①，谟明弼谐②。"禹曰："俞，如何？"皋陶曰："都！慎厥身，修思永③。惇叙九族④，庶明励翼⑤，迩可远在兹。"禹拜昌言曰："俞！"

【注释】①允迪厥德：允，信，确实。迪，引导、遵循。厥，其，代词，指古代圣贤帝王，这里指尧帝。德，道德。②谟明弼谐：谟，谋。弼，辅助，辅佐。谐，和，和谐，这里指同心协力。③永：长久，持之以恒。④惇叙九族：惇，敦厚。叙，按次第、按次序。九族，众多氏族。⑤庶明励翼：庶，众。明，贤人。励，勉励。翼，辅助。

**【译文】**考察古代历史。皋陶说："切实地施行德政，君主就会决策英明，群臣便同心协力辅佐。"大禹说："好啊！但怎样实行呢？"皋陶说："啊！谨慎自身，道德修养持之以恒。敦厚德行团结亲族，广举贤才勉励辅佐，由近及远，就从这里做起。"大禹拜谢赞美道："对啊！"

　　皋陶曰："都！在知人，在安民①。"禹曰："吁！咸若时，惟帝其难之②。知人则哲，能官人③。安民则惠，黎民怀之④。能哲而惠，何忧乎驩兜⑤？何迁乎有苗？何畏乎巧言令色孔壬⑥？"

**【注释】**①在知人，在安民：《孔传》："叹修身亲？之道在知人所信任，在能安民。"②咸若时，惟帝其难之：咸，皆。若时，如是，如此。时，通"是"。惟，发语词。③知人则哲，能官人：哲，明哲，无所不知。官，任用。官人，任人为官。④安民则惠，黎民怀之：惠，仁爱。怀，思念。⑤能哲而惠，何忧乎驩兜：《孔传》："佞人乱德，尧忧其败政，故流放之。"⑥何迁乎有苗？何畏乎巧言令色孔壬：迁，迁徙，流放。巧言，善于说话。令色，巴结、谄媚的脸色。孔，很。壬，奸佞。

**【译文】**皋陶又说："啊！全在于知人善任，安定百姓。"大禹说："唉！要都能做到如此，连尧帝、舜帝也感到不容易啊。知人善任就是明智，能举官得当。使百姓安居乐业就有仁爱之心，有仁爱之心百姓才会感恩戴德。明智而有仁爱，怎么会担心驩兜作乱？还需要放逐三苗吗？又何必畏惧巧言令色、奸佞邪恶的乱臣共工呢？"

皋陶曰："都！亦行有九德<sup>①</sup>。亦言其人有德，乃言曰，载采采<sup>②</sup>。"禹曰："何？"皋陶曰："宽而栗<sup>③</sup>，柔而立<sup>④</sup>，愿而恭<sup>⑤</sup>，乱而敬<sup>⑥</sup>，扰而毅<sup>⑦</sup>，直而温<sup>⑧</sup>，简而廉<sup>⑨</sup>，刚而塞<sup>⑩</sup>，强而义<sup>⑪</sup>。彰厥有常吉哉<sup>⑫</sup>！

**【注释】**①亦行有九德：人的性行有九种美德。②载采采：载，句首语气助词，无意义。采，事。采采，许多事。前一个"采"动词，从事。后一个"采"名词，事情。此句意为考察一个人的言论要有实事证明，不能没有事实依据，就来评判一个人的好坏。③宽而栗：宽宏而庄严。宽，宽宏大量。栗，战栗，这里是谨慎的意思。④柔而立：柔和又能坚定。柔，性情温和。立，卓立，有独立见解，不受外来影响而动摇。⑤愿而恭：愿，老实、厚道。恭，严恭，严肃庄重。⑥乱而敬：善治事而又办事严谨。乱，治，指具有排乱解纷、治理政务的才能。敬，指办事严谨。⑦扰而毅：驯顺而能果断。扰，驯服、柔顺，指能听取别人意见。毅，刚毅果断。⑧直而温：正直而能温和。⑨简而廉：简易率性而能志行端正。简，宽大。廉，廉隅、廉约，指人的性格、行为不苟。孔疏："简者，宽大率略之名。志远者遗近，务大者轻细。"意指直率而不拘小节，志向远大而不注意小处。⑩刚而塞：刚正而又充实。刚，刚正。塞，充实。孔疏："塞训实也。刚而能断失于空疏，必性刚正而内充实，乃为德也。"⑪强而义：坚强不屈而能守道义。强，坚强，不屈不挠。义，符合道义。⑫彰厥有常吉哉：彰，明。厥，其。吉，善。彰，明显。郑玄注曰："宽谓度量宽宏，柔谓性行和柔，扰谓事理扰顺，三者相类，即《洪范》云'柔克'也。愿谓容貌恭正，乱谓刚柔治理，直谓身行正直，三者相类，即《洪范》云'正直'也。简谓器量凝简，刚谓事理刚断，强谓性行坚强，三者相类，即《洪范》云'刚克'也。"

**【译文】**皋陶说："人的性行有九种美德。换言之，若说某一个人有德行，就要举出许多事例来考察验证。"大禹说："什么是九德呢？"

皋陶说："宽宏而又庄严，柔和又能坚定，厚道而又严肃，善治事而又办事严谨，柔顺而又刚毅果断，正直而能温和，简易率性而能志行端正，刚正而又充实，坚强不屈而能守道义。"帝王能够彰明显扬德行有常德人，就称为善政了。

"日宣三德①，夙夜浚明有家②，日严祗敬六德③，亮采有邦④，翕受敷施⑤。九德咸事，俊乂在官⑥。百僚师师，百工惟时⑦，抚于五长，庶绩其凝⑧。

【注释】①日宣三德：宣，显示、表现。三德，郑玄注曰："三德、六德者，皆'乱而敬'以下之文。"②夙夜浚明有家：夙，早晨。夜，夜晚。浚，恭敬。明，勉力、努力。家，泛指部落联盟的上层人员。有家，即指他们所属的氏族。③日严祗敬六德：严，通"俨"，矜持庄重的样子。祗，恭敬。④亮采有邦：亮，辅佐，辅助。采，事务。邦，诸侯的封地，即诸侯统治的地方。有邦，即指部落首领的氏族部落。⑤翕受敷施：翕，合。翕受，指三德与六德并用。敷，溥，普遍。施，行。咸，皆。⑥九德咸事，俊乂在官：咸，都。事，从事，担任职务。俊乂，超过常人的才智之士，才德超群者。马融注曰："才德过千人谓俊，百人为乂。"⑦百僚师师，百工惟时：百僚，百官。师师，互相效法。百工，指百官之下地位较低的士。时，天时。⑧抚于五长，庶绩其凝：抚，循，顺从。五辰，或谓五位众官之长，如司徒、司空、司寇、司空、大宗伯等各官之长。或谓金木水火土五星，泛指自然天象。古代以北极谓北辰，或谓五辰借喻为国君。庶，众。绩，成绩。凝，成功。

【译文】帝君每天都能从自身的德行中表现出九德中的三德，早晚恭敬努力地实行它，部落酋长就可以领有自己的民众。帝君每天庄重恭敬地表现出九德中的六德，就可以使四方部落首领辅佐他处理政事。

部落首领就可以保有他的氏族。如果能够把"三德"和"六德"合起来一起普遍施行，使具备九德的人都能得以任用，这样才德超群的人都处于官位。百官臣僚互相效法，各司其职，这样大家的功业就成就了。

"无教逸欲有邦<sup>①</sup>，兢兢业业，一日二日万几<sup>②</sup>。无旷庶官<sup>③</sup>，天工<sup>④</sup>，人其代之。天叙有典<sup>⑤</sup>，敕我五典五惇哉<sup>⑥</sup>！天秩有礼，自我五礼有庸哉<sup>⑦</sup>！同寅协恭和衷哉<sup>⑧</sup>！天命有德，五服五章哉<sup>⑨</sup>！天讨有罪，五刑五用哉<sup>⑩</sup>！政事懋<sup>⑪</sup>哉懋哉！

【注释】①无教逸欲：无，毋。②几：几微。③无旷庶官：无，毋。旷，废。庶，众。④天工："天功"，天事。⑤天叙有典：叙，次序、伦序。典，常。意指君臣、父子、兄弟、夫妇、朋友之间的尊卑次序，遵循天理伦常。⑥敕我五典五惇哉：敕，诫。五典，即上文五常。惇，敦厚。⑦天秩有礼，自我五礼有庸哉：秩，次序。自，由，用。我，指代国家。五礼，泛指下文的几种礼节。⑧同寅协恭和衷哉：寅，敬。同寅，意指君臣之间相互尊重。协，和。衷，善。协恭和衷，即指同心同德、团结一致。⑨五服五章哉：五服，用多种彩绘画饰而成的衣服。《尚书大传》谓天子、诸侯、卿、大夫、士的五种礼服。章，通"彰"，彰显，表彰，以五服来彰显等级的不同。⑩天讨有罪，五刑五用哉：五刑，见上文《舜典》。五用，即指《国语·鲁语》所记载："大刑用甲兵，其次用斧钺，中刑用刀锯，其次用钻笮，薄刑用鞭扑，以威民也。"⑪懋：勉励。

【译文】治理国家不要贪图安逸和放纵私欲，要兢兢业业，每天要处理许多政务。不要让不称职者旷废官职，上天命定的事情，要由人来代替完成。上天规定了人的伦常次序，告诫我们要遵循君臣、父子、兄弟、夫妇、朋友之间的伦理常法，并使这五种关系敦厚有序！上天规定了尊卑贵贱的等级之礼，由此才有天子、诸侯、卿大夫、士、庶民这五种应贯彻实行的礼节，并使它们经常化！君臣之间要相互敬重，同心同德、上下一心、和衷共济！上天任命有德的人，制定了天子、诸侯、卿、大夫、士五种不同花色的礼服，以此来表彰他们！上天惩罚有罪的人，制定了墨、劓刵、宫、大辟五种等级不同的刑罚。治理政务要互相勉励！要共同努力啊！”

“天聪明，自我民聪明①；天明畏，自我民明威②。达于上下，敬哉有土③！”

【注释】①天聪明，自我民聪明：聪明，视听。自，由。②天明畏，自我民明威：畏，通“威”。明畏，即表彰良善，惩罚奸恶。③达于上下，敬哉有土：达，通。上下，天意民心。有土，即指诸侯卿大夫等保有自己的封地，保持自己邦国的地位。

【译文】“上天明察一切，来自臣民的意见；上天赏善罚恶，来自臣民的赏罚意愿。天意民心上下通达，所以要恭敬从政才能保有国土。”

皋陶曰：“朕言惠可厎行①？”禹曰：“俞，乃言厎可绩②。”皋陶曰：“予未有知，思曰赞赞襄哉③！”

【注释】①朕言惠可厎行：惠，发语词。厎，致。②绩：成功。③予未有知，思曰赞赞襄哉：思，当作“惟”。曰，“日”之讹。赞，辅佐，辅助。襄，治理。

【译文】皋陶说：“我讲得这些话一定会得到贯彻执行吗？”禹说：“是的，你的话会得到实行并会获得成功。”皋陶说：“其实我没有什么智慧，只是想着每天辅佐君王治理好天下啊！”

# 益稷第五

【题解】益，即指伯益，又名大费，又称"伯翳"、"柏翳"、"伯繄"。中国古史传说中尧舜时代的东夷部落首领。传说为嬴秦祖先，尧帝时的臣子，舜帝时任山泽之官。相传伯益发明了凿井技术，帮助大禹治水有功，大禹要把帝位禅让给他，他却避居箕山之北。

稷，即后稷，姬姓。为周族始祖，黄帝玄孙，帝喾嫡长子，其母姜嫄履巨人足印怀孕而生。相传母亲生下之后，抛弃不养，因此又叫弃。后稷出生于稷山，好耕农，相地之宜，善种谷物稼穑，民皆效法，故而被称为稷神或农神。尧舜时期掌管农业之官，被尧举为"农师"，被舜封为后稷，又帮助禹教民稼穑，封地古邰城。

古文《尚书》中《孔传》里曰："禹称其人，因以名篇。"孔颖达载："禹言暨益、暨稷，是禹称其二人。二人佐禹有功，因以此二人名篇。既美大禹，亦所以彰此二人之功也。"

《益稷》主要记载了舜帝和大禹的对话。在对话之中，大禹述说了自己率领百姓治水的功业，发表了治国安邦的主张。同时，又讨论君臣之道。大禹还向舜帝汇报了益、稷二人的功绩。

今文《尚书》将《益稷》和《皋陶谟》合并为一篇，今依梅赜古文《尚书》分作两篇。

帝曰："来，禹！汝亦昌言①。"禹拜曰："都！帝，予何言？予思日孜孜②。"皋陶曰："吁！如何？"禹曰："洪水滔天，浩浩怀山襄陵③，下民昏垫④。予乘四载，随山刊木⑤，暨益奏庶鲜食⑥。予决九川距四海⑦，浚畎浍距川⑧，暨稷播，奏庶艰食鲜食⑨。懋迁有无化居⑩，烝民乃粒，万邦作乂⑪。"皋陶曰："俞，师汝昌言⑫。"

**【注释】**①昌言：美言。②孜孜：勤勉不懈怠。③洪水滔天，浩浩怀山襄陵：见上文《尧典》。④下民昏垫：昏，通"泯"，淹没、吞没。垫，陷落、沉溺。⑤予乘四载，随山刊木：四载，即指四种运载工具，古代旱路乘车，水路坐船，泥路用橇，山路用檋。刊，砍削木槎，插在山路上当作路标。随山刊木，即随着山岭的走势，斩木示道，以便治水。⑥暨益奏庶鲜食：暨，"及"的古体字，与、和。奏，进。庶，众，庶民。鲜食，刚刚被杀的新鲜鸟兽肉食。⑦予决九川距四海：决，疏通、疏浚。九川，泛指很多的河流。距，至、到达。据《禹贡》记载，为弱水、黑水、河、漾、江、沇水、淮、渭、洛。⑧浚畎（quǎn）浍（huì）距川：浚，疏浚、开通水道。畎浍，田间大小沟渠。小沟曰畎，大沟曰浍。⑨暨稷播，奏庶艰食鲜食：稷，即后稷，见上文《舜典》。艰食，马融注曰："根生之食，谓百谷。"鲜食，指少食物的地方。鲜，少。⑩懋迁有无化居：懋，通"贸"。懋迁，行货为商；化居，化，通"货"，居货为贾，迁移居积的货物。贸迁有无，《史记·夏本纪》："调有余补不足。"⑪烝民乃粒，万邦作乂：粒，米食。作，开始。乂，治理。⑫师：《史记·夏本纪》："此而美也。"

**【译文】**舜帝说："来吧，禹！你也谈谈高见吧。"禹拜谢说："是啊，君王，我说些什么呢？我整天考虑的是孜孜不倦的工作。"皋陶说："哦，到底是些什么工作？"禹说："大水与天相接，浩浩荡荡包围了大山，淹没了山丘，民众被大水吞没。我乘坐着四种交通工具，顺着山路砍削树木作路标，和伯益一起把刚猎获的鸟兽送给民众。我疏通了九州的河流，使大水流进四海，还疏通了田间小沟，使田里的水都流进大河。我和后稷一起播种粮食，为民众提供谷物和肉食。还发展贸易，互通有无，使民众安定下来，各个诸侯国开始得到治理。"皋陶说："是啊！你这番话说得真好。"

禹曰："都！帝。慎乃在位。"帝曰："俞！"禹曰："安汝止，惟几惟康①。其弼直，惟动丕应②。徯志以昭受上帝，天其申命用休③。"帝曰："吁！臣哉邻哉④！邻哉臣哉！"禹曰："俞！"

【注释】①安汝止，惟几惟康：止，行为、职责。意谓安于职责，勿轻举妄动。惟，思。几，几微，端倪。这里指危险事态。康，安泰。惟几惟康，即思危图安。②其弼直，惟动丕应：其，将。弼，辅助，辅佐，这里指大臣。直，正直的人。丕，大。应，和。惟动丕应，意谓勿妄动，动则天下大应之。③徯志以昭受上帝，天其申命用休：徯，通"清"。志，德。这里指有德的人。昭，通"绍"，继承。申，重复。用，以。休，美。④臣哉邻哉：邻，近，即下文四邻，最亲近之臣。

【译文】大禹说："啊！君主，您身居帝位也要恭敬谨慎啊！"舜帝说："是啊！"大禹说："忠于职守，慎于言行，观于念虑，方可长保安泰。用正直的人辅佐自己，令行则天下响应。以圣明之德接受上帝的旨意，上帝就会不断地将美好的福德赐予您。"舜帝说："正直的大臣就是最亲近的人，最亲近的人就是正直的大臣。"大禹说："对呀！"

帝曰："臣作朕股肱耳目①。予欲左右有民，汝翼②。予欲宣力四方，汝为③。予欲观古人之象④，日、月、星辰、山、龙、华虫作会⑤；

宗彝、藻、火、粉米、黼、黻絺绣⑥，以五采彰施于五色，作服⑦，汝明。予欲闻六律五声八音，在治忽，以出纳五言⑧，汝听。予违，汝弼⑨。汝无面从，退有后言。钦四邻⑩！庶顽谗说⑪，若不在时⑫，侯以明之，挞以记之⑬，书用识哉，欲并生哉⑭！工以纳言，时而扬之⑮，格则承之庸之，否则威之⑯。"

【注释】①股肱（gōng）：胳膊和大腿，比喻辅佐之臣，左右心腹。②予欲左右有民，汝翼：左右，协助。有，抚，保有、扶持。翼，辅助。③予欲宣力四方，汝为：宣，布。力，意谓安邦定国。④予欲观古人之象：观，显示。象，画在衣服上的图饰。⑤日、月、星辰、山、龙、华虫作会：华虫，一种美丽的野鸟。作会，指日、月、星辰、山、龙、华虫六者，用于上衣。会，通"绘"。古代以礼服上绘饰的不同来表示地位的高低。⑥宗彝、藻、火、粉米、黼（fǔ）、黻（fú）絺绣：宗彝，绘有虎、蜼（wěi）的宗庙彝器。彝，古代宗庙祭祀用的青铜礼器。藻，水草。火，"火"字形。粉米，白米。黼，斧形。黻，两弓相背的几何图形。絺绣，指宗彝、藻、火、粉米、黼、黻六者，用于下裳。意谓缝制刺绣。⑦以五采彰施于五色，作服：制作礼服的人根据这十二种物形制成五种不同的礼服，以表示地位的高低。⑧予欲闻六律五声八音，在治忽，以出纳五言：六律、八音，见上文《舜典》。五声，即宫、商、角、徵、羽。在，察。治，治理。忽，当作"淴"，荒怠。在治忽，犹言察治乱。出纳，即进退。五言，即东西南北中五方的意见。古代帝王派遣官吏出使抚慰四方，命太师陈诗以观民风。⑨予违，汝弼：违，犯错误。弼，匡正。⑩汝无面从，退有后言。钦四邻：无，通"毋"，不要。面从，当面听从。后言，背后议论。钦，敬。四邻，即左右大臣。⑪庶顽谗说：庶，众。顽，愚。谗说，谄媚之人。⑫若不在时：若，发语词。在，察。时，通"是"。指示前面的"股肱耳目"。⑬侯以明之，挞以记之：侯，射靶，指六艺之一的射礼。古代不贤之人不得射，射礼须内志正，外体直，而后可以言中，故用射侯之礼来教育。挞，鞭挞、谴责。记，告诫。挞以记之，教训告诫，令其不忘惩罚。⑭书用识哉，欲并生哉：书，著以刑书。《周礼·大司寇》记载，书写罪状于大方板，并把方板放在犯人背上，或去掉犯人帽子把罪状写在犯人背上以示耻辱。用，以。识，记。生，一说行不至死，一说欲使改悔上进。⑮工以纳言，时而扬之：工，官。纳言，即凭借音乐来进谏君主。纳，采纳。时，通"是"。扬，举，宣扬。⑯格则承之庸之，否则威之：格，改过，归正。承，进。庸，用。威，使畏惧，引申为惩罚。

**【译文】**舜帝说："大臣做我的左膀右臂和心腹耳目。我打算扶助保护百姓，你们辅佐我。我打算安邦治国，你们协助我。我要把古人礼服上的图饰显现出来，在上衣上用日、月、星辰、山、龙、华虫的图饰绘制；在下裳上用宗彝、水藻、火苗、粉米、斧形和黑白相间、两弓相背的几何图形绣制。用五种颜料做成五种色彩不同而鲜明的礼服，你们去做吧。我要听闻六种乐律、五种声音、八类乐器的演奏，通过音律的哀乐来考察政治得失，通过诗歌的采集来观察民间风尚，扬弃各方意见，你们要负责审听。我有什么过失，你们就要辅助我。你们不要当面顺从，而背后又议论纷纷。我恭敬地对待身边的亲信近臣！至于那些愚蠢而又好散布谣言的人，倘若不明为臣之道，就用射侯之礼来教育他们，用棍棒鞭打来警戒他们，并把它们的罪行记录下来，以便他们改悔上进！做官要采纳下面的意见，善言要称颂宣扬，正确的言论要加以采用，否则，就要惩罚他们。"

禹曰："俞哉！帝光天之下，至于海隅苍生①，万邦黎献，共惟帝臣，惟帝时举②。敷纳以言，明庶以功，车服以庸③。谁敢不让，敢不敬应④？帝不时，敷同日奏罔功⑤。

**【注释】**①帝光天之下，至于海隅苍生：光，广，普。海隅，靠近海边的地方。苍生，即黎民百姓。②万邦黎献，共惟帝臣，惟帝时举：万邦，泛指众多的氏族部落。黎献，百姓与贵族。共，同，皆。惟，为、是。③敷纳以言，明庶以功，车服以庸：参见上文《尧典》："敷奏以言，明试以功，车服以庸"之句，义相近。纳，采纳。庶，"试"之讹。④谁敢不让，敢不敬应：让，让功服善。敢，能。应，应承。⑤帝不时，敷同日奏罔功：时，通"是"，如此做。敷同，即对贤愚善恶，不加区别对待。敷，普、布。奏，进。罔，无。

**【译文】**大禹说："好啊！舜帝，普天之下，至于海内的百姓，各诸侯国的众多贤人，都是您的臣民。如果您唯善是举，广泛地采纳他们的意见，明确地考察他们的功绩，分别赏赐车马衣服以作酬劳。如果这样，有谁敢不让贤，谁敢不恭敬地听从您的命令？舜帝，如果您不辨善恶，好人坏人同时进用，即使天天进用人，也只能徒劳而无功。"

　　"无若丹朱傲，惟慢游是好①，傲虐是作，罔昼夜頟頟②。罔水行舟，朋淫于家，用殄厥世③。予创若时④。娶于涂山，辛壬癸甲⑤。启呱呱而泣，予弗子，惟荒度土功⑥。弼成五服，至于五千⑦。州十有二师，外薄四海，咸建五长⑧，各迪有功。苗顽弗即工，帝其念哉⑨！"

**【注释】**①无若丹朱傲，惟慢游是好：无，通"毋"。若，像、类似。丹朱，尧帝的儿子，见上文《尧典》。《史记·五帝本纪》："尧知子丹朱之不肖，不足授天下，于是乃权授舜。"傲，傲慢。惟，只。慢游，逸游无度。慢，懈怠、懒惰。好，喜好、爱好。②傲虐是作，罔昼夜頟頟：傲虐，戏谑、开玩笑。作，为。罔昼夜，没有白天黑夜。罔，不、没有。頟頟，意谓船行不安，昼夜不息，整日忙碌。③罔水行舟，朋淫于家，用殄厥世：罔水行舟，水浅不足以行船依然强迫着行走。朋，群。一说朋作风，雌雄引诱曰风。淫，淫乱。用，以，因此。殄，灭绝。厥，其。世，世系，即父子相继。意谓丹朱争斗滋事、群婚乱伦、伤风败俗、断绝继承。④予创若时：创，惩。若时，于是。若，顺。时，是，此。⑤娶于涂山，辛壬癸甲：涂山，涂山氏。据传涂山氏为居住在涂山一带的氏族部落，故名涂山氏。辛壬癸甲，古代以干支记日，辛壬癸甲共有四天。相传，大禹结亲三天之后即离家治水。⑥启呱呱而泣，予弗子，惟荒度土功：启，大禹之子。《帝系》载："禹娶涂山氏之子，谓之女，是生启。"呱呱，婴儿哭声。子，作动词，抚育儿子。荒，奄、大。度，成就。土功，治理水土之事。⑦弼成五服，至于五千：弼，辅佐。五服，《禹贡》记载甸服、侯服、绥服、要服、荒服为五服。五千，《禹贡》记载每服五百里，五服二千五百里，两面计之方五千里。⑧州十有二师，外薄四海，咸建五长：十二师，据《尧典》记载有十二州，十二师即十二州州长。薄，迫，靠近。四海，四方，普天之下。咸，皆。五长，《王制》："五国以为属，属有长。"⑨各迪有功。苗顽弗即工，帝其念哉：迪，引导、开导。苗，即三苗。顽，反抗、对抗。弗即工，由于顽抗而不就官。即，就。工，官。念，思考、忧虑。

**【译文】**大禹说："不要像丹朱那样傲慢，丹朱只喜好放纵淫逸，戏谑作乐，不分昼夜争斗吵闹。洪水已经平定了，他还坐在船上让众人推着在旱地中行船，无事生非。他还在家族内伙同族人纵情淫乱，他因而不能继承尧的帝位。我惩罚他理所当然。我娶了涂山氏的女儿，成亲四天后就去治水了。儿子启生下来呱呱地啼哭，我没有照顾抚爱他，只忙于治理水土。辅佐帝王重新划定了五种服役地带，一直到五千里远的地方。把全国重新划定为十二州，置定州长，十二州以外，四海之内，每五个诸侯国设立一个长，各诸侯长奉命治水，建立功业。只有三苗顽抗，不肯接受治水任务，舜帝您恐怕要为这件事而忧虑吧！"

帝曰："迪朕德，时乃功，惟叙①。皋陶方祗厥叙，方施象刑，惟明②。"

【注释】①迪朕德，时乃功，惟叙：迪，开导。时，通"是"。乃，你的。功，功劳。惟，宜。叙，顺。②皋陶方祗厥叙，方施象刑，惟明：祗，敬。厥叙，大禹的德政。方，旁，大。方祗厥叙，意谓大为敬重顺从禹帝。象刑，参见上文《舜典》。惟明，使百姓明了。

【译文】舜帝说："还是用德教去开导他们，三苗应该会顺从的。皋陶敬重顺从大禹的德政，正要把刑杀的图像刻在器物上警戒他们。"

夔曰："戛击鸣球、搏拊、琴、瑟，以咏①！"祖考来格，虞宾在位，群后德让②。下管鼗鼓，合止柷敔，笙镛以间③。鸟兽跄跄，《箫韶》九成，凤凰来仪④。夔曰："於！予击石拊石，百兽率舞，庶尹允谐⑤！"

【注释】①戛击鸣球、搏拊（fǔ）、琴、瑟，以咏：戛击，轻击。鸣球，击响玉磬。球，玉磬。搏拊，一种皮制乐器，形状如小鼓。搏，手击。拊，轻击。咏，合歌诗之声。②祖考来格，虞宾在位，群后德让：祖考，泛指祖先，祖，父之考，即祖父。考，即父亲。格，至，常用于祭祀时神祇来飨之意。虞宾，即指前代帝王后裔丹朱。群后德让，诸侯助祭者皆以德相互礼让。群后，泛指方国诸侯、首领。德，升。让，揖让。德升，揖让而升，宾主相见时的一种礼仪。③下管鼗鼓，合止柷（zhù）敔（yǔ），笙镛以间：下管，在明堂之下奏乐以竹制乐器为主，所以称下管。鼗，长柄的小鼓，两旁有耳，摇动可自动击打。合，即合乐，刚开始时，调节好使之合拍。止，止乐，戛然而止。柷敔，皆为古代乐器，柷形状如方斗，于奏乐开始时击之。敔形状如伏虎，背上有二十七鉏铻，乐曲结束时击奏。笙，管状乐器。大笙十九簧，小笙十三簧。镛，大钟。间，即用笙和镛相互交替着演奏。④鸟兽跄跄，《箫韶》九成，凤凰来仪：鸟兽跄跄，意谓人们扮演鸟兽起舞的样子。《箫韶》，舜帝之时所创制的乐曲。凤凰来仪,一说演奏《箫韶》之乐的箫管错落有间,有着凤凰般的仪容。一说演奏《箫韶》之乐凤凰成双成对来。凤凰,传说中的神鸟。⑤予击石拊石,百兽率舞,庶尹允谐:石,磬。百兽率舞,参见上文《舜典》。庶尹,众官,百官。允,信实。谐,和。

**【译文】**夔说:"敲起玉磬,打起搏拊,弹起琴瑟,歌唱起来吧。"祖先的英灵已经降临了,先前帝王的后裔、当今舜帝的宾客都已经就位了,四方部落氏族的助祭者皆以德相互礼让。明堂之下吹起了管乐,打着小鼓。开始演奏乐曲敲起柷来,结束演奏敲起敔来。用大小笙和大钟相互交替着演奏。人们都扮演成鸟兽跳起舞来,韶乐变换着演奏了九曲之后,凤凰成双成对,仪容整洁、庄重恭敬。夔说:"啊!我轻重有致地击打石磬,发为乐歌,使扮演成各种兽类的舞队都能随着音乐翩翩起舞。"

帝庸①作歌曰:"敕天之命,惟时惟几②。"乃歌曰:"股肱喜哉!元首起哉!百工熙哉③!"皋陶拜手稽首,扬④言曰:"念哉!率作兴事,慎乃宪⑤,钦哉!屡省⑥乃成,钦哉!"乃赓载歌⑦曰:"元首明哉!股肱良哉!庶事康哉⑧!"又歌曰:"元首丛脞哉!股肱惰哉!万事堕哉⑨!"帝拜曰:"俞,往钦哉!"

**【注释】**①庸:用,因此。②敕天之命,惟时惟几:敕,戒敕。时,通"是"。几,将近、接近。③股肱喜哉!元首起哉!百工熙哉:股肱,左右辅助大臣。元首,帝主,君主。百工,百事。起,兴起、奋发。熙,兴盛。④扬言:扬,接着,继续。⑤念哉!率作兴事,慎乃宪:念,思考,记住。率,率领、统率。兴,起。宪,法度。⑥屡省乃成,钦哉:屡省,反复考虑省察。屡,多次。省,省察。⑦乃赓载歌:赓,续。载,为。⑧庶事康哉:庶,众。康,安。⑨元首丛脞哉！股肱惰哉！万事堕哉：丛脞，细碎、烦琐没有大的谋略。一说治事急遽无序，则众务丛凑于前。惰，懈怠。堕，毁坏。

【译文】舜帝因此作歌，说："要勤劳天命啊，时时事事都要恭谨谨慎。"于是唱道："大臣们乐意奉命啊，帝王振作奋发啊，一切政务都兴办起来啊！"皋陶跪拜叩头继续说："要念念不忘啊，帝王统率大臣治理国家，谨慎地持守法度，要恭敬啊！凡事都要反复考察自省方可成功，要恭敬啊！"于是又继续歌唱道："君王圣明啊，大臣贤明啊，各种政务德教安宁啊！"又歌唱道："君王烦琐没有大志啊，大臣就会懈怠啊，一切事都要荒废啊！"舜帝拜谢道："好啊，去吧！恭敬地各司其职吧！"

夏书

# 禹贡第一

【题解】禹,即大禹、夏禹。大禹领导百姓平治水患、划分九州,功勋卓著。《尚书易解》:"水土既平,万民乐业,怀帝之德,念禹之功。史官记之,以章厥功,命曰《禹贡》。"

《禹贡》托"禹"以成篇,是我国最早的一篇地理著作。篇中详细讲述了大禹治水、规划九州,并记载山川的名称、方位及脉络,土壤的贫瘠优劣、质量等级,物产的分布、品种、用途等情况,以及各州贡赋的种类、进贡的路途等。

《禹贡》所划分的九州,皆以夏文化冀州为中心,其次分为兖州、青州、徐州、扬州、荆州、豫州、梁州、雍州。古九州幅员辽阔、物产丰饶、气候湿润。南至荒蛮,北抵辽东,西延大漠,东濒大海。《禹贡》记述了山川的分布,歌颂了大禹治水的功业,介绍了五服制度并总结了大禹的功绩。

○禹别九州岛,随山浚川,任土作贡。

禹敷土①,随山刊木②,奠高山大川③。

【注释】①敷土：划分土地。敷，分。②随山刊木：随着山岭的走势，斩木示道，以便治水。随，循、顺着。刊，削、砍。③奠高山大川：给山川取定名称。奠，定。

【译文】大禹划分九州疆界，随顺山势开辟道路，砍削树木以作标记，将高山大河作为九州的分界。

冀州①。既载壶口，治梁及岐②。既修太原，至于岳阳③。覃怀厎绩，至于衡漳④。厥土惟白壤，厥赋惟上上，错⑤，厥田惟中中⑥。恒、卫既从，大陆既作⑦。岛夷皮服，夹右碣石入于河⑧。

【注释】①冀州：大禹划分的九州之一。其名源于古代冀南的晋国。冀州，古代始称于春秋时期的冀国，在今山西河津县冀亭，后被晋国所灭，故以冀称晋。《吕氏春秋·有始览》注云："两河之间为冀州，晋也"，"东至清河，西至西河。"即今山西全省，河北的西部、北部一带，辽宁的西部，河南的北部一带。相传冀州为唐尧、虞舜的宅都之地，是部落联盟的活动中心，因而大禹治水，始自冀州。《禹贡》中记载，冀州为天子直接管理的王畿。即今山西和河北西部一带。②既载壶口，治梁及岐：既，已。载，事。壶口，即壶口一带的水利工程。壶口位于现今山西省吉县西北，与陕西的宜川隔河遥望，距离龙门约70公里。黄河河道由此变窄，从200多米直缩小到20多米，宛如咽喉，上下落差有15米至25米，此处形成水流直泻，得到悬崖瀑布壮观奇景。壶口瀑布水势奔腾，倾注石槽，旋转迂回，犹如壶形的漏斗一般，故而得名。梁，即梁山，在今陕西韩城西北一带。岐，即岐山，在今陕西岐山北。③既修太原，至于岳阳：既，已经。修，整治、治理。太原，即今陕西太原一带。岳阳，太岳山以南的地方。岳，太岳山，在今陕西霍县东。④覃怀厎绩，至于衡漳：覃怀，即今河南武陟、济源、修武、温县、沁阳一带。覃怀一带土地肥沃、地势平坦、北依太行山，南近黄河，西临汭水、东临淇水，易受水患，是水灾的重地。厎，致。获得。绩，功。衡漳，因漳水横流入黄河，故称。衡，通"横"，漳水源自山西高原一带，由西南向东流去，与黄河交汇于河北、河南之间的华北平原，水害相当严重。⑤厥土惟白壤，厥赋惟上上，错：厥，其。惟，是。白壤，一种沙质含盐的土壤，因洪水流过，又因蒸发而致。即所谓的盐碱地，土地贫瘠，农作物收成低。上上，即第一等。《禹贡》把九州的田、赋分为九等，《禹贡》分别根据九州作物的生长情况以及土地的肥瘠，将赋税分为上上、上中、上下、中上、中中、中下、下上、下中、下下。错，错杂、间杂、夹杂。指杂出第二等赋税。⑥厥田惟中中：厥，其。田，耕地。郑玄注曰："地当阴阳之中，能吐生万物者曰上，据人功作力竞得而田之，则谓之阳。"中中，即第五等。按照天地的高下和肥瘠划分的等级。⑦恒、卫既从，大陆既作：意指恒水、卫水已治理好，可顺流而下。恒水，即今河北曲阳县境内，出自恒山，东入寇。卫水，即今河北灵寿东北，向南流到灵寿县东南与滹沱河合流。黄河改道之前下游即流经于此。⑧岛夷皮服，夹右碣石入于河：岛夷，古代东北地区的民族，以鸟为图腾因此而得名。郑玄注曰："鸟夷，东方之民，捕食鸟兽者也。"即指冀州东方沿海的东夷人，以狩猎为生，以妙手皮毛作衣服。皮服，指鸟夷向中央王朝进贡的禽兽毛皮。夹，通"挟"。碣石，河北乐亭南的海边石山，在今渤海沿岸。

【译文】冀州。壶口治理好了，才开始接着治理梁山和岐山。太原修治妥当了，又整治太岳山的南面。覃怀一带的水利工程取得成效后，又到了横流入河的漳水。这一带的土质是含盐的白壤，赋税是第一等，但根据收成也夹杂着第二等的赋税，耕地列在第五等。恒水、卫水的河道已经疏通了，大陆泽也已经治理完工。东方沿海的夷人进贡珍奇的鸟兽皮毛，他们循着海道入贡，沿着辽东湾西岸向南航行，从附近的碣石山驶入黄河。

济、河惟兖州①。九河既道，雷夏既泽②，灉、沮会同③。桑土既蚕，是降丘宅土④。厥土黑坟，厥草惟繇，厥木惟条⑤。厥田惟中下⑥，厥赋贞，作十有三载，乃同⑦。厥贡漆丝，厥筐织文⑧。浮于济、漯，达于河⑨。

【注释】①济、河惟兖州：济，即济水，古代四渎之一，源出河南济源县，汉代经河南武陟流入黄河，又向南溢出，流入山东，与黄河平行入海。惟，是。兖（yǎn）州，在今河北、山东境内。②九河既道，雷夏既泽：九河，泛指古兖州境内黄河下游的诸多河道。道，通"导"，疏导、开通。雷夏，大泽名，即今山东菏泽东北。③灉（yōng）、沮（jū）会同：都是黄河的支流，源出于今山东鄄城、菏泽之间，现在已经干涸。会同，会合之后一同注入雷夏泽。④桑土既蚕，是降丘宅土：桑土，适宜种植桑树的土地。桑，养蚕。丘，即人工修建而成的高坝，以防洪水。降，下。宅，居。⑤厥土黑坟，厥草惟繇（yóu），厥木惟条：黑坟，一种含有黑色植物腐质肥料的灰棕壤。坟，肥土。繇，植物生长抽条。条，生长。⑥中下：指第六等。⑦作十有三载，乃同：作，耕作。即开垦土地。有，通"又"，用于整数与零数之间。同，与其他州相同。⑧厥贡漆丝，厥筐织文：漆丝，卫地的传统特产。筐，圆形的盛物竹筐。织，染成各种图纹的丝织品。⑨浮于济、漯，达于河：浮，达，以船行水。漯，古代黄河的支流，其故道从黄河北岸的河南浚县东北流至山东朝城，经滨州、利津一带至高宛县入海。现今的大清河为古漯水入海河道，小清河为古济水入海河道。古代的济水、漯水相通。达，通。

【译文】济水与黄河之间一带是兖州。黄河下游的众多河流已经疏浚开通，雷夏已经形成湖泽，灉水、沮水在这里汇合。土地已经能够种植桑树，饲养家蚕，于是人们从小土丘上搬下住在平地上。该州的土质是肥沃的黑土，这里花草茂盛，树木修长。该州的耕地列为第六等，赋税为第九等。该州经过十三年的农作耕耘，赋税才赶上其他各州。该州的贡物是漆和丝，还有装在圆竹筐里的彩色丝绸品。进贡的五品从济水和漯水乘船直通黄河。

海、岱惟青州①。嵎夷既略，潍、淄其道②。厥土白坟，海滨广斥③。厥田惟上下，厥赋中上。厥贡盐、絺，海物惟错④。岱畎丝、枲、铅、松、怪石⑤。莱夷作牧⑥。厥篚檿丝⑦。浮于汶，达于济⑧。

【注释】①海、岱惟青州：海，渤海。岱，泰山，又称岱宗、东岳，在今山东泰安县北。青州，《禹贡》划分的九州之一，因地居东方，五行色青，故名青州。即今山东半岛、辽东半岛以及朝鲜西部一带，南至泰山、徐州。②嵎夷既略，潍、淄其道：嵎夷，泛指古代东方的少数民族。此处指居住在辽东沿海的东夷族。略，划定疆界。潍，潍河，源自现今山东莒县的北潍山，伏流至箕屋山复见，流经诸城、高密、安丘、潍县、昌邑入海。淄，淄河，源自山东莱芜东北一带，博山西25里的原山北麓，东北经博山、益都、临淄、广饶、寿光入清水泊，再由北与小清河汇合，其支流从羊角沟入海。道，治理，疏导。③厥土白坟，海滨广斥：白坟，浅色的肥沃土壤，这里指灰壤或浅色的草甸土。斥，即盐渍土。④厥贡盐、絺(chī)，海物惟错：盐，海盐。絺，即一种精细的葛织物，即细葛布，现今的泰安、莱芜一带可以出产大量的苎麻，可用来织夏布。海物，指鱼蟹一类可以食用的海产品。惟，与。错，错杂，指种类繁多。⑤岱畎(quǎn)丝、枲(xǐ)、铅、松、怪石：岱畎，泰山的沟谷。丝，蚕丝。枲，雄株麻，大麻的一种，纤维可作麻布的原料。铅，青白色矿石，可供绘画和涂饰用。怪石，形状怪异的玉石。⑥莱夷作牧：莱夷，即今山东半岛的东夷人。作牧，从事放牧的农业劳动。⑦厥篚檿（yǎn）丝：檿丝，柞蚕丝。檿，古称山桑，即柞树，叶子可供养蚕。柞蚕与桑蚕极其相似，色黄褐，丝呈褐色，古人用檿丝制作琴弦，有弹性。檿丝产于昌邑、潍坊一带。⑧浮于汶，达于济：汶，即汶水，源自现今莱芜东北，流经泰安、肥城、宁阳，至东平注入济水。也正是《禹贡》汶水注入济水的故道，现今已不复存在。如今的汶水叫大汶河，注入运河。

【译文】渤海和泰山之间这一带是青州。嵎夷治理好了以后，就疏通了潍水和淄水的河道。该州的土质呈灰白色，沿海地区是一片广大的盐碱地。耕地列在第三等，赋税列为第四等。该州的贡物是盐、细葛布、多种多样的海产品。还有泰山地区的丝、大麻、锡、松和奇怪的石头。莱芜一带放牧，贡献的是畜产。这里进贡的柞蚕丝用竹筐装上，从汶水直达济水，再由此驶入黄河。

海、岱及淮惟徐州①。淮、沂其乂，蒙、羽其艺②，大野既猪，东原底平③。厥土赤埴坟，草木渐包④。厥田惟上中。厥赋中中。厥贡惟土五色，羽畎夏翟⑤，峄阳孤桐，泗滨浮磬，淮夷蚌珠暨鱼⑥。厥篚玄纤缟⑦。浮于淮、泗，达于荷。

【注释】①海、岱及淮惟徐州：淮，即淮河，古代四渎之一，源自今河南省的桐柏县，流经河南、安徽、江苏一带，注入洪泽湖，东流至黄海。徐州，今山东南部，江苏、安徽北部一带。②淮、沂其乂，蒙、羽其艺：沂，沂水，源自山东沂水县北。乂，治理。蒙，蒙山，即今山东蒙阴县西南。羽，羽山，即今江西赣榆县西南。一说舜帝殛鲧于羽山。艺，种植、耕种。③大野既猪，东原底平：大野，巨野泽。即今山东巨野县境内。巨野泽地势低洼，水积成泽，是古代著名的湖泊，后因黄河泛滥，泥沙淤积而干涸。猪，同"潴"，水停止、聚集。东原，即今山东泰安至东平一带，在汶水与济水之间。厎，致，成功。这里指水患已经治理。平，平地。④厥土赤埴（zhí）坟，草木渐包：赤埴坟，棕色的黏性肥土。埴，黏土。赤埴坟，即棕色土壤。渐包，意指草木不断繁茂并且杂错丛生。渐，逐渐生长。包，繁茂丛生。⑤厥贡惟土五色，羽畎夏翟：土五色，指青、红、白、黑、黄五种不同颜色的土，产于江苏铜山、山东诸城一带。羽畎，羽山的山谷。夏翟，即有五种颜色的羽毛。五色曰夏。翟，山雉，即长尾野鸡，其羽毛可用作舞饰或旌旗上的装饰。⑥峄阳孤桐，泗滨浮磬（qìng），淮夷玭珠暨鱼：峄，俗称距山，又名邳绎，在今江苏邳县西南。孤桐，特生的桐木，在桐树之中特别好而又难得者称为孤桐。泗，水名，源自今山东泗水县，流入淮河。浮磬，一种好像悬挂在睡眠上的可以做磬的石头。淮夷，即淮北之夷，在徐州之城。⑦厥篚玄纤缟：篚，盛锦帛绸缎之用。玄，黑缯。纤，细。缟，白缯。

**【译文】**东到沿海，北抵泰山，南至淮河一带的地域是徐州。淮水、沂水治理好了，蒙山、羽山一带就可以耕种了。大野泽汇聚四方流水称为湖泽后，东原的水患也已经被解除。该州的土质为肥沃的棕色黏土，草木逐渐生长而繁茂丛生。这里的耕地列为第二等，赋税为第五等。该州的贡物为五色土，羽山山谷盛产长尾野鸡，峄山南面的特产为制琴的良桐，泗水河畔的浮磬石，淮北一带的东夷族所献的珍珠和鱼产，还有用筐子盛着的黑缯与白绢，进贡的船只从淮水经泗水通达于黄河。

　　淮、海惟扬州①。彭蠡既猪，阳鸟攸居②。三江既入，震泽厎定③。筱簜既敷，厥草惟夭，厥木惟乔④。厥土惟涂泥⑤。厥田惟下下，厥赋下上，上错。厥贡惟金三品⑥，瑶、琨、筱簜、齿、革、羽、毛惟木，岛夷卉服⑦。厥篚织贝，厥包橘柚锡贡⑧。沿于江、海，达于淮、泗⑨。

【注释】①扬州：即今淮水以南的江苏、安徽两省以及江西、福建、浙江三省全境，广东东北部一带。②彭蠡既猪，阳鸟攸居：彭蠡，古称彭蠡泽，长江北岸一个大湖泊或湖泊群，并非现今的鄱阳湖。猪，同"潴"，水停聚处。阳鸟，鸿雁一类的候鸟。攸居，安居。雁属秋季南飞，春季北归的候鸟。古彭蠡一带是其越冬佳地。③三江既入，震泽厎定：三江，一说为长江下游分道入海的三条支流，一说为太湖入海的三条水，即吴淞江、娄江、涅江。一说为长江与其他二水吴淞江、钱塘江的合称。一说为长江上中下游而言。一说为岷江、汉江与彭蠡。根据文意可知，三江当指太湖一带的水系，可能为苏浙沪入海的河流。震泽，太湖，位于江浙之间。厎，致。厎定，获得安定。④筱簜既敷，厥草惟夭，厥木惟乔：筱，箭竹。簜，大竹。敷，布。此处指生长。夭，妖娆，即草木长得茂盛的样子。乔，高。乔木，即高大的树木。⑤厥土惟涂泥：涂泥，黏质湿土。文中所指的荆州、扬州一带即今湖南、湖北、江苏、浙江、皖南等地主要的湿土分布。⑥厥贡惟金三品：金三品，古代多称铜为金，一说金三品即青铜、白铜、赤铜。一说金三品指黄铜、白铜、赤铜。在扬州一带遍布铜矿，盛产铜。⑦瑶、琨、筱簜、齿、革、羽、毛惟木，岛夷卉服：瑶，美玉，一说即玛瑙。琨，美石。齿，主要指象牙。在上古时期，气候湿润温和，在黄河流域、长江流域都适合大象生存。虞舜在历山耕种，所谓的"象耕鸟耘"也可见一斑。革，皮革、兽皮。羽，珍禽的羽毛。毛，同"旄"，旄牛尾。羽、毛都指舞具。岛夷，指在扬州沿海一带的岛屿上生活的东夷族少数民族。卉服，指一些用草编制的衣帽鞋类。卉，是草的总称。⑧厥篚织贝，厥包橘柚锡贡：织贝，织有贝纹图案的锦缎丝织品。包，包装。橘，橘子。在江西、福建一带种植。柚，柚子。在福建、广西、广东一带种植，其中广东的沙田柚比较出名。锡，赐予。⑨沿：通"沿"，顺江而下入海。

【译文】北起淮河，东南到海之间是扬州。彭蠡泽已经汇聚了众多的河流。冬季，北方的候鸟来此栖息。彭蠡泽以东诸江治水已经导入大海，太湖水域的治理已经安定。大小竹木遍地而生、花草繁茂、乔木葱郁。该州的土质潮湿属于泥地，这里的耕地列为第九等，赋税为第七等，有时夹杂着第六等。该州的贡物有青铜、白铜、赤铜，以及瑶琨美玉、大小竹材、象牙、兽皮、鸟羽以及木材。有沿海东夷族人所献用草编织的衣帽鞋子，用筐子装起来的丝织贝锦，还有妥善包装好的橘子、柚子，待命而贡。进贡的船只沿着长江、东南之海直达淮河、泗水。

荆及衡阳惟荆州①。江、汉朝宗于海②，九江孔殷③。沱、潜既道，云梦土作乂④。厥土惟涂泥，厥田惟下中，厥赋上下。厥贡羽、毛、齿、革惟金三品，杶干栝柏，砺砥砮丹，惟箘簵楛⑤。三邦底贡厥名，包匦菁茅⑥，厥篚玄纁玑组，九江纳锡大龟⑦。浮于江、沱、潜、汉，逾于洛，至于南河⑧。

【注释】①荆及衡阳惟荆州：荆，荆山。即今湖北南漳县西。衡阳，衡山之南。荆州，古代的九州之一，包括现今湖北中南部、湖南中北部，及四川和贵州的一部分。在古代荆州为蛮族的聚居地。②江、汉朝宗于海：江，长江。汉，汉水。朝宗，即指诸侯朝见天子。春天朝见曰朝，夏天朝见曰宗。这里喻指长江、汉水流向大海。③九江孔殷：九江，一说长江在荆州一带分为九江，一说乃九条江汇合注入长江，一说九江分别指乌白江、蚌江、乌江、嘉靡江、畎江、源江、廪江、提江、箘汇，或谓三里江、五州江、嘉靡江、乌土江、白蚌江、白乌江、箘江、沙提江、廪江。一说湖汉就水流入彭蠡为九江。一说九江谓汇合于洞庭湖的沅江、渐江、元江、辰江、叙江、酉江、澧江、资江、湘江。一说九江即指今湖北黄冈地区广济一带。九，为虚数。古人往往以"九"代指众多。孔，甚、很。殷，众多。意谓众多的河流汇聚，其流速很快，流量盛大。④沱、潜既道，云梦土作乂：沱，源自长江称沱，故为长江支流。潜，源自汉水称潜，故为汉水支流。道，疏浚通畅。云梦，即云梦泽。据考证，云梦与云梦泽并非指一处而言。云梦乃楚王的狩猎区，而云梦泽是湖泊之名。两者皆在长江以北，云梦泽没有横跨长江南北。云梦方圆广阔，内有山林川泽原隰等多种地貌，东西约八百里、南北约五百里。乂，治理。⑤杶干栝柏，砺砥砮丹，惟箘（jùn）簵（lù），楛（hù）：杶，椿树。干，柘木，可做弓，乃落叶灌木，木质坚硬宜做车辕。栝，桧树。柏，柏树。砺，粗磨刀石。砥，细磨刀石。砥砺，即坚硬的磨刀石。砮，可以做箭镞的石头。丹，朱砂，一种水银与硫黄的天然化合物。楛，一种树，材质可以做箭杆。⑥三邦底贡厥名，包匦（guǐ）菁茅：三邦，郑玄注："近泽之国。"即湖泽附近的三个诸侯国。底贡厥名，即进贡其地的名优特产。匦，捆扎缠结。菁茅，有毛刺的茅草，宗庙祭祀时把菁茅捆束好，撒酒于其上，酒渗漏下去，似神饮一样，称为缩酒。⑦厥篚玄纁（xūn）玑组，九江纳锡大龟：玄，赤黑色的缯。纁，黄赤色的缯。玑组，古人佩玉所系的丝带，作头饰用。玑，珍珠类。组，丝带。纳，入。锡，赐予。大龟，即神龟、元龟。天子龟长一尺二寸，诸侯一尺，大夫八寸，士六寸。⑧浮于江、沱、潜、汉，逾于洛，至于南河：逾，越，离船上岸陆行。洛，源自陕西洛南，东至河南巩县入河，与山西境内流入渭水的洛河并非一条河。南河，河南洛阳、巩县一带的黄河。

**【译文】**荆山到衡山南面一带的广阔地域是荆州。长江、汉水像诸侯朝觐天子一样奔赴大海，众多的河流汇聚，水势盛大。长江的支流沱江、汉水的支流潜江都已经疏浚畅通，云梦泽这一带的水域水患已除，可以耕作治理了。该州的土质是潮湿的泥地，这里的耕地列第八等，赋税为第三等。该州的贡物有鸟羽、旄牛尾、象牙、兽皮以及黄铜、青铜、赤铜，杶木、柘木、桧木、柏木、粗细磨刀石、砮镞石、朱砂、细竹、箭竹、楛木。州内诸邦进贡当地的名优特产，有专供宗庙祭祀用的缩酒菁茅，有用筐子装起来的黑缯、赤缯，还有佩玉的绶带，更有九江一带进献祭祀用的神龟。进贡的路线是先以船运经由长江的支津沱水、到达汉水的潜江，顺通于汉水，然后登岸再由陆路达于洛水，转由船运通入黄河。

荆、河惟豫州①。伊、洛、瀍、涧既入于河②。荥波既猪③。导菏泽，被孟猪④。厥土惟壤，下土坟垆⑤。厥田惟中上，厥赋错上中。厥贡漆、枲、絺、纻⑥，厥篚纤纩，锡贡磬错⑦。浮于洛，达于河。

【注释】①豫州：《禹贡》中将豫州划为九州的中央，其与青州之外的其他七州相邻，又称为中州。其地南抵荆山，北临滨河，在今河南黄河以南，湖北北部，山东省的西南隅以及安徽省的西北部一带。②伊、洛、瀍、涧既入于河：伊，伊水，源自今河南卢氏县东南闷顿岭。伊水流经嵩县、伊阳、洛阳、偃师，注入洛水。洛，即洛水，源自陕西洛南县的冢岭山，向东北流至河南巩县注入渭水。瀍，瀍水，源自河南洛阳市西北的谷城山，向东流入洛水。涧，涧水，源自河南渑池县东北的白石山，东流经新安、洛阳西南注入洛水。③荥波既猪：荥波，又称荥播，在今河南荥阳境内，为济水的溢流。水溢成渊者叫潴，荥波即为荥泽，曾经是河南省的一个湖泽，东汉时期淤平。④导菏泽，被孟猪：菏泽，即今山东定陶，属于古兖州，纳为此州，是由于其水注入孟诸泽。被，覆被，溢漫。孟猪，即孟诸，即今河南商丘东北。⑤厥土惟壤，下土坟垆：壤，无块柔土。其土质为黄河冲积而成的次生黄土。⑥厥贡漆、枲(xǐ)、絺(chī)、纻：枲，麻。絺，精细的葛织物。纻，苎麻。⑦厥篚纤纩(kuàng)，锡贡磬错：纩，细绵，即丝绸。锡贡，纳贡、进贡。锡，赐予。错，治玉之石。

【译文】南起荆山，北至黄河一带的地域是豫州。伊水、洛水、瀍水、涧水疏浚开通之后都已注入黄河，荥泽一带流溢之水已经汇集成湖泽。疏通了菏泽，水大之时，漫溢之水可向南泻入孟猪泽。该州的土质是柔软的无块石灰性冲积黄壤，往下一层是黑色硬土。这里的耕地列为第四等，赋税为第二等，夹杂有第一等。该州的贡物有漆、大麻、细葛布、苎麻，用筐盛着的细绵，还有待命入贡的石磬和治玉之石。进贡的船只从洛水直达黄河。

华阳、黑水惟梁州<sup>①</sup>。岷、嶓既艺，沱、潜既道<sup>②</sup>。蔡、蒙旅平，和夷底绩<sup>③</sup>。厥土青黎，厥田惟下上，厥赋下中，三错<sup>④</sup>。厥贡璆、铁、银、镂、砮、磬、熊、罴、狐、狸织皮<sup>⑤</sup>，西倾因桓是来<sup>⑥</sup>。浮于潜，逾于沔<sup>⑦</sup>，入于渭，乱于河<sup>⑧</sup>。

【注释】①华阳、黑水惟梁州：华阳，华山的南面，华山位于陕西省的东部，为五岳之一，称为西岳。黑水，一说张掖河为黑水，一说大通河为黑水，一说党河为黑水，一说丽水为黑水，丽水即金沙江。一说澜沧江为黑水。本书依从丽水之说。以黑水为金沙江为准。梁州，古九州之一。春秋之时梁州即为巴、庸、濮、靡、襄诸国之地。即今四川东部和陕西、甘肃南部，大概因境内山势高、多山梁而得名。②岷、嶓（bō）既艺，沱、潜既道：岷，岷山。在四川省松潘县境内，为岷江发源地。嶓，嶓冢山。即今陕西宁强县东北，为汉水发源地。艺，种植。③蔡、蒙旅平，和夷底绩：蔡，蔡山。一说蔡山即四川省雅安市东南的蔡家山，又称周公山。一说为峨眉山。蒙，蒙山，在四川省雅安、名山、芦山三县交界处。旅，道路。旅平，即指道路已经平治。和夷，少数民族。和，和水，即今大渡河。④厥土青黎，厥田惟下上，厥赋下中，三错：青黎，指四川省青泥田、紫泥田以及紫色土等土壤。古人认为青黎皆是黑色，成都平原地区认为是深灰色石灰性冲击土。⑤厥贡璆（qiú）、铁、银、镂、砮、磬、熊、罴、狐、狸织皮：璆，黄金，梁州特产。镂，质地坚硬可用于刻镂的刚铁。罴，一种熊，又称为马熊。狐，似犬而长尾。狸，小狐。织，兽皮粗织成的织物。皮，裘皮。⑥西倾因桓是来：西倾，山名，在甘肃、青海交界处的青海同德县北，山的东面是洮河的发源地。桓，桓水，即今嘉陵江上游的白龙江。因桓是来，是指沿着桓水这一线贡道而来。⑦浮于潜，逾于沔：潜，即潜水，汉水的支流。如今的渭水、褒水皆可称为潜水。逾，越过。沔，即沔水，又称沮水，源自陕西的洛阳，向东南流入汉水，是汉水的上游。⑧入于渭，乱于河：渭，即渭水，源自甘肃渭源县西鸟鼠山，向东流经陕西注入黄河，是黄河最大的支流。乱，横渡。

【译文】华山南面与黑水之间一带的地域是梁州。岷山、嶓冢山一带被治理后已可耕种稼穑，长江、汉水的支流沱江、潜江都已经被疏通。蔡山与蒙山一带的河道也已经被平治，和夷族等西南的民众已经得到妥善的治理安定。该州土质属于疏松的青黎土，这里的耕地列为第七等，赋税为第八等，还夹杂着第七等、第九等。该州的贡物有黄金、黑铁、白银、镂钢、砮磬石、马熊、狐狸、山猫等用以制作裘衣的兽皮。西倾山一带的贡物沿着桓水而来。进贡的船只经由潜水进入沔水，然后舍舟登岸由陆路转运渭水，横渡渭水直达黄河。

黑水、西河惟雍州①。弱水既西，泾属渭汭②，漆沮既从，沣水攸同③。荆、岐既旅，终南惇物，至于鸟鼠④。原隰厎绩，至于猪野⑤。三危既宅，三苗丕叙⑥。厥土惟黄壤，厥田惟上上，厥赋中下⑦。厥贡惟球、琳、琅玕⑧。浮于积石，至于龙门、西河，会于渭汭⑨。织皮昆仑、析支、渠搜，西戎即叙⑩。

【注释】①黑水、西河惟雍州：黑水，参见上文注释。西河，即山西和陕西分界处的黄河，即黄河从内蒙古托克托折向南流，至陕西潼关一段，因在冀州之西，故名。雍州，为古九州之一，南抵秦岭，西临黑水，东延西河，即今陕西中部、北部以及甘肃大部分地区。②弱水既西，泾属渭汭：弱水，即今甘肃张掖河，又称羌谷水，源自今甘肃山丹卫西南穷石山，东北流入居延海，因季节性河流，水弱不可渡船，下流不明，故为弱水。泾，泾水，源自宁夏的泾源。属，入。渭汭，泾水流入渭水相交隈曲之处。③漆沮既从，沣水攸同：漆，漆水。源自陕西铜川市东北境，向西南流至耀县与沮水会合，名石川河。沮，沮水。源自陕西黄耀县，东南流入黄陵南，又东流会漆水名石川河，又东至富平东南注入渭水。漆沮分流时为两条水系，合流之后为一条河。既从，指漆合于沮，沮合于渭。沣，沣水，又称鄠水，发源于陕西户县终南山，北流注入渭水，其故道已经失去。攸，所。同，意谓沣水与漆水、沮水皆注入渭水。④荆、岐既旅，终南惇物，至于鸟鼠：荆，荆山，一说即今陕西朝邑县西南，今陕西大荔县东。一说为条荆山，在今陕西富平县西南。岐，岐山，即今陕西岐山县东北与扶风交界处，因两山歧出，故名，是周族人的发祥地。旅，道路。终南，终南山，即今陕西蓝田至郿县一带，长约八百里，秦岭的主峰太白山即终南山。西安南。鸟鼠，全称鸟鼠同穴山，即今甘肃渭源西南。⑤原隰厎绩，至于猪野：原隰，本义指低下的湿地，即今陕西旬邑、彬县一带。猪野，又称"都野"，即猪野泽，古代的休屠泽，泛指雍州的湖泽、肥壤。或为今甘肃民勤县一带的青土湖或白亭海。⑥三危既宅，三苗丕叙：三危，山名。这里的三危山指鸟鼠山、岐山一带，并非瓜州。既宅，安定之意。宅，安定。丕，大。叙，顺。⑦厥土惟黄壤，厥田惟上上，厥赋中下：黄壤，其地本为黄土高原，故称黄壤。⑧厥贡惟球、琳、琅玕：球，玉磬，美玉。琳，青碧色的玉。琅玕，山中美石。⑨浮于积石，至于龙门、西河，会于渭汭：浮，即指由这里进入黄河的水路。积石，即今青海同仁、同德两县西南的阿尼玛卿山，黄河流经积石山的东面。龙门，即今陕西韩城东北，东面与山西的河津隔水相望。西河，自壶口、龙门以南至风陵渡晋西南的黄河一段。渭汭，渭水流入黄河处。⑩织皮昆仑、析支、渠搜，西戎即叙：织皮，贡物之一。昆仑，族名。即今青海境内。析支，西戎族名。渠搜，即今内蒙古鄂托克旗南故朔方城。西戎，居住在西方的少数民族。叙，顺。

【译文】南至黑水，北达陕西、山西交界的黄河一带是雍州。弱水被疏通之后向西而流，泾水被疏通之后注入渭水。漆水、沮水被疏通之后，两水汇合一同注入渭水。沣水向北流去，也同样注入渭水。荆山、岐山一带已经得到妥当治理，终南山、惇物山直至更西北的鸟鼠同穴山，不管是平原还是湿地都彻底得到了治理，直到猪野这一带肥沃的湖沼地。三危山一带的百姓已经生活安定，迁移到此的三苗也顺从了。该州的土质属于黄色的泥土，这里的耕地列为第一等，赋税为第六等。该州的贡物有美玉、碧玉、山中美石。进贡的船只由积石山附近的黄河，直达龙门一带，山西与山西交界的黄河水域，南与渭水的船只相会。昆仑、析支、渠搜进贡用以制作裘衣的兽皮，西方的戎族都安定顺从了。

导岍及岐，至于荆山，逾于河[1]；壶口、雷首，至于太岳[2]；厎柱、析城，至于王屋[3]；大行、恒山[4]，至于碣石，入于海[5]。西倾、朱圉、鸟鼠，至于太华[6]；熊耳、外方、桐柏，至于陪尾[7]。导嶓冢，至于荆山[8]；内方，至于大别。岷山之阳，至衡山[9]，过九江，至于敷浅原[10]。

【注释】①导岍（qiān）及岐，至于荆山，逾于河：导，循行，这里指治理疏通道路的意思。岍，岍山，即今陕西陇县西南的吴山。岐，岐山，即今陕西岐山县东北。荆山，即陕西大荔东南朝邑西北荆山。逾于河，这里指断绝了河水，自导山从雍州境内越河到冀州。②壶口、雷首，至于太岳：壶口，即今陕西吉县。雷首，即今陕西永济县东南。太岳，即今山西霍县东。③厎柱、析城，至于王屋：厎柱，即三门山，在今山西平陆县东五十里的黄河中，南面为河南的三门峡市。析城，即今山西阳城县西南。王屋，王屋山，即今河南济源市西北，西跨山西垣曲县，绵延至山西、河北，山有三重，形如屋舍，故名王屋。④大行、恒山：大行，即太行山，在今山西、河北、河南三省交界处，南起河南济源市，北抵河北北部一带，绵延数千里。恒山，五岳之一，为北岳，在今山西省大同市浑源县城南10公里处。⑤至于碣石，入于海：碣石，渤海北岸的山石，即今河北乐亭南。入于海，山势连绵直尽海岸。⑥西倾、朱圉、鸟鼠，至于太华：西倾，参见上文注释。朱圉，即今甘肃甘谷县西南。太华，华山，见上文注释。⑦熊耳、外方、桐柏，至于陪尾：熊耳，即今河南卢氏县西南。外方，即今河南登封境内的嵩山，为五岳之中的中岳，又称太室。桐柏，即今河南桐柏县西，出自淮河。陪尾，一说在湖北安陆县东北，一说在今山东泗水县东。⑧导嶓（bō）冢，至于荆山：嶓冢，即今陕西宁强。荆山，即南荆山，在湖北南漳南一带。⑨内方，至于大别。岷山之阳，至于衡山：内方，即今湖北钟祥县西南，越过汉水与荆门交界，今称章山，又名马良山或马仙山。大别，即今鄂皖边界的大别山。岷山，多谓今四川松潘西北的岷山一带。依据上下文，可知岷山当指长江北岸，今湖北一带。衡山，荆州境内长江以北的一座大山，并非南岳衡山。⑩过九江，至于敷浅原：九江，意指湖北东部长江北岸广济一带的水系，参见上文注释。敷浅原，即今江西庐山东南的高地。

**【译文】**疏通了岍山和岐山的道路，到达了黄河西岸的北条荆山，越过黄河；又开通了壶口山到雷首山的道路，直至太岳山。从南面循着底柱山，东面越过析城山就到了王屋山。从南北纵向的太行山到恒山直达东北的碣石山，山势直趋渤海。

从西倾山，经由朱圉山、鸟鼠同穴山直达华山；接着循熊耳山，经由外方山、桐柏山一直到达陪尾山都得到了治理。

沿汉水，从嶓冢山开通道路直达南条荆山；从内方山直达大别山。从岷山的南面通到长江北岸的衡山，接着越过长江北岸众多河流，就通到了庐山的高地敷浅原。

导弱水<sup>①</sup>，至于合黎<sup>②</sup>，馀波入于流沙<sup>③</sup>。

【注释】①导弱水：弱水，即今甘肃张掖河，源自甘肃山丹，西流入居延海，居延海又称居延泽，即今内蒙古额济纳旗的居延海，分为东西两泊，东居延海即张掖河注入之地。②至于合黎：合黎，马融合黎指地名，郑玄认为合黎指山名，《孔传》认为合黎指水名。指山名而言，认为合黎斜亘于今甘肃张掖、高台至天城一线的东北方，绵延三百余里，俗称要涂之山。③馀波入于流沙：馀波，即指黄河的下游。流沙，泛指西北广大沙漠地区，或谓阿拉善沙漠。

【译文】疏导弱水，通到合黎山下，下游一直流入广大的沙漠之中。

导黑水<sup>①</sup>，至于三危<sup>②</sup>，入于南海<sup>③</sup>。

【注释】①导黑水：参见上文注释。②至于三危：三危，参见《舜典》注释。③入于南海：南海，即今内陆海青海，或谓在三危以南，是古人假想中的南海。

【译文】疏导黑水，通到三危山，一直注入南海。

导河积石，至于龙门；南至于华阴<sup>①</sup>，东至于厎柱，又东至于孟津<sup>②</sup>，东过洛汭，至于大伾<sup>③</sup>；北过降水，至于大陆<sup>④</sup>；又北，播为九河<sup>⑤</sup>，同为逆河，入于海<sup>⑥</sup>。

【注释】①导河积石，至于龙门；南至于华阴：积石，参见上文注释。

龙门,参见上文注释。华阴,华山的北面。②东至于厎柱,又东至于孟津:孟津,古代黄河渡口,即今河南孟津县南的黄河北岸一带,由于河道变迁,现今黄河河道移至孟津以北。孟津以下的黄河河道久经变迁、改移不定。③东过洛汭,至于大伾:洛汭,洛水注入黄河,在河南巩县东北洛口。大伾,一说即今河南浚县,一说在河南荥阳汜水镇。④北过降水,至于大陆:降水,源自今山西屯留方山至河南林县、河北一带,入河之处在今河北肥乡、曲周之地。大陆,又称巨鹿泽,即大陆泽,参见上文注释。⑤又北,播为九河:播,分散,分布。九河,指古兖州境内黄河下游的诸多河道,参见上文注释。⑥同为逆河,入于海:逆河,海水涨潮时倒灌入河。逆,迎而承受之意。

【译文】疏导黄河,始于积石山,通到龙门山,向南流到华山的北面,又向东流经厎柱山,又向东流到孟津一带,再往东越过洛水入河处,直达大伾山;然后折向北流,经过降水入河处,直通到大陆泽;又向东北一带流去,分为众多的支流,这些支流河道的下游入海口都灌入了海水,最终导入大海。

嶓冢导漾,东流为汉①;又东为沧浪之水②;过三澨,至于大别,南入于江③。东汇泽为彭蠡;东为北江④,入于海。

【注释】①嶓冢导漾,东流为汉:嶓冢,即汉水的源头,参见上文注释。漾,即漾水在汉水上游,发源于嶓冢山,漾水向东北流经陕西沔县,西南与沔水汇合,又向东经襄城与褒水汇合,而后称为汉水。②沧浪之水:指汉水中游均县至襄阳一段。③过三澨(shì),至于大别,南入于江:三澨,一说为澨水,源自湖北京山县潼关河,又名司马河,流至汉川县注入汉水。一说为地名,一说为澨水,在清水入汉处,即今襄方城一带。南入于江,汉水过了湖北襄樊之后,向东南流过大别山西南麓,向南注入长江。④东汇泽为彭蠡；东为北江：汇，意谓汉水与长江汇合，水势向东汇成彭蠡泽。北江，即指长江下游，在彭蠡以东的一段，并非指汉水。

**【译文】**疏导漾水，始于嶓冢山，向东流去称汉水；又朝东而流称沧浪之水；再往南流去就经过三澨水，直至流向大别山，再往南流去就注入了长江。向东回流汇聚形成了彭蠡泽，彭蠡泽以东的长江故称北江，直至导流入海。

岷山导江，东别为沱①；又东至于澧，过九江，至于东陵②；东迤北会于汇；东为中江③，入于海。

**【注释】**①岷山导江，东别为沱：沱，长江上游的支流，在岷江以东，其上源与岷江相接，岷江分出的一条支流与沱江相连接。凡是长江所出的水皆可称为沱。当时四川的渠江诸水，如渠水、巴水、岩水都可称沱。②又东至于澧，过九江，至于东陵：澧，澧水，又作"醴"，现在有南、北、中三源，三源汇合之后，从湖南的桑植东南流去，经过大庸、慈利、石门、澧县注入洞庭湖。今川东诸水以下，江西九江以上的长江河道所经过的一处湖沼。九江，指今湖北广济、黄梅、安徽宿松、望江一带。东陵，指现今安徽安庆、枞阳、彭蠡以西，九江以东的地区。③东迤（yǐ）北会于汇；东为中江：迤，斜行。汇，水众多，回旋停蓄潴而成泽。中江，长江下游分道入海的三条支流之一。

**【译文】**疏导长江，始于岷山，向东分出的支流统称沱江，长江的主水道径直折向东流，直达支流澧水一带，然后流过九江，通到东陵；再由东陵偏北斜行汇聚于彭蠡泽，然后自彭蠡泽往东称为中江，最后直通东海。

导沇水，东流为济①，入于河，溢为荥②；东出于陶丘北，又东至于菏③；又东北，会于汶④；又北东，入于海。

**【注释】**①导沇(yǎn)水，东流为济：沇水，源自山西、河南交界的王屋山，至河南武陟县注入黄河。东流为济，据说济水有三伏三见，沇水潜行于地中为一伏，从东出，二源合流为济水即一见。从济水以下，又潜入到河中为再伏，越过黄河而向南流去，水溢成泽，又为一见。②入于河，溢为荥：入于河，源自王屋山的济水往南注入黄河。溢，指黄河漫溢，形成荥泽。荥，荥泽，在今河南荥阳，汉代之时已经淤平。黄河南岸重新出现的济水即源于此。③东出于陶丘北，又东至于菏：陶丘，在今山东定陶县西南。菏，即今山东菏泽市，相传菏泽古代为一个大的湖泊。④又东北，会于汶：汶，汶水，发源于今莱芜岳阴山，汶水从巨野分为两股，流入东南菏泽的一股即泗水，流入东北，穿过巨野泽，与汶水相合的即济水。

**【译文】**疏导沇水，向东流称为济水，注入黄河，接着越过黄河，在黄河南面漫溢形成了荥泽；再向东流经陶丘的北面，又朝东汇聚于菏泽一带；继而向东北流去与汶水汇合；再向北流，然后折向东去注入大海。

导淮自桐柏①，东会于泗、沂②，东入于海。

**【注释】**①淮，淮河。桐柏，桐柏山。在今河南桐柏。②东会于泗、沂：泗，泗水。沂，沂水。两河在江苏省邳县一带汇合，后经洪泽湖出淮阴与淮河相会，向东流至苏北出海。或谓向南流经洪泽湖、宝高湖、扬州一线在三江营注入长江。现今淮河入海口循于黄河故道，向东行至套子口入海，名为中山河，或称新淮河。

【译文】疏导淮河,始于桐柏山,向东流与泗水、沂水汇合,又向东流去注入大海。

导渭自鸟鼠同穴,东会于沣,又东会于泾,又东过漆沮①,入于河。

【注释】①东会于沣,又东会于泾,又东过漆沮:沣,古代的泾河、渭河、浐河、涝河、灞河、潏河、沣河、滴河号称关中八水,渭南以沣水为最大。沣河发源于陕县秦岭之中,南源出自甘肃泾源县西南的大关山,北源出自宁夏自治区固原县六盘山东麓,两个源头在平凉一带汇合,后经泾川、泾阳至高陵南注入渭水。

【译文】疏导渭水,始于鸟鼠同穴,向东流与沣水汇合,又向东流与泾水汇合,再往东流去与漆、沮二水汇合之后,就注入了黄河。

导洛自熊耳①,东北会于涧、瀍②,又东会于伊,又东北入于河③。

【注释】①导洛自熊耳:洛,洛水,源自陕西洛南的熊耳山。熊耳,在今陕西洛南西南。②东北会于涧、瀍:洛水疏通之后,向东北流至河南洛阳市,涧水则与洛水在洛阳的西南会合,瀍水则从北面流入洛阳,向东注入洛水。向东汇入伊水之后,又东经河南巩县南,又向东北流至洛口注入黄河。③又东会于伊,又东北入于河:伊,伊水。源自河南卢氏县东熊耳山,与洛水所出的熊耳山同为一脉。伊水经嵩县、伊川、洛阳、偃师注入洛水。又东北入于河,意指洛水向东与伊水汇合之后再向东北流淌,在河南巩县北注入黄河。

【译文】疏导洛水,始于熊耳山,向东流与涧水、瀍水汇合,又往东流与伊水汇合，又向东北流入黄河。

九州攸同，四隩既宅<sup>①</sup>。九山刊旅，九川涤源<sup>②</sup>，九泽既陂，四海会同<sup>③</sup>。六府孔修，庶土交征<sup>④</sup>，厎慎财赋，咸则三壤，成赋中邦<sup>⑤</sup>。锡土姓，祗台德先，不距朕行<sup>⑥</sup>。

【注释】①九州攸同，四隩既宅：九州，即上文的冀、兖、青、徐、扬、荆、豫、梁、雍九州。攸，所。同，平。四隩，即"四奥"，四方地境。宅，居。四隩既宅，意指四方都可以成为居住的地方。②九山刊旅，九川涤源：九山，泛指九州的山川林泽，一、及岐至于荆山；二、壶口、雷首至于太岳；三、厎柱、析城至于王屋；四、太行、恒山至于碣石；五、西倾、朱圉、鸟鼠至于太华；六、熊耳、外方、桐柏至于赔尾；七、嶓冢至于荆山；八、内方至于大别；九、岷山之阳至于衡山。刊，辟除、削除。这里指辟除妨碍排洪的障碍。旅，道、治。九川，指弱水、黑水、黄河、漾水、长江、沇水、淮河、渭水、洛水。涤，清除，疏通畅达。③九泽既陂（bēi），四海会同：九泽，指上文所举的九个湖泽，即雷夏、大野、彭蠡、震泽、云梦、荣波、菏泽、孟潴、潴野。陂，堤坝，防止泽水决溢。会同，会同京师，指各地进贡的道路畅通无阻。④六府孔修，庶土交征：六府，掌管贡赋税收的六个府库。孔，甚，很。修，治、备。庶土，泛指九州众多的土地。交征，意谓通过考察，勘定各州土地质量的等级以供征税。⑤厎慎财赋，咸则三壤，成赋中邦：厎，致，获得。慎，谨慎。咸，皆。则，法则。引申为依据的标准。三壤，土壤分为上中下的三品九等。成赋，交纳赋税。中邦，指九州。⑥锡土姓，祗（zhī）台德先，不距朕行：锡土姓，意谓分封诸侯、分土赐姓，建立诸侯国。在夏禹时代，还没有形成比较完善的分封制度。以夏部落为中心的部落联盟逐渐演变而称为以夏方国为中心的统一体国家。祗，恭敬。台，同"怡"。距，抗拒、违抗。朕，我。

【译文】九州的水土治理已经完成，四方境内都可以安居了，九州的大山道路已经开通，九州的大河已经疏浚了水源、河道，九州的湖泽也都已经修筑了堤防，四海之内的交通贡道都已经畅通无阻了。掌管贡赋税收的六个府库都已经整饬修备得很好，各州土地都勘定了质量等级，谨慎恭敬地规定了财货贡赋的多少，按照土地肥瘠上、中、下三种标准来确定税额，缴纳赋税。然后裂分土地、宣赐名姓，分封诸侯、建立方国，恭敬地以遵从德教、敬修德业为先，不违背帝王的政令法则。

五百里甸服①：百里赋纳总②，二百里纳铚③，三百里纳秸服④，四百里粟，五百里米。五百里侯服⑤：百里采⑥，二百里男邦⑦，三百里诸侯⑧。五百里绥服⑨：三百里揆文教⑩，二百里奋武卫⑪。五百里要服⑫：三百里夷⑬，二百里蔡⑭。五百里荒服⑮：三百里蛮⑯，二百里流⑰。

【注释】①甸服：指在天子领地上服各种劳役。甸，指王田，天子的领地。本文将大禹时代国都以外第一等称为甸服。②百里赋纳总：意指把庄稼连根拔起带着穗壳和禾茎成捆地交给官府。总，把庄稼连茎割下，束成一捆。意谓把庄稼全部交出去。③二百里纳铚（zhí）：纳铚，入贡禾穗。铚，农具、短镰。割下的庄稼要用短镰削下穗头，因此用镰来代表穗。④三百里纳秸服：秸服，即去掉禾茎的尖端芒毛。⑤侯服：在甸服之外的五百里范围，是五服之中的第二等，距离国都一千里。侯，即斥侯。⑥百里采：采，一说担任王事的官为采，一说不得其土地人民，取其租税为采，一说指卿大夫的食邑。⑦男邦：比卿大夫的等级稍高，拥有土地和人民的小国。⑧诸侯：比男大一点的封国。⑨绥服：侯服之外五百里，距离国都一千五百里。绥，安。绥服，绥靖安抚。⑩揆文教：指掌管文教事务的官员。揆，官，这里名词作动词,即掌管、管理。⑪奋武卫:意谓振兴武力,保卫国家。⑫要服:绥服之外五百里,距王都二千里。要,约束。⑬夷:易,更改,改变,指移风易俗。⑭蔡:散,指自由迁徙。⑮荒服:要服以外五百里,距离国都二千五百里,是最远的一服。取其地荒远、政教荒忽之义。⑯蛮:按照蛮夷的习俗对待。意谓尊重其风俗,维系其联系。⑰流:流动、散乱。即游移不定、迁徙无常,没有固定的居所。

**【译文】**规定帝王国都以外五百里的地域称为甸服:相距国都一百里范围的缴纳赋税,要把庄稼连根拔起带着穗壳和禾茎成捆地交给官府。二百里范围内的要缴纳穗头,三百里范围内的要缴纳去掉秸芒的穗头,四百里范围内的要缴纳粗米,五百里范围内的要缴纳细米。甸服以外五百里范围的地域为侯服:相距侯服百里范围内的为大夫采地,二百里范围内的为男爵小国,三百里范围的封为诸侯。侯服以外五百里范围的地域为绥服:相距绥服三百里范围内的设置官员、推行文教,外二百里的地域要奋扬武威保卫帝王。绥服以外五百里范围的地域为要服:相距要服三百里范围内的百姓要移风易俗,外二百里的地域可以自由迁徙,减免税赋。要服以外五百里的地域称为荒服:相距荒服三百里范围内的要因俗治理、减省礼节,外二百里的地域可以流动迁徙,无须纳贡。

东渐于海,西被于流沙①,朔南暨声教,讫于四海②。禹锡玄圭,告厥成功③。

**【注释】**①东渐于海,西被于流沙:渐,浸入。被,及。流沙,古人认为西方极远的大漠。②朔南暨声教,讫于四海:朔,北。暨,及。朔南暨声教,意谓日所照临的地方皆为天子的声教所化育。③禹锡玄圭,告厥成功:指禹被天帝赐玄圭。玄圭，即黑色的瑞玉。

　　**【译文】** 东面直抵大海，西面延及大漠，南北都到了极远之地，华夏的声威教化都流布于四海九州。于是，上帝颁赐给大禹黑色的瑞玉，以昭告天下治水成功，天下大治。

# 甘誓第二

【题解】《史记·夏本纪》记载："夏后帝启，禹之子，其母涂山氏之女也。有扈氏不服，启伐之，大战于甘。将战，作《甘誓》。"根据这则史料，我们可以推知《甘誓》是夏王启征伐有扈氏的在甘地所作的誓师词。

甘，地名，古代指有扈氏国都的南郊一带，据有关考证在今河南洛阳西南。誓，即战前宣誓训诫之意。古代在战争前夕，军队统帅往往都会集合士兵，进行战前宣誓和训诫。《甘誓》便是战前告诫和宣誓的辞章。

《甘誓》虽然言辞简短，然而辞约义丰，具有重大的意义。甘地誓师的战争年代正处于我国古代部落联盟向国家过度的重要转变时期。一时期，尧舜时代的禅让制从夏启始，由世袭制替代。公天下与家天下，这两股新旧势力的博弈便是这次甘地战争的体现和起因。

〇启与有扈战于甘之野，作《甘誓》。

大战于甘①，乃召六卿②。

王曰③："嗟④! 六事之人⑤，予誓告汝。有扈氏威侮五行⑥，怠弃三正⑦，天用剿绝其命⑧，今予惟共行天之罚⑨。

【注释】①甘：一说在今陕西鄠县西，一说即今河南洛阳一带。古代所指的甘城在今河南洛阳市的西南一带。②六卿：郑玄注曰："六卿者，六军之将。"③王：指夏启。④嗟：叹声词。⑤六事之人：六卿以及下属的军官、士兵。⑥有扈氏威侮五行：有扈氏，位于今陕西方县一带，一说指处于东夷部落中的"九扈"，大约即当今黄河北岸的原武一带。威侮，轻慢、打击。五行，指天上所运行的五星，寓意为代指天象、天命。⑦怠弃三正：怠弃，怠惰、厌弃。三正，一说意指朝堂的大臣。正，官长。一说指建子、建丑、建寅。所谓正，即一年之中的第一个月为正，而第一个月的第一天为朔。怠弃三正，即指不奉正朔。一说三正指天、地、人之正道。一说为正德、利用、厚生三大政事。⑧天用剿绝其命：用，因此。剿，剿灭，灭绝。⑨今予惟共行天之罚：惟，为发语词，置于句首，无实义。共，通"恭"，奉行之意。

【译文】在甘地将要爆发一场大战，夏王启召见了领军的六卿。夏王启说："啊! 诸位将领，我发布誓词告诫你们。有扈氏在上不敬奉天命，在下荒废正道，上天因此要断绝他的宗祀，绝灭他的国运，现在我奉行上天的旨意，对他行使惩罚。

"左不攻于左①，汝不共命②；右不攻于右③，汝不共命；御非其马之正④，汝不共命。用命，赏于祖⑤；不用命，戮于社⑥。予则孥戮汝⑦! "

【注释】①左不攻于左：古代战车，车载三人，左方主射，右方主刺，中间之人驾车。攻，为善，为治。②共命：恭命。③右不攻于右：右，即车右，战车右边的士兵主管击打刺杀敌人。④御非其马之正：御，驾车之人。正，治，技术。⑤用命，赏于祖：祖，祖庙。意指天子亲自征伐之时，一定会带着祖庙的神主牌位，赏赐士兵，就在神主前施行，以此来表示自己不敢独断行事。⑥不用命，戮于社：戮，杀。社，社神之主。⑦予则孥（nú）戮汝：孥戮，即受刑辱。孥，同"奴"，指奴隶。戮，这里指受辱，惩罚。

【译文】"战车左边的将士如果不英勇地用弓箭射击敌人，你们就是没有奉行我的命令。战车右边的将士如果不奋力地用长矛刺杀敌人，你们就是没有奉行我的命令。驾御战车的将士，如果不能使马左右进退适当，也是没有奉行我的命令。奉行命令的士兵就在祖先神主前给予嘉奖，不服从命令的就在社神神主前惩罚你们，或者把你们降为奴隶，或者就杀掉你们。"

# 五子之歌第三

【题解】相传夏王启除了太康之外，还有五个儿子，他们都是太康的兄弟。《史记·夏本纪》记载："帝太康失国，昆弟五人，须于洛汭，作《五子之歌》。"

夏王启之子太康耽溺于游乐，纵情于畋猎，荒废朝政，疏远百姓，百姓不堪忍受。有穷国的国君羿率领民众据守黄河北岸，阻挡太康返回国都，从而太康丧失帝位。太康之弟五人在洛水之北的弯曲处等待百余天，咸生怨心，故追述大禹之诫，感叹失国之痛而作歌。

公天下之后，家天下之始，夏启建朝、太康失政。为国感伤，五子作歌。戒后世子孙，谨守祖训、勤勉于政，开百代之先河；示历代帝王，政治得失、王朝兴衰，创万世之定论。

〇太康失邦，昆弟五人，须于洛汭，作《五子之歌》。

太康尸位①，以逸豫，灭厥德，黎民咸贰②。乃盘游无度，畋于有洛之表，十旬弗反③。有穷后羿因民弗忍，距于河④。厥弟五人，御其母以从⑤，徯于洛之汭⑥。五子咸怨，述大禹之戒以作歌⑦。

**【注释】**①太康尸位：太康，夏王启之子。尸位，意指在其位而不尽其职。尸，这里指太康像宗庙中的尸一样，不执行实际的政事。②以逸豫，灭厥德，黎民咸贰：逸豫，闲适安乐。逸，安逸。豫，欢乐。厥，其。黎民，百姓，民众。咸，皆，都。贰，有二心。③乃盘游无度，畋于有洛之表，十旬弗反：盘，享乐。游，游逸。度，法度，节制。畋，打猎。洛之表，这里指洛水的南面。十旬，十日为一旬，一月是三旬，十旬即一百天。反，通"返"。意指太康骄奢淫逸、荒淫无度、不思理政、乐而忘返。④有穷后羿因民弗忍，距于河：有穷，即有穷氏部落，位于东方。"有"用在国名前，无实意。后羿，又名"夷羿"，相传为有穷氏的首领，善射箭。古代称君王为"后"，"后"即指国君、君主。这里的后羿并不是尧帝之时的羿，或为善射神技，慕大羿之名而称之。后羿因夏王朝的百姓不堪忍受太康的荒淫，便趁太康畋猎之际，拒太康于黄河以北，使之不得返国，废太康而立仲康，实操权柄，但后羿复步太康后尘，荒淫无度，"寒浞"与后羿之妃纯狐私通，二人巧设秘谋，杀死后羿，夺位称王。尧帝之时，大羿善射，射十日，杀凶兽，被奉为"箭神"、"太阳神"，此便为"后羿射日"，后羿当为"大羿"之误。嫦娥乃大羿之妻，即纯狐，大羿自西王母处取得不死之药，嫦娥食之而奔月成仙，古代传说"嫦娥奔月"即指此也。逢蒙乃大弈之徒，奸诈刁钻、心术不正。⑤厥弟五人，御其母以从：厥，其。御，侍奉。⑥徯于洛之汭：徯，等待。汭，这里指洛水的弯曲处。⑦五子咸怨，述大禹之戒以作歌：述，追述。

**【译文】**太康身居王位却不理朝政，贪图安逸，耽于享乐，败坏伦常，丧失德行，百姓都怀有二心。然而，他竟然还纵情游乐，没有节制。他到洛水的南岸去打猎，荒度时日，整整一百天，都不返回国都。有穷氏的国君后羿因为百姓不堪忍受太康荒淫无度的行为，就据守在黄河北岸，阻遏太康返回。太康的五个弟弟侍奉母亲跟随打猎，在洛水的弯曲处等候他。五个弟弟咸生怨心，追述大禹的训诰作诗歌以告诫太康。

其一曰："皇祖有训①，民可近，不可下②。民惟邦本，本固邦宁③。予视天下，愚夫愚妇，一能胜予④。一人三失，怨岂在明？不见是图⑤。予临兆民，懔乎若朽索之驭六马⑥；为人上者，奈何不敬⑦？"

**【注释】**①皇祖有训：皇，大。皇祖，即大禹，太康与五位弟弟的祖父，夏启的父亲，夏朝的开创者。训，训诫。②民可近，不可下：近，亲近、接近。下，卑下、轻视。这里意指疏远、低看。③民惟邦本，本固邦宁：意指百姓是国家的根基，根基牢固，国家才能安定。④予视天下，愚夫愚妇，一能胜予：予，此处即大禹自称。一，皆、都。⑤一人三失，怨岂在明？不见是图：三，即多。三失，即指过失甚多，德行有损。明，彰显。见，显现。图，图度。不见是图，意指图谋于微细不见之处的过失。三失，过非一也。不见是谋，备其微。全句话意谓：一个人有诸多过失，岂可等到民心向背、百姓二心之时才察觉的到吗？应当早先图谋，谨慎防范，在过失还没有彰显露形之时，就能察觉到。⑥予临兆民，懔乎若朽索之驭六马：临，面临。兆民，极言民众之多。懔，恐惧、害怕。朽索，即腐烂的绳索。驭，驾御。⑦为人上者，奈何不敬：敬，谨慎。

**【译文】**其中第一首诗歌唱道："我们伟大的祖先大禹有训诫，百姓只能亲近，不可以疏远、低看。百姓是立国的根基，根基牢固，国家才能安定。我认为天下的愚夫愚妇都可以胜过我。一个人有诸多过失，民心的向背，岂可等到显现之后才能察觉吗？应当在过失还没有彰显露形之时，就早先图谋，谨慎防范，细微觉察。我面对着亿万的百姓，就像用腐烂的绳索驾御着六匹马一样，令人恐惧不安。高居百姓之上的君王，怎么能不谨慎呢？"

其二曰："训有之：内作色荒①，外作禽荒②。甘酒嗜音③，峻宇雕墙④。有一于此，未或不亡⑤。"

**【注释】**①内作色荒：作，兴。色，女色。荒，迷惑、迷乱。②外作禽荒：禽，禽兽，这里指畋猎。禽荒，即指耽于游猎，游乐无度。③甘酒嗜音：甘与嗜皆是同意，都指沉迷、贪好。甘酒，即沉溺美酒。嗜音，即嗜好乐曲，荒淫无度，毫无节制。④峻宇雕墙：峻，高大。宇，栋宇。雕，彩饰。⑤未或不亡：未或，没有，没有什么人。

**【译文】**其中第二首诗歌唱道："大禹的训诫有言道：在内贪恋女色，在外沉迷畋猎，纵情饮酒不知节制，沉迷歌舞好乐无度，身居高宇广厦，绘饰宫墙，生活奢侈。这几种过失，即使只染上了一种，也没有人不亡国的。"

其三曰："惟彼陶唐①，有此冀方②。今失厥道，乱其纪纲③。乃底灭亡④。"

**【注释】**①惟彼陶唐：惟，发端词，无实义。陶唐，指尧帝。②有此冀方：冀方，冀州之地。尧帝之时，建都平阳，舜帝之时建都蒲坂，大禹之时都在安邑，三个时期建都皆在古冀州。这里借举冀州而统指全国。③今失厥道，乱其纪纲：道，大道，天道。纪纲，法度。④乃底灭亡：底，致。

**【译文】**其中第三首诗歌唱道："陶唐帝尧，建都古冀州，统治四方。现在太康丧失了尧帝的治国之道。扰乱了尧帝的法度纲纪，才招致灭亡。"

其四曰："明明我祖，万邦之君①。有典有则，贻厥子孙②。关石和钧，王府则有③。荒坠厥绪，覆宗绝祀④。"

**【注释】**①明明我祖，万邦之君：明明，明而又明，即指非常圣明。万邦，泛指天下的各个诸侯国。②有典有则，贻厥子孙：典，典章、经籍。则，法则。贻，遗留。③关石和钧，王府则有：关，这里为互通有无之意，引申为交换。石，即金铁。古代120斤为1石，石是最重的重量单位。金铁称石，这里指供民器用的金铁。全句意指交换器用，互通有无，民用不缺，使之均和平等，王府也很充实富有。④荒坠厥绪，覆宗绝祀：荒，荒废、废弃。坠，失落、丢弃。绪，前人所留下的功业。覆，覆灭。绝，断绝。

**【译文】**其中第四首诗歌唱道："圣明的祖先大禹，是各个诸侯国的帝王。你有治国的典章、法则，遗留给后世子孙。交换器物，互通平均，民用不乏，府库充实。现在却荒废、丧失了前人留下来的功业，覆灭了宗祖，断绝了祭祀。"

其五曰："呜呼！曷归①？予怀之悲。万姓仇予②，予将畴依③？郁陶乎予心④，颜厚有忸怩⑤。弗慎厥德，虽悔可追⑥？"

**【注释】**①曷归：曷，通"何"。曷归，即"归曷"，归向何方。②万姓仇予：万姓，泛指天下各个诸侯国的百姓。仇，怨，怨恨。③予将畴依：畴，谁。④郁陶乎予心：郁陶，忧愁、哀思。⑤颜厚有忸怩：颜厚，面带羞愧之色。忸怩，内心惭愧。⑥弗慎厥德，虽悔可追：慎，注重。虽，即使。追，补救、挽救。

**【译文】**其中第五首诗歌唱道："唉呀，我们归向哪里呢？一想到此我们内心就悲伤不已。天下的百姓都会怨恨我们，我们还能依靠谁来复国呢？我的神情抑郁忧愁，羞愧于色，内疚于心。平时不注重自己的道德修养，即使现在想悔改，还来得及挽救吗？"

# 胤征第四

【题解】胤征，即诸侯方国的国君胤侯，奉行王命，出讨征伐羲、和二氏。《史记·夏本纪》："帝中康时，羲、和湎淫，废时乱日。胤往征之，作《胤征》。"胤，夏朝诸侯国。胤侯，夏王仲康之时的大臣，胤国国君。胤侯，受于王命，任大司马，司掌六军。羲、和二氏酗酒贪杯、玩忽职守、荒怠天时，胤侯奉命征伐，出征之前聚众誓师。《胤征》即胤侯出征之前誓师词。

在誓师词之中，胤侯重点强调了君正臣贤的政治主张，他认为臣民要忠于职守、恪尽职责，对失职之人应当处于相应的惩罚，惩处官员要具体分析、区别对待，而对罪魁祸首要严惩不贷、不徇私情。

此《胤征》之文见于梅赜古文《尚书》，今文《尚书》无。

○羲、和湎淫，废时乱日。胤往征之，作《胤征》。

惟仲康肇位四海①，胤侯命掌六师②。羲和废厥职，酒荒于厥邑③。胤后承王命徂征④。

**【注释】**①惟仲康肇位四海：仲康，夏启之子，太康之弟。肇，开始。位，通"涖"，临朝治理政事。②胤侯命掌六师：掌六师，即掌管六军为大司马。③羲和废厥职，酒荒于厥邑：羲和，掌管天文历法之事，参见上文《尧典》注解。废，荒废，懈怠。酒荒，嗜酒迷乱。邑，城邑，所居之地。④胤后承王命徂征：胤后，蔡沈《书集传》："曰胤后者，诸侯入为王朝公卿，如禹稷伯夷谓之后也。"徂，往。

**【译文】**仲康开始治理天下之时，命令胤侯为大司马掌管六军。羲氏与和氏懈怠职守，废弃王命，在自己的封地寻欢作乐、嗜酒迷乱，胤国国君遵奉仲康的命令前去征讨。

告于众曰："嗟！予有众。圣有谟训，明征定保①。先王克谨天戒，臣人克有常宪②，百官修辅，厥后惟明明③。每岁孟春，遒人以木铎徇于路④，官师相规，工执艺事以谏⑤，其或⑥不恭，邦有常刑。

"惟时羲和，颠覆厥德⑦，沉乱于酒，畔官离次⑧，俶扰天纪，遐弃厥司⑨。乃季秋月朔，辰弗集于房⑩，瞽奏鼓，啬夫驰，庶人走⑪。羲和尸⑫厥官，罔闻知，昏迷于天象，以干先王之诛⑬。《政典》⑭曰：'先时⑮者杀无赦，不及时者杀无赦⑯。'

**【注释】**①圣有谟训，明征定保：谟，谋略。训，训诫。明，明白。征，验证、应验。保，安。定保，定安。②先王克谨天戒，臣人克有常宪：克，能。谨，恭敬。天戒，上天的告诫。古人认为出现诸如日蚀、月食之类的天象即是对君王的警戒，或为天降灾祸的征兆。常宪，常规的法则、典章。③百官修辅，厥后惟明明：修辅，即忠于职守，恪尽职责，辅佐君主。明明，明而又明，极其圣明。④遒人以木铎徇于路：遒人，古代宣布政教法令的官员。木铎，即以铜为铃，以木作舌。徇，通"巡"，巡行。徇于路，即沿途巡行振鸣以引起百姓的注意，既宣布政令教化，又采风观俗。⑤官师相规，工执艺事以谏：师，即众。官师，即众多官员。规，规谏。相规，即相互规劝。工，百工，这里指手工业的工匠艺人。全句意指工匠们以工艺技术之中蕴含的道理、法规来规劝、进谏。⑥或：有，有人。⑦惟时羲和，颠覆厥德：孔传："颠覆言反倒。将陈羲和所犯，故先举孟春之令，犯令之诛。"⑧沉乱于酒，畔官离次：沉，沉溺、沉湎。畔，通"叛"，悖逆。次，职位。⑨俶扰天纪，遐弃厥司：俶，开始。扰，扰乱。遐，远。弃，废弃、荒怠。司，司掌的职务。⑩乃季秋月朔，辰弗集于房：季秋，即秋天的最后一个月，是阴历九月。朔，每月初一。辰，太阳月亮相会。房，房宿，指太阳、月亮相会的地方。⑪瞽奏鼓，啬夫驰，庶人走：瞽，本义指盲人，这里指乐官。啬夫，小臣，掌管布帛货币的官员。庶人，担任役事之人。⑫尸：主管，掌理。⑬昏迷于天象，以干先王之诛：先王之诛，即先王所制定的律法、典章。⑭《政典》：孔传："政典，夏后为政之典籍。若《周官》六卿之治典。"⑮先时：早于时令节气。⑯不及时者杀无赦：不及时，即没有赶上时令节气，晚于时令节气，违制失时都在诛杀的刑律之中。

**【译文】** 胤侯向众将士宣告："啊！诸位将士们：圣人有谋略、有训诫，这些谋略训诫很明白地证明了可以安邦定国。先王能够谨慎地对待上天的警戒，臣下能够奉公守法，百官能够恪尽职守，辅佐君王，这样君主才能十分贤明。每年初春，宣布君主政教法令的官员，便沿途巡行，摇铃振鸣，宣布教化。诸位官员都相互规劝，工匠们则以技艺的法规规劝、进谏。倘若以上人等有不忠于职守、尽心进谏的，国家将按照律法对他们施加刑罚。

"羲氏与和氏败坏先王的德教，耽溺酒乐、玩忽职守、背离职位，开始扰乱天时历法，远远地废弃了所负责的职务。于是，在农历九月初一，太阳和月亮相会之地偏离房宿，发生了日蚀，乐官击鼓、啬夫驰驱、庶人奔走，都为救助太阳而出力。羲氏、和氏身居官位司掌天地四时，却不理天时，不知发生了日蚀，昏乱迷惑不明天象，先王的政典规定：对于所定的历法比天时出现早的，应当诛杀不可赦免；对于所定的历法比天时出现晚的，也应当诛杀不可赦免。

"今予以尔有众，奉将天罚①。尔众士，同力王室②，尚弼予，钦承天子威命③！火炎昆冈，玉石俱焚④；天吏逸德，烈于猛火⑤。歼厥渠魁，胁从罔治⑥；旧染污俗，咸与惟新⑦。

"呜呼！威克厥爱，允济⑧；爱克厥威，允罔功⑨。其尔众士，懋戒哉⑩！"

【注释】①今予以尔有众，奉将天罚：奉，尊奉。将，行将、即将。天罚，上天的惩罚。②尔众士，同力王室：尔众士，即你们众将士。同力，同心协力。王室，即帝王宗室，或代指朝廷。③尚弼予，钦承天子威命：尚，庶几。弼，辅佐、辅助。④火炎昆冈，玉石俱焚：昆冈，昆山，古代盛产美玉之地。冈，即山脊。⑤天吏逸德，烈于猛火：天吏，即掌管天文历法的官员。逸德，过错、过失，过恶之德。⑥歼厥渠魁，胁从罔治：歼，全部杀掉。渠，大。魁，首领、统帅。⑦旧染污俗，咸与惟新：俗，习俗。与，允许，这里有赦免之意。咸与惟新，意指皆可赦免而允许改过自新。⑧呜呼！威克厥爱，允济：威，威罚、威严。克，战胜。爱，这里指姑息纵容之意。意指倘若以威严的刑罚战胜姑息纵容的私惠，就能够成功。⑨爱克厥威，允罔功：孔传："以爱胜威，无以济众，信无功。"⑩其尔众士，懋戒哉：懋，勉力。戒，戒惧、谨慎。

【译文】"现在我统帅诸位将士，奉行上天的惩罚。你们众将士要同心协力匡扶朝廷。希望能辅助我恭敬地秉承天子的威严敕命！熊熊烈火燃烧昆山山冈，美玉与顽石一起被焚烧。司掌天文历法的官员，其过失之恶比猛火都要剧烈。诛杀罪魁祸首羲氏、和氏，而对于被迫跟随作恶的从犯可以不予追究、惩治。对过去染上污秽习气的人，都准许他们弃恶从善、改过自新。

"啊！倘若以威严的刑罚来克制姑息的私惠，就能够成功；倘若以纵容的私惠强过威严的刑罚，那就不能成功。你们诸位将士，要勉力、谨慎戒惧啊！"

○自契至于成汤，八迁。汤始居亳，从先王居，作《帝告》，厘沃。

○胤征诸侯，葛伯不祀，汤始征之，作《胤征》。

○伊尹去亳适夏，既丑有夏，复归于亳。入自北门，乃遇汝鸠、汝方，作《汝鸠》、《汝方》。

商书

# 汤誓第一

【题解】汤誓，即商王汤敬畏天命，替天行道，吊民伐罪，作战之前所宣告的誓师词。据《史记·殷本纪》："夏桀为虐政淫荒，而诸侯昆吾氏为乱，汤乃兴师率诸侯，伊尹从汤，汤自把钺以伐昆吾，遂伐桀。……以告令师，作《汤誓》。"《书序》云："伊尹相汤伐桀，升自陑，遂与桀战于鸣条之野，作《汤誓》。"

汤，即成汤、商汤，名履，又称天乙。乃商朝先公契的第十四世孙，商朝的创立者。

上古三皇，以道治世；下及五帝，以德化民。大道愈乖，公天下之丧；大德愈失，家天下之始。延至三代，帝王时丧天命，穷戮百姓。开朝立国，以暴易暴，自汤王而始。汤王虽重负天命，仁及禽兽，深得民心，然奈天下乖离大道、民德日下何？以暴制暴，势之所然。

〇伊尹相汤伐桀，升自陑，遂与桀战于鸣条之野，作《汤誓》。

王曰："格尔众庶，悉听朕言①。非台小子敢行称乱②，有夏多罪，天命殛之③！今尔有众，汝曰：'我后不恤我众④，舍我穑事而割正夏⑤？'予惟闻汝众言⑥，夏氏有罪，予畏上帝，不敢不正⑦。今汝其曰⑧：'夏罪其如台⑨？'夏王率遏众力，率割夏邑⑩。有众率怠弗协⑪，曰：'时日曷丧？予及汝皆亡⑫！'夏德若兹，今朕必往⑬。

**【注释】**①格尔众庶，悉听朕言：格，来。尔，汝。众庶，即诸位、众位。②非台小子敢行称乱：台，我。小子，古代人对自己的一种谦称。称，举。称乱，即发难、起义。③有夏多罪，天命殛之：有，用在名词之前，无实义。殛，杀、诛杀。④我后不恤我众：后，古代的帝王、君主、诸侯均称为后。恤，体恤、怜悯。⑤舍我穑事而割正夏：舍，废弃。穑，稼穑，即指农事。割，通"害"、"曷"。正，通"政"，征讨，征伐，政事。⑥予惟闻汝众言：孔传："不忧我众之言。"⑦夏氏有罪，予畏上帝，不敢不正：上帝，即上天。殷商人尊崇天命。⑧其：恐怕、大概，表示揣测之意的语气词。⑨夏罪其如台：台，这里作疑问代词，奈何，如何。汤在这里设问，下句作答。⑩夏王率遏众力，率割夏邑：率，皆为语气助词，无实义。遏，竭、绝。众力，指民力。⑪有众率怠弗协：有众，夏朝所统治下的百姓。率，大都。怠，疲倦、怠惰。协，和。⑫时日曷丧？予及汝皆亡：时，通"是"，作指示代词。曷，何时，什么时候。丧，丧亡、灭亡。皆，俱、都。⑬夏德若兹，今朕必往：德，这里指吉凶。兹，此，这样。

**【译文】**王说："来吧，诸位将士们！都听我说。不是我小子敢于犯上作乱！实在是因为夏王罪孽深重，上帝命令我去诛杀他。现在你们之中，或许有人会问：'我们的国君不体恤我们这些民众，使我们荒废农事，为何去征讨夏王呢？'我已经听到了你们的心声，但是夏桀确实有罪，我敬畏上帝，不敢不去征讨。现在你们大概会问：'夏桀犯了什么罪呢？'夏桀耗尽了民力，横征暴敛，剥削夏国百姓。百姓大多都怠慢不恭，不予合作，并咒骂夏王说；'这个太阳什么时候才能消亡？我们宁愿和你一起灭亡。'夏桀的德行败坏到这种地步,现在我一定要去讨伐他。

"尔尚辅予一人,致天之罚,予其大赉汝①!尔无不信,朕不食言②。尔不从誓言③,予则孥戮汝,罔有攸赦④。"

【注释】①尔尚辅予一人,致天之罚,予其大赉汝:尚,庶几,表示希望、期望之意,作祈使语气。辅,及。予一人,是王第一人称的专称,商王自称,又作"余一人"。致,用。其,将。赉,赏赐。②尔无不信,朕不食言:无,通"毋",不要。食,吞没、消灭。食言,即不讲信用、不履行诺言,言而无信。③尔不从誓言:尔,汝,你们。④予则孥戮汝,罔有攸赦:孥,通"奴",奴隶。戮,杀戮、诛杀。孥戮汝,使……为奴,使……受戮。罔,无。攸,关。赦,免罪。

【译文】"希望你们辅佐我,行使上天对夏桀的惩罚,我将重重地赏赐你们!你们不要不相信,我决不会不遵守诺言。如果你们不遵守我的誓言,我就使你们沦为奴隶,或者加以刑杀,以示惩罚,不会赦免一个人。"

○汤既胜夏,欲迁其社,不可。作《夏社》、《疑至》、《臣扈》。

○夏师败绩,汤遂从之,遂伐三朡,俘厥宝玉。谊伯、仲伯,作《典宝》。

# 仲虺之诰第二

【题解】仲虺，姓任，名莱朱，又名中垒，商汤时大臣，为奚仲后裔，薛国国君。诰，告诉，于众会之所，宣言相告。本篇即为仲虺劝勉汤王的诰词。

据《史记·殷本纪》记载："於是诸侯毕服，汤乃践天子位，平定海内。汤归至于泰卷陶，中纻作诰。"《书序》："汤归自夏，至于大坰，仲虺作诰。"

尧舜禹之时，帝位皆为禅让，而自夏启始公天下移为家天下。夏商周三代之际，开国立朝，承载天命，替天行道，吊民伐罪者，皆为圣明君王。然以暴易暴，放逐天子，诛灭夏祀者，自汤王而始。

固然，成汤宅心仁厚，日新其德，敬奉天命，代天牧民，乃圣明之君，与上古贤帝尧舜禹者道同一脉，相继相承。然时移世易，德不及古，道不周化，帝降为王，失道而德。以暴制暴者，虽实托天命，顺天应人，然尽其善也，未尽其美。庶几于至德大道不免有损焉，故圣明之君于心戚戚然，常生憾矣。况乃开历代诛暴之先河，矧后世矫诏天命，以为口实，兴兵作乱、祸国殃民者，众矣。

仲虺之诰，劝慰之词，虽正气浩然，允实可信，然洞达圣人之机者，复几何焉？采薇之歌，周公之叹，诚然憾矣！

○汤归自夏，至于大坰，仲虺作诰。

成汤放桀于南巢，惟有惭德①。曰："予恐来世以台为口实②。"

仲虺乃作诰③，曰："呜呼！惟天生民有欲，无主乃乱④，惟天生聪明时乂⑤。有夏昏德，民坠涂炭⑥；天乃锡王勇智，表正万邦，缵禹旧服⑦。兹率厥典，奉若天命⑧！

【注释】①成汤放桀于南巢，惟有惭德：桀，夏桀，夏朝末代暴君。放，流放、放逐。南巢，一说在今安徽巢县东北。惟，思。惭，惭愧、内疚。②予恐来世以台为口实：来世，后世、后代。台，第一人称代词，我。口实，借口、话柄。③仲虺乃作诰：仲虺，姓任，名莱朱，又名中垒，商汤时大臣，为奚仲后裔，薛国国君。诰，告诉，于众会之所，宣言相告。④惟天生民有欲，无主乃乱：欲，欲望、欲念。主，君主、治理者。⑤惟天生聪明时乂：时，通"是"。乂，整治、治理。与《尚书·说命中》的"惟天聪明，惟圣时宪"一句同意。意指：唯有上天生就圣明仁德、智慧卓绝的君王来治理百姓，安定天下。⑥有夏昏德，民坠涂炭：昏，昏聩、迷乱。坠，陷落。涂，泥。炭，火。涂炭，本意指泥淖和炭火。比喻灾难和困苦。民坠涂炭，即指百姓困苦不堪，陷入灾难之中。⑦天乃锡王勇智，表正万邦，缵禹旧服：锡，通"赐"，赏赐、赐予。王，即商汤。勇智，即勇武和智慧。表正，使……为表，使……为正。表，表率、仪表。正，模范、法式。缵，继承、延续。服，使用、实行。⑧兹率厥典，奉若天命：率，遵循。典，典章、法则。奉，遵奉、依从。

【译文】成汤讨伐夏桀，把夏桀流放到了南巢一带，想想以暴制暴，内心感到惭愧。说："我恐怕后世的人们以我的行为作借口。"

仲虺于是在众会之所，宣言相告，说："啊！上天生下的芸芸众生，充斥着七情六欲，倘若没有贤明的君主来统帅治理的话，社会就会出现混乱。上天唯有生就圣明仁德、智慧卓绝的君王方可治理百姓，安定天下。夏桀昏乱失德，使百姓陷入水深火热之中。上天赐给您勇武和智慧，使您做天下四方诸侯国的表率和楷模，继承大禹的功业。您遵循大禹留下来的典章法则，也就等于尊奉顺从上帝的天命，没有什么可惭愧的。

"夏王有罪，矫诬上天，以布命于下①。帝用不臧，式商受命，用爽厥师②。简贤附势，寔繁有徒③。肇我邦，于有夏④，若苗之有莠，若粟之有秕⑤。小大战战，罔不惧于非辜⑥；矧予之德，言足听闻⑦？

"惟王不迩声色，不殖货利⑧；德懋懋官，功懋懋赏⑨；用人惟己，改过不吝⑩。克宽克仁，彰信兆民⑪。乃葛伯仇饷，初征自葛⑫。东征西夷怨，南征北狄怨⑬。曰：'奚独后予⑭？'攸徂之民，室家相庆⑮。曰：'徯予后，后来其苏⑯。'民之戴商，厥惟旧哉⑰！

【注释】①夏王有罪，矫诬上天，以布命于下：夏王，夏朝末代暴君，夏桀。矫诬，矫，矫制、假借。诬，欺诈、冤枉。布，宣告。②帝用不臧，式商受命，用爽厥师：用，因为，由于。臧，善。式，用。爽，丧失。师，众庶。③简贤附势，寔繁有徒：简，轻视、怠慢之意。附，依附。势，具有势力之人。寔，通"实"。繁，繁多。④肇我邦，于有夏：肇，开始。我邦，商人自称。于有夏，即在夏朝的统治之下。⑤若苗之有莠，若粟之有秕：莠，即生长在禾苗之间的杂草。粟，谷子，俗称"小米"。秕，空壳的谷子。⑥小大战战，罔不惧于非辜：战战，恐惧战栗、惴惴不安的样子。非辜，即无辜、无罪。⑦矧予之德，言足听闻：矧，况，何况。足，能够。⑧惟王不迩声色，不殖货利：迩，近。殖，聚敛。⑨德懋懋官，功懋懋赏：第一个懋，繁茂，第二个懋，勉力。⑩用人惟己，改过不吝：吝，吝惜。孔传："用人之言，若自己出；有过则改，无所吝惜，所以能成王业。"⑪克宽克仁，彰信兆民：克，能够。彰，昭明。⑫乃葛伯仇饷，初征自葛：葛伯，葛国国君。葛国是夏朝的属国。仇，仇视、敌对。饷，本意为给田间劳动的人送饭。相传，成汤与葛伯为邻，葛伯无牛羊、谷物以作祭祀，汤馈赠牛羊，葛伯食之。汤遣百姓助葛伯耕种，老弱儿童送饭田间，葛伯抢夺饭食而杀人，这就是所谓的"葛伯仇饷"。⑬东征西夷怨，南征北狄怨：夷，古代东部的少数民族。狄，古代北方的少数民族。怨，埋怨、抱怨。⑭奚独后予：奚，疑问代词，相当于"胡"、"何"、"为什么"。予，我，诸侯方国自称。奚独后予，乃"奚独予后"的倒装。意指为什么唯独最后攻打我们这里呢？⑮攸徂之民，室家相庆：攸，所。徂，往，指商汤征讨所到之处。室家，妻室儿女。⑯徯予后，后来其苏：徯，等待。苏，死而复生。⑰民之戴商，厥惟旧哉：戴，拥戴、爱戴。旧，久，非一日。

【译文】"夏桀有罪，他欺骗上天，假托上帝的旨意，向百姓发号施令。上帝因为夏桀不善，由商来代受天命，治理天下，因此，夏桀丧失自己的臣民百姓。无道之世，轻慢贤德之人，依附权贵之势，这样的徒众实属不少。从我们在夏朝立国开始，酒杯看作禾苗中的杂草，粟米中的秕壳。没有一时不惶恐战栗、惴惴不安的，深怕无罪而遭到刑戮、绝灭。何况在这样昏君无道之世，我们商人的美德善言怎么能被众知广闻呢？

"大王您不亲近声娱女色，不聚敛财物金钱。德高望尊的人，您用官职来勉励他；功勋卓著的人，您用嘉奖来勉励他。您采纳别人的善言，就像自己的见解一样，听从照做，深信不疑；您改正自己的过错，毫不吝惜。能够宽厚，能够仁爱，向天下的百姓昭示自己的诚信。葛伯仇视给耕种之人送饭，他抢夺酒食，杀死送饭人，您征讨不义，最初从葛伯开始。您征讨东方，西方的戎族就抱怨，您征讨南方，北方的狄族就抱怨，都埋怨地说：为什么唯独最后攻打我们这里呢？您所征讨之处的百姓，都举家欢庆，欢喜地言道：'等待我们的君王吧！君王来了我们就可以死里求生了。'百姓拥戴商王汤，（竟然到了如此地步），绝非是一日的归顺和敬服吧！

"佑贤辅德，显忠遂良①；兼弱攻昧，取乱侮亡②。推亡固存，邦乃其昌③。

"德日新，万邦惟怀④；志自满，九族乃离⑤。王懋昭大德，建中于民⑥，以义制事，以礼制心，垂裕后昆⑦。予闻曰：'能自得师者王⑧，谓人莫己若者亡⑨，好问则裕，自用则小⑩。'

"呜呼！慎⑪厥终，惟其始。殖有礼，覆昏暴⑫。钦崇天道，永保天命⑬。"

【注释】①佑贤辅德，显忠遂良：佑、辅，皆是辅佐、辅助之意。显，显扬。遂，进用。②兼弱攻昧，取乱侮亡：兼，兼并、吞并。弱，指势力稍弱的诸侯国。攻，进攻、攻打。昧，昏乱、愚昧。乱，动乱。侮，轻慢、怠慢。③推亡固存，邦乃其昌：孔传："有亡道，则推而亡之；有存道，则辅而固之。王者如此，国乃昌盛。"④德日新，万邦惟怀：德日新，即德行一日比一日更新。万邦，泛指天下的诸侯国。怀，来归。⑤志自满，九族乃离：志，心志。满，满足。九族，参见《尧典》注解。离，分离、背离。⑥王懋昭大德，建中于民：懋，勉力。昭，昭明、彰显。建，建立。中，中道、中庸之道。⑦以义制事，以礼制心，垂裕后昆：制，裁夺、裁制。垂，传承、流传。裕，宽裕。后昆，后代、后裔。⑧能自得师者王：王，称王、统治天下。⑨谓人莫己若者亡：孔传："自多足，人莫之益，亡之道。"⑩好问则裕，自用则小：裕，这里指多得、充实、广博。自用，自以为是。小，渺小。⑪慎：谨慎。⑫殖有礼，覆昏暴：殖，扶植，推崇。覆，覆没、灭亡。⑬钦崇天道，永保天命：钦，敬畏。崇，崇敬、尊奉。天道，大道。天命，上天的使命。

**【译文】**"辅助贤能的人，辅佐仁德的人，显扬忠诚的人，进用良善的人；兼并弱小的国家，攻打昏庸的诸侯，夺取动乱的政权，怠慢亡国之君。岌岌可危的国家就加速其灭亡，坚如磐石的诸侯就巩固其政权。能如此做，国家才能兴旺昌盛。

"使自己的德行一日比一日达到高超的境界，万国都会前来归顺。心志自满，亲族也会背离。君王要能够昭示至仁至德，为百姓建立中庸大道，不偏不倚，用公平正义去评判事务（使事事各得其宜）；用礼制约束内心（念念心得其正）。把治理天下的中庸大道流传后世（福荫子孙）。我听说：'能够屈尊求贤、礼贤下士的人，就能够得贤人相助而称王天下。认为别人都不如自己的人，就自取灭亡。谦虚好问的人就会广闻多得，刚愎自用的人，自然狭窄渺小。'

"啊！只有在结尾和刚开始时一样的谨慎戒惧，才会结局圆满。扶植推崇礼仪贤明的君主，覆灭推翻昏乱无道的暴君。敬奉上帝的大道，才能长久地保有上天的使命。"

# 汤诰第三

【题解】汤诰，即商汤之训诰也。商汤于鸣条打败夏桀，又乘胜诛灭三宗，各个诸侯国归附于成汤。成汤既灭夏桀，趁机昭告天下，史官录之，而为《汤诰》。

《史记·殷本纪》："汤既黜夏命，复归于亳，作《汤诰》……以令诸侯。"《书序》曰："汤既黜夏命，复归于亳，作《汤诰》。"

《史记·殷本纪》同时也记载了成汤复归亳之后，至东郊作《汤诰》告诸群后，并引三段诰词，其内容与梅赜《古文尚书·汤诰》不同。

本文内容主要阐述了成汤向诸侯们申述攻伐夏桀的道理，强调了天道福善祸淫，并告诫众诸侯要奉公守法，有功于民。

〇汤既黜夏命，复归于亳，作《汤诰》。

王归自克夏，至于亳，诞告万方①。

王曰："嗟！尔万方有众，明听予一人②诰。惟皇上帝，降衷于下民③。若有恒性，克绥厥猷惟后④。夏王灭德作威，以敷虐于尔万方百姓⑤。尔万方百姓，罹⑥其凶害，弗忍荼毒，并告无辜于上下神祇⑦。天道福善祸淫，降灾于夏，以彰厥罪⑧。肆台小子，将天命明威，不敢赦⑨。敢用玄牡，敢昭告于上天神后，请罪有夏⑩。聿求元圣⑪，与之戮力，以与尔有众请命⑫。

**【注释】**①王归自克夏，至于亳，诞告万方：自，从。克，战胜，攻破。亳，商朝的都邑、国都。一说故址在今河南商丘县一带。诞，大。②予一人：汤王自称。③惟皇上帝，降衷于下民：皇，大。衷，善。④若有恒性，克绥厥猷惟后：若，顺从。恒性，常性、常道。克，能。绥，安定。厥，其。猷，教导。后，君王。⑤夏王灭德作威，以敷虐于尔万方百姓：威，威刑。敷，布，施行。虐，虐政，即暴政。⑥罹：罹，遭遇。⑦并告无辜于上下神祇：上下神祇，即天神地祇。⑧天道福善祸淫，降灾于夏，以彰厥罪：天道，大道，即自然规律。福善，即给善良有德的人降福。祸淫，即给邪恶淫乱的人降祸。彰，彰显、昭明。⑨肆台小子，将天命明威，不敢赦：肆，故。台小子，汤王自称，与上文"余一人"相似。将，奉行。天命，上天的使命。明威，公开地惩罚。⑩敢用玄牡，敢昭告于上天神后，请罪有夏：玄，黑色。牡，公牛。神后，即后土，指后土皇地祇。罪，降罪，惩罚。⑪聿求元圣：聿，遂。元圣，大圣人。古代汤王之时，称伊尹为元圣。⑫与之戮力，以与尔有众请命：戮，戮力、勉力。

**【译文】**汤王从攻灭夏朝之后回来，到达国都亳地，大告天下众诸侯。王说："啊，你们四方的众将士们，请听清楚我的告诫。圣明伟大的上帝，赐福给我们百姓。顺从人之所固有的天性，能够使他们稳妥地走上中庸之道，这是做君王的使命。夏王桀灭绝道德，专制酷刑，以此对天下万方的百姓实行暴政。你们万方的百姓，惨遭夏朝的凶恶的残害。不堪忍受毒害之苦，并不断地向天帝神灵申诉自己无罪所遭受的冤苦。自然的法则就是给善良之人降福，给邪恶之人降祸，因此，上天给夏王朝降下灾祸，以来昭示它所犯下的罪恶。

"所以，成汤我奉行上天的命令对夏桀进行公开的惩罚，不敢有丝毫的宽赦。我斗胆用黑色的公牛来做祭品，斗胆明确地告诉天地神灵，请天地诸神降罪于夏桀。于是，我便请求伊尹这位大圣人，和我们同心协力，一起替你们众人请求神灵保全性命，解除疾苦。

"上天孚佑下民，罪人黜伏①。天命弗僭，贲若草木，兆民允殖②。俾予一人，辑宁尔邦家③，兹朕未知获戾于上下④，栗栗危惧，若将陨于深渊⑤。凡我造邦⑥，无从匪彝，无即慆淫⑦，各守尔典，以承天休⑧。尔有善，朕弗敢蔽⑨；罪当朕躬，弗敢自赦⑩，惟简⑪在上帝之心。其尔万方有罪，在予一人⑫；予一人有罪，无以尔万方⑬。

"呜呼！尚克时忱，乃亦有终⑭。"

**【注释】**①上天孚佑下民，罪人黜伏：孚，允，相信。佑，保佑、辅助。罪人，即指夏桀暴君。黜伏，逃窜屈服。②天命弗僭，贲若草木，兆民允殖：僭，差错。贲，饰。允，的确，确实。殖，繁殖。③俾予一人，辑宁尔邦家：俾，使。辑，和睦。④兹朕未知获戾于上下：兹，此。朕，我，古人自称。戾，罪。上下，即天地。⑤栗栗危惧，若将陨于深渊：栗栗，形容恐惧不安的样子。若，好像、似乎。陨，陨落、坠降。⑥凡我造邦：造邦，建立新的国家。意指夏朝已亡，商朝已立，诸众诸侯与之更新，同为商朝之诸侯国。⑦无从匪彝，无即慆淫：无，通"毋"，不要。匪，非。彝，常法、常道。即，就，接近、靠近。慆，怠慢、轻慢。淫，纵欲过度。⑧各守尔典，以承天休：典，典章、常法。休，美善。⑨蔽：遮蔽、隐藏。⑩罪当朕躬，弗敢自赦：躬，自身。赦，赦免、宽宥。⑪简：简阅、考察。⑫其尔万方有罪，在予一人：其，做假设，倘若、如果。⑬予一人有罪，无以尔万方：无，通"毋"，不要。以，用。⑭尚克时忱，乃亦有终：尚，庶几，表推测，大概、希望。克，能。时，通"是"，这。忱，诚信。终，良好的结局。

【译文】"上帝信任并护佑天下众生，放逐废黜罪人夏桀。上帝的大命丝毫不爽，亦如旺盛的草木，繁茂丛生，亿万百姓都真正地得到生息繁衍。上帝派遣我来治理天下，使你们的国家和睦安宁。这次征讨暴君夏桀，我不知是否获罪于天地神明，因此内心非常地恐惧不安，就好像要坠入深渊一样。凡是归顺我商朝的诸侯方国，不要不遵从常法，不要放纵欲望，过度享乐。要各自遵从你们的常道，以承受上天恩赐的福命。你们有善德懿行，我不敢隐瞒遮盖；倘若我自己有了罪过，也绝不敢私自宽恕，因为上帝都考察得清清楚楚。

"倘若你们各方诸侯有了罪责，罪都在我一个人身上；倘若我一个人有了罪过，就不要累及你们各方诸侯。

"啊！但愿我能够如此真诚笃实，也有一个好的结果。"

〇咎单作《明居》。

# 伊训第四

【题解】伊训，即指伊尹的训诫。是商朝耆老伊尹以成汤之德训诫教导刚刚即位的太甲时所作的训辞。

伊尹，姓伊，名挚，小名阿衡，"尹"非名，右相之意。夏末生于空桑，原为商汤妃子有莘氏之媵臣，深受汤王赏识，佐汤除暴，开创夏朝。他"以鼎调羹"、"调和五味"之道治理天下，先后辅佐成汤、外丙、仲壬、太甲、沃丁五代君主五十余年，是商初著名贤相丞相、政治家、思想家，被后人奉祀为"商元圣"，也是中华厨祖。

据《史记·殷本纪》记载："帝太甲元年，伊尹作《伊训》，作《肆命》，作《徂后》。"《书序》云："成汤既没，太甲元年，伊尹作《伊训》、《肆命》、《徂后》。"

在《伊训》之中，伊尹教导太甲要吸取夏桀亡国的惨痛教训，继承和发扬先王成汤的德政，并告诫太甲"三风十愆"的亡国之因，敦促太甲察纳善言，恪遵旧典，告诉他"勿以恶小而为之，勿以善小而不为"的道理。

千古圣贤同共一心，祈望后世君主，恭敬谨慎地保有天命，造福天下百姓，是天下有道圣人的共同夙愿，同样，也是天道福善祸淫，人世变易的业因。

〇成汤既没,太甲元年,伊尹作《伊训》、《肆命》、《徂后》。

惟元祀十有二月乙丑,伊尹祠于先王<sup>①</sup>,奉嗣王祗见厥祖<sup>②</sup>。侯甸群后咸在<sup>③</sup>,百官總己以听冢宰<sup>④</sup>。伊尹乃明言烈祖之成德,以训于王<sup>⑤</sup>。

**【注释】**①惟元祀十有二月乙丑,伊尹祠于先王:有,通"又",用于整数与零数之间。元祀,即元年。伊尹,姓伊,名挚,小名阿衡,"尹"非名,右相之意。夏末生于空桑,原为商汤妃子有莘氏之媵臣,深受汤王赏识,佐汤除暴,开创夏朝。他"以鼎调羹"、"调和五味"之道道治理天下,先后辅佐成汤、外丙、仲壬、太甲、沃丁五代君主五十余年,是商初著名贤相丞相、政治家、思想家,被后人奉祀为"商元圣",也是中华厨祖。祠,祭祀。先王,指商汤。②奉嗣王祗见厥祖:奉,奉持、侍奉。嗣王,继承王位之人,即太甲。祗,恭敬。祖,祖先。③侯甸群后咸在:侯甸,即侯服和甸服。古代天子以国都之外安远近划分为九等,谓之九服。方圆千里为王畿之地,其外方五百里之侯服,又其外方五百里谓之甸服。详见上文《禹贡》注解。群后,泛指天下四方的诸侯。咸,皆、都。④百官總己以听冢宰:總,古字,同"总"。總己,即总己之职,即统领自己的属官。冢,大。宰,治。冢宰,大宰,即百官之长。这里指伊尹。⑤伊尹乃明言烈祖之成德,以训于王:烈,事业、功绩。烈祖,指建立功业的先祖,这里指开创基业的帝王成汤。训,训诫。

**【译文】**太甲元年十二月乙丑这一日,伊尹祭祀先王成汤,侍奉继任的商王太甲恭敬地叩拜先祖的神主。侯服、甸服的各方诸侯都参加了这次祭祀大典,百官皆统领自己的属官,听从百官之长伊尹的号令。伊尹就公开地阐明成汤建立丰功伟绩的大德,以此来教导商王太甲。

曰："呜呼! 古有夏先后①, 方懋厥德, 罔有天灾②, 山川鬼神, 亦莫不宁③, 暨鸟兽鱼鳖咸若④。于其子孙弗率⑤, 皇天⑥降灾, 假手于我有命。造攻自鸣条, 朕哉自亳⑦。惟我商王, 布昭圣武⑧, 代虐以宽, 兆民允怀⑨。今王嗣厥德, 罔不在初⑩! 立爱惟亲, 立敬惟长, 始于家邦, 终于四海⑪。

【注释】①古有夏先后: 先后, 偏义复词, 这里指先前, 先代而言。意指夏朝的先代君王。联系上下文可知, 先后当指夏朝大禹。②方懋厥德, 罔有天灾: 方, 大。懋, 勉力。③山川鬼神, 亦莫不宁: 夏朝人敬畏天命, 崇尚鬼神, 因此祭祀山川。莫, 无、没有谁。宁, 安。④暨鸟兽鱼鳖咸若: 暨, 及、和, 同。咸, 皆、都。若, 这样。子孙, 夏朝大禹的子孙。率, 循守, 遵守。假, 借。有命, 即指上帝授予成汤天命, 使之吊民伐罪。⑤于其子孙弗率: 率, 遵守。⑥皇天: 上天上帝。⑦造攻自鸣条, 朕哉自亳: 造, 开始。鸣条, 地名, 一说在今陕西省夏县一带。哉, 开始。亳, 见前文注解。⑧惟我商王, 布昭圣武: 布, 敷, 宣布。昭, 昭明, 显示。圣武, 武德。⑨代虐以宽, 兆民允怀: 兆民, 亿万的百姓。兆, 百万或万亿。允, 信, 的确, 确实。⑩初: 初, 即位之初。⑪立爱惟亲, 立敬惟长, 始于家邦, 终于四海: 立, 植, 树立。意指树立爱敬之道当从亲近人开始, 从年长者开始。

【译文】伊尹说:"啊! 古代夏朝的祖先大禹, 努力地施行德政, 因而上帝没有降下天灾, 山川鬼神, 也没有不安宁的, 甚至连同鸟兽鱼鳖等诸众生物也都孳长繁衍了起来。遗憾的是到了他的子孙夏桀这一代不能遵循祖先的常道, 因此上天降下灾祸, 上帝受天命于成汤, 假借成汤之手, 从鸣条开始征伐夏桀暴君, 从亳邑开始施行德政教化。我们的商王成汤, 圣明神武昭示于天下, 以仁厚的德政教化替代残暴凶顽的虐政, 广大的天下百姓都真的很信任怀念成汤。当今的执政者继承先王的美德，没有哪一个不是从即位之初就开始的。树立仁爱之道当从亲近之人做起，培养恭敬之心当从年长者做起。从齐家、治国开始，最终使仁道德政推广到全天下。

"呜呼！先王肇修人纪①，从谏弗咈，先民时若②；居上克明，为下克忠③；与人不求备，检身若不及④。以至于有万邦，兹惟艰哉⑤！

【注释】①先王肇修人纪：肇，开始。人纪，为人之纲纪。②从谏弗咈，先民时若：咈，乖戾，背离，违背。先民，指前代的有德之人。时，通"是"，这。若，顺从。意指顺从前辈贤人的教诲。③居上克明，为下克忠：居上，高临君位。克，能，明，明察。为下，身居臣位。忠，忠诚、忠心，竭诚事上，尽心竭力。④与人不求备，检身若不及：与人，指接人待物，为人处事，交结相处。与，交结。备，完备，周全。检身，约束自身，反省自我，检点自己。若不及，恐怕赶不上别人。⑤以至于有万邦，兹惟艰哉：有万邦，拥有天下，这里指继嗣为王。

【译文】"啊！先王成汤开始潜修人伦纲纪，听从臣民的规劝，不加违背，顺从先辈贤人的教诲。身居王位能够明察下情，职为臣下，能够竭诚事上。与人交结，不求全责备；反省自身唯恐赶不上别人。如此这般勤苦修为方能拥有天下，继任为王，这是多么艰难啊！

"敷求哲人，俾辅于尔后嗣①，制《官刑》，儆于有位②。曰：'敢有恒舞于宫、酣歌于室，时谓巫风③。敢有殉于货色、恒于游畋，时谓淫风④。敢有侮圣言、逆忠直⑤、远耆德、比顽童⑥，时谓乱风⑦。惟兹三风十愆⑧，卿士有一于身，家必丧⑨；邦君有一于身，国必亡⑩。臣下不匡，其刑墨，具训于蒙士⑪。'

**【注释】**①敷求哲人，俾辅于尔后嗣：敷，布，宣布。哲人，德才兼备的贤人。俾，使。后嗣，后代继承王位的子孙。②制《官刑》，儆于有位：官刑，整顿吏治的刑法。儆，警告、警惕。有位，身居官位之人。③敢有恒舞于官、酣歌于室，时谓巫风：恒，恒常。酣，酒喝得很畅快。时，通"是"，这，此。巫风：风，风气、风俗。孔传："常舞则荒淫。乐酒曰酣，酣歌则废德。事鬼神曰巫。言无政。"④敢有殉于货色、恒于游畋，时谓淫风：殉，贪求。货，财货。色，女色。游，游乐。畋，打猎。淫，纵欲过度曰淫。时，通"是"，这，此。⑤敢有侮圣言、逆忠直：侮，狎侮、侮慢。逆，拒绝、排斥。忠直，忠诚正直的规劝、教导。⑥远耆德、比顽童：远，远离，疏远，不纳。耆，老年有德之人。比，亲近，亲昵。顽，愚顽。⑦时谓乱风：时，通"是"，这，此。乱，荒乱，悖谬。⑧惟兹三风十愆：孔疏："谓巫风二：舞也、歌也；淫风四：货也、色也、游也、畋也；与乱风四，为十愆也。"⑨卿士有一于身，家必丧：孔疏："此三风十愆，虽恶有大小，但有一于身，皆丧国亡家。"孔传："有一过则德义废，失位亡家之道。"⑩邦君有一于身，国必亡：孔传："诸侯犯此，国亡之道。"⑪臣下不匡，其刑墨，具训于蒙士：匡，匡正，即臣子纠正君主的错误。墨，墨刑，古代刑罚，又叫黥面。在脸上刺字而后染成墨色。具，详悉、全部。蒙士，一说为卑下之士，一说为稚幼蒙昧之童。

**【译文】**"广泛地征求贤能有德之人，让他们来辅佐你的后代子孙，制定惩治官吏的刑法，警戒百官，说道："胆敢有在宫室中纵情饮酒，歌舞狂欢的，这就是巫风；胆敢有贪图财物，沉湎女色，耽于游乐，沉溺畋猎的，这就是淫风；胆敢有侮慢圣贤的言论，排斥忠诚正直的规劝，疏远德劭年迈的老者，亲昵愚顽幼稚的鄙人，这就是乱风。以上三种风俗、十种过错，卿士大夫如果沾染上其中的一种，他的田邑必然丧失。诸侯国君如果沾染上其中的一种，他的国家必然会灭亡。身为臣下，倘若不能匡正国君的过失，就要处以黥面的刑罚，这些道理从下士开始就要详悉地教训。

"呜呼！嗣王祗厥身，念哉<sup>①</sup>！圣谟洋洋，嘉言孔彰<sup>②</sup>！惟上帝不常<sup>③</sup>，作善，降之百祥；作不善，降之百殃<sup>④</sup>。尔惟德罔小，万邦惟庆<sup>⑤</sup>；尔惟不德罔大，坠厥宗<sup>⑥</sup>。"

**【注释】**①嗣王祗厥身，念哉：祗，恭敬、警戒。念，顾念。②圣谟洋洋，嘉言孔彰：嘉，美。言，言论，这里指圣人的训导、教诲。谟，谋。孔，甚。彰，彰明。③惟上帝不常：意谓天道福善祸淫，本无常规。天命本不常有，福命祸殃，善则得之，不善则失之，此皆以人之所作所为而定。天道本常，穷久不移，万劫不改，然而人道嬗变无常，损益不穷，顺乎天道则福善绵长，悖逆天道则祸患无穷，自然之理。④作善，降之百祥；作不善，降之百殃：孔传："祥，善也。天之祸福，惟善恶所在，不常在一家。"⑤尔惟德罔小，万邦惟庆：德，积德累善。罔，无，没有。小，小德。⑥尔惟不德罔大，坠厥宗：大，大恶。坠，丧失。宗，宗庙，这里指王位、国家。

**【译文】**"啊！继任的君王要谨慎戒惧、主敬存诚、念念不忘啊！圣人的谋略尽善尽美，那些金玉良言写得清清楚楚！上帝福善祸淫，本无定法，对于行善的，就会赐予种种吉祥；对于作恶的，就会降下种种的灾难。你积善累德，不要害怕德行渺小，即使是小小的善行，天下人也会感到庆幸；你恣肆行恶，不要因为恶行微少，即使有一丁点儿的恶行，也很有可能导致亡国。"

○"肆命"

○"徂后"

# 太甲上第五

**【题解】**太甲，姓子，名至。商汤嫡长孙，太丁之子，外丙和仲壬之侄。太甲即位三年，凶恶残酷，不遵守先王成汤的法度典章，纵欲败德，胡作非为，因此，伊尹放逐太甲于桐宫。《史记·殷本纪》："帝太甲居桐宫三年，悔过自责，反善，于是伊尹乃迎帝太甲而授之政。帝太甲修德，诸侯咸归殷，百姓以宁。伊尹嘉之，乃作《太甲训》三篇，褒帝太甲，称太宗。"

太甲守丧三年，改过自新，于是，伊尹又迎太甲于亳都，交回政权。伊尹赞叹太甲修身立德，勤勉社稷，作了《太甲》三篇以示训导和劝勉。《书序》："太甲既立，不明，伊尹放诸桐。三年复归于亳，思庸，伊尹作《太甲》三篇。"

〇太甲既立，不明，伊尹放诸桐。三年复归于亳，思庸，伊尹作《太甲》三篇。

惟嗣王不惠于阿衡①，伊尹作书曰："先王顾諟天之明命，以承上下神祇②、社稷宗庙，罔不祇肃③。天监厥德，用集大命，抚绥万方④。惟尹躬克左右厥辟宅师⑤，肆嗣王丕承基绪⑥。惟尹躬先见于西邑夏，自周有终，相亦惟终⑦；其后嗣王罔克有终，相亦罔终⑧。嗣王⑨戒哉！祗尔厥辟，辟不辟，忝厥祖⑩。"

**【注释】**①惟嗣王不惠于阿衡：惟，考虑。惠，恭顺、顺从。阿衡，指商朝大臣伊尹。"阿衡"乃伊尹小名。②先王顾諟天之明命，以承上下神祇：先王，这里指成汤。顾，瞻顾，注目。諟(shì)，同"是"，此。明命，即天命。明者，言天命之朗然彻照，通晓明达，明烛万物。神祇，指天神地祇，泛指天地神灵。③社稷宗庙，罔不祗肃：祗，恭敬。肃，庄重、严肃。④天监厥德，用集大命，抚绥万方：监，明察，瞻视。用，以。集，降下。大命，即天命。大者，言天命之重，当庄严审慎，敬之畏之。抚绥，安抚、抚顺、安定。万方，天下四方，极言地之广阔，国之众多。⑤惟尹躬克左右厥辟宅师：惟，发端词，用于句首，无实义。尹，伊尹。躬，亲身。克，能。左右，辅佐、辅助。厥，其，代词。辟，君主，这里指成汤。宅，安居，安定，使动用法，使……安居，使……安定。师，民众、百姓。⑥肆嗣王丕承基绪：肆，故，因此。丕，大。基绪，基业的统治延续，这里指国家政权，社稷宗庙。⑦惟尹躬先见于西邑夏，自周有终，相亦惟终：西邑夏，即夏王朝。自，用。周，忠信。有终，即善终。相，指辅助的大臣。⑧其后嗣王罔克有终，相亦罔终：后嗣王，指大禹后世的嗣王，诸如太康、夏桀等不肖子孙，不能恪守祖训、敬奉天命，而为昏君、暴君。⑨嗣王：继任王位之人，这里指太甲。⑩辟不辟，忝厥祖：辟，君主。辟不辟，即君不君，为君不尽君道。忝，忝辱，羞辱。

**【译文】**考虑到继任的商王太甲不听从伊尹的劝戒，伊尹便上书说："先王成汤常常注目于上帝朗然彻照的天命，因此，承奉天地神灵、社稷宗庙，无不恭敬肃穆。上帝明察到他的圣德，因而就降给他重大的使命，要他治理天下，安定四方。我伊尹能够亲身辅佐君王，使天下百姓安居乐业，因此，后继的君王才能继承先王的伟大基业。我伊尹先前就亲身看到夏朝的君王，自始至终讲求忠信，辅佐的大臣也能讲求忠信因而善终；他们后继的君王不能自始至终讲求忠信，辅佐的大臣也不能讲求忠信而得善终。后继的君王，你可要警惕啊！恭敬地居守为君之道，为君不行君道，那就会辱没你的祖先。"

　　王惟庸罔念闻①。伊尹乃言曰："先王昧爽丕显，坐以待旦②。旁求俊彦，启迪后人③。无越厥命以自覆④。慎乃俭德，惟怀永图⑤。若虞机张，往省括于度，则释⑥；钦厥止，率乃祖攸行⑦！惟朕以怿，万世有辞⑧。"

　　**【注释】**①王惟庸罔念闻：庸，平常、平时。罔，不。念闻，顾念，听闻。②先王昧爽丕显，坐以待旦：昧爽，即指天将亮而未亮之时。昧，晦，昏暗。爽，明亮。丕显，大明，谓之大明其德。旦，早晨，清晨。坐以待旦，坐等天亮，意谓为国事操劳。③旁求俊彦，启迪后人：旁求，广泛地访求。俊彦，才智出众的贤人。启迪，启发，开导。后人，后代子孙。④无越厥命以自覆：无，通"毋"，不要。越，坠失。命，天命。覆，颠覆、覆亡。⑤慎乃俭德，惟怀永图：慎，谨慎、慎重。俭，节省。俭德，勤俭节约的美德。怀，思考。永图，深谋远虑。⑥若虞机张，往省括于度，则释：若虞，就像，如同。虞，虞人，古代指掌管山泽苑囿畋猎的官职。机，指发射弓箭的机关。省（xǐng），检查，查看。括，通"栝"，箭末扣弦处。度，规范，这里指要领。释，放。⑦钦厥止，率乃祖攸行：钦，钦敬，恭谨。止，仪态举止。率，遵循。乃，你的。攸，所。⑧惟朕以怿，万世有辞：朕，我。怿（yì），喜悦。辞，赞美的言辞，美好的声誉。

　　**【译文】**商王太甲仍然和平常一样，毫不顾念听从伊尹的劝戒。伊尹就说："先王成汤在天色未明之时就思考如何光明德行，坐着一直等到天亮。广泛地访求贤能的才人，以便开导后人。不要丧失商朝的天命，而自取灭亡。你要谨慎戒惧地保持勤俭的美德，要考虑长远的大计。就像虞人射箭，弓弩拉开了，一定要查看箭矢的末端是否合乎法度，然后释放箭矢，才能射中目标。要使你的仪态举止严肃恭谨，要遵循你先祖的行为法则。倘若能够如此实行，我就会欣悦欢喜，你也会被千秋赞誉，万代流芳。"

王未克变①。伊尹曰："兹乃不义。习与性成②，予弗狎于弗顺。营于桐宫③，密迩先王其训，无俾世迷④。"王徂桐宫，居忧⑤，克终允德⑥。

**【注释】**①王未克变：未克，不能，不能够。②兹乃不义。习与性成：兹，这，此。这里指太甲的所作所为。习，习气、禀性。性，品性、性情。③予弗狎于弗顺。营于桐宫：弗，不。狎，亲近。弗顺，谓不能遵循义理而行。营，营造。桐宫，离宫，指在成汤墓地的附近所建造的行宫。④密迩先王其训，无俾世迷：密迩，亲近。密，亲密。迩，近。俾，使。世，一世，终生。迷，迷惑不醒悟。⑤王徂桐宫，居忧：徂，往。居忧，替父母守丧。⑥克终允德：克，能。终，成。允，诚信。

**【译文】**商王太甲仍然不能改变自己旧的恶习。伊尹说："这就是你的不义，不良的习气、禀性养成了，像天性一般。我不能亲近你这种不遵循道义而行的人。在商汤的墓地营造行宫，使你亲近先王，领受遗训，不能使你一辈子迷惑不醒。"商王太甲前往桐宫，居忧服丧，幡然醒悟，最终能听信德教，成就美德。

# 太甲中第六

惟三祀十有二月朔①，伊尹以冕服，奉嗣王归于亳②。作书曰："民非后，罔克胥匡以生③；后非民，罔以辟④四方。皇天眷佑有商⑤，俾⑥嗣王克终厥德，实万世无疆之休⑦！"

【注释】①惟三祀十有二月朔：祀，殷商之时称年为祀。三祀，即指太甲继任王位的第三年。或谓乃太甲放桐宫三年。有，又。朔，阴历每月初一。②伊尹以冕服，奉嗣王归于亳：冕服，即天子所穿戴的礼冠、礼服。奉，进献、奉迎。嗣王，即太甲。③民非后，罔克胥匡以生：后，指君主。罔克，不能。胥，相互。匡，匡救，扶持。④辟：治理。⑤皇天眷佑有商：皇天，上天。皇者，言天之大，道之体。眷佑，眷顾、护佑。⑥俾：使。⑦休：美、喜庆。

【译文】太甲被放逐桐宫的第三年十二月初一，伊尹呈上君王的礼服、礼冠，奉迎在位的太甲返回到国都亳邑。伊尹上书说："百姓没有君王，就不能相互扶持而生存下去；君王没有百姓，也不能统治天下，管理四方。伟大的上帝眷顾保佑我们殷商，使后继的君王最终能够成就美德，这实在是千秋万代的美事！"

王拜手稽首①，曰："予小子不明于德，自厎不类②。欲败度，纵败礼，以速戾于厥躬③。天作孽，犹可违；自作孽，不可逭④，既往背师保之训，弗克于厥初⑤，尚赖匡救之德，图惟厥终⑥。"

【注释】①王拜手稽首：王，这里指太甲已经从桐宫归返亳都，恢复王位。拜手稽首，参见《尧典》、《舜典》注解。②予小子不明于德，自厎不类：予小子，谓太甲自谦之词。厎，致，导致。不类，不善、不肖。③欲败度，纵败礼，以速戾于厥躬：欲，贪欲、欲望。败，败坏、损害。度，法度。纵，放荡、放纵、放肆。礼，礼仪。速，招致。戾，罪。躬，自身。④天作孽，犹可违；自作孽，不可逭：孽，灾祸。违，避免。逭（huàn），逃避。⑤既往背师保之训，弗克于厥初：既往，以往。师保，古代负责教导贵族子弟的官职，有"太师、太傅、太保"，有"少师、少傅、少保"，这里指辅佐君王的重臣伊尹。弗克，不能。⑥尚赖匡救之德，图惟厥终：尚，还，犹，庶几。匡救，匡扶救助。图，谋。终，善终。赖，依赖。

【译文】商王太甲行跪拜叩头之礼，说："我小子昏庸糊涂，以致自导不善。贪欲败坏法度，放纵败坏礼仪，因而很快给自身招来罪过。上天降下的灾祸，可以逃避，自己造成的灾祸，不可逃避。过去我违背了老师您的教导，没有能在即位之初就注重自身的修养，还要依赖您匡扶救助的恩德，才谋求得到一个好的结果。"

伊尹拜手稽首，曰："修厥身，允德协于下，惟明后①。先王子惠困穷，民服厥命，罔有不悦②。并其有邦，厥邻乃曰③：'徯我后，后来无罚④。'王懋乃德，视乃厥祖，无时豫怠⑤。奉先思孝，接下思恭⑥。视远惟明，听德惟聪⑦。朕承王之休无斁⑧。"

【注释】①修厥身，允德协于下，惟明后：允德，诚信之德。允，信实，的确。协，和，和洽。明后，英明的君主。②先王子惠困穷，民服厥命，罔有不悦：惠，恩惠，仁爱。困穷，贫困穷苦之人。悦，欣悦、欢喜。③并其有邦，厥邻乃曰：并，并立于。有邦，指诸侯国。④徯我后，后来无罚：徯，等待。后，君主，这里指成汤。罚，惩罚、遭罪，这里指夏桀之时酷刑的惩罚。⑤王懋乃德，视乃厥祖，无时豫怠：懋，勉力。豫怠，安逸怠惰。⑥奉先思孝，接下思恭：奉先，遵奉先祖。思，念。接下，对待臣子。恭，恭敬。⑦视远惟明，听德惟聪：孔传："言当以明视远，以聪听德。"⑧朕承王之休无斁：朕，我。承，承继，承顺。休，美善，福禄。斁（yì），厌倦、懈怠。

【译文】伊尹行跪拜叩头之礼，说："注重自身的修养，具备了诚信的美德，从而使臣下和谐融洽，这才是英明的君主。先王成汤像爱护子女一样施惠于贫穷困苦的众百姓，百姓都服从他的命令，没有一个不感到欢喜欣悦的。先王和邻国诸侯并立之时，邻国的百姓拥戴他，就说：'等待我们的君王成汤吧，君王成汤来了，我们就不会遭罪了。'君王您要勉力加强自己的修养，看一看您那建立功业的先祖，无论何时都不能安逸怠惰。遵奉先祖的遗训要想到孝顺；接待臣民，要想到谦恭。能够看到远处，便是目明，能够听从善言，便是耳聪。您倘若能够如此做去，我将承受君王您的美德，永不厌弃。"

# 太甲下第七

伊尹申诰于王曰<sup>①</sup>："呜呼！惟天无亲，克敬惟亲<sup>②</sup>；民罔常怀，怀于有仁<sup>③</sup>；鬼神无常享，享于克诚<sup>④</sup>。天位<sup>⑤</sup>艰哉！

"德惟治，否德乱<sup>⑥</sup>。与治同道罔不兴<sup>⑦</sup>；与乱同事<sup>⑧</sup>，罔不亡。终始慎厥与，惟明明后<sup>⑨</sup>。

【注释】①伊尹申诰于王曰：申，重复，一再。②惟天无亲，克敬惟亲：无亲，没有亲疏远近之别。克，能。敬，恭敬。③民罔常怀，怀于有仁：怀，归往。仁，仁政或谓有仁德之人。④鬼神无常享，享于克诚：享，指鬼神享用祭品，引申为保佑、护佑之意。诚，真诚，信实。⑤天位：指上帝赐予的君主之位。⑥德惟治，否德乱：治，治理。否，表否定。⑦与治同道罔不兴：与，交结。同道，当谓上文所指"德惟治"。⑧同事：指"否德乱"之事。⑨终始慎厥与，惟明明后：明，第一个明，明白之意；第二天明，明智之意。明而又明，贤明之意。

【译文】伊尹再三告诫商王太甲说："啊！上帝没有亲疏远近之别，不偏不倚，能够恭敬地侍奉上帝的人，上帝就会爱护他。百姓不会永远地感念拥戴谁，只归顺有仁德的君王。鬼神不会固定不变地只享受某一个人的祭祀，只享受那些真诚恭敬之人的祭祀。保守住上帝赐予的君位，真的很难啊！"

"推行德政教化就会天下大治，不推行德政教化，就会天下大乱。采取与治世之道一致的德政，没有不兴盛的；采取与乱世之道一致的虐政，没有不灭亡的。自始至终都能够谨慎戒惧，英明复英明才是圣明的君王。

"先王惟时懋敬厥德，克配上帝①。今王嗣有令绪，尚监兹哉②！

"若升高，必自下；若陟遐，必自迩③。无轻民事，惟难④；无安厥位，惟危⑤。慎终于始⑥！有言逆⑦于汝心，必求诸道；有言逊⑧于汝志，必求诸非道。

**【注释】**①先王惟时懋敬厥德，克配上帝：先王，指成汤。时，通"是"，这，此。惟时，即唯此。代指上文"天位艰哉"。懋敬厥德，见上文"王懋厥德"注解。克，能。配，匹配、符合。②今王嗣有令绪，尚监兹哉：王嗣，指继任君王太甲。令绪，美好的传统。令，美。绪，统绪、统系、基业。尚，庶几，差不多。表示祈求、希望。监，通"鉴"，借鉴、鉴察。兹，此，指先王懋敬厥德之事。③若升高，必自下；若陟遐，必自迩：若，倘若，如果。升，登。陟，这里指远行，长途跋涉。遐，远。迩，近。④无轻民事，惟难：无，通"毋"，不要。民事，劳役之事。惟，思，考虑。这里指要居安思危。⑤无安厥位，惟危：位，君位，王位。⑥慎终于始：孔传："于始虑终，于终思始。"⑦逆：违背。⑧逊：顺遂、恭顺。

**【译文】**"先王成汤就是如此勤勉恭谨地砥砺品德，所以能够符合上帝的旨意。现在，君王您继续保有这美好的基业，希望您能够效法先王而行事啊！

"譬如登高，必须从最低的地方开始；譬如行远，必须从最近的地方开始。不要忽视百姓之事，要考虑到治理百姓是很艰难的；不要安逸于自己的君位，要想到君位是不稳定的。对待结尾也要像刚刚开始时那样谨慎戒惧，毫不懈怠。

"倘若有些臣下的谏言违背了您的心愿，一定要从道义上去考证；倘若有些臣下的进谏迎合了您的心意，一定要从不合乎道义上去考证。

"呜呼！弗虑胡获？弗为胡成①？一人元良，万邦以贞②，君罔以辩言乱旧政③，臣罔以宠利居成功④。邦其永孚于休⑤。"

【注释】①弗虑胡获？弗为胡成：虑，思考。胡，何。②一人元良，万邦以贞：一人，即予一人，代指天子、君王。天子自称，谓自谦之词，臣下称之，为尊称之意。元良，大善，大贤。谓德行达到最高境界。万邦，天下四方。贞，正。③君罔以辩言乱旧政：辩言，诡辩、巧言。旧政，指先王成汤的治国理念。④臣罔以宠利居成功：宠，恩宠。利，利禄。⑤邦其永孚于休：永，长久。孚，信，保，安。休，美好。

【译文】"啊！不思考怎么会有所收获呢？不践行又怎么能有所成功呢？君王一个人贤良，天下四方就会贞正。君王不要用巧舌之言扰乱先王的旧政，臣下也不要凭着宠信恩遇而居功成名。这样，相信国家就会永远保有美好的局面。"

# 咸有一德第八

【题解】咸有一德，谓皆有纯一之德。《咸有一德》是伊尹劝勉太甲保持纯一之德的训诫文。《史记·殷本纪》记载："伊尹作《咸有一德》，咎单作《明居》。"《书序》："伊尹作《咸有一德》。"

伊尹将太甲放逐桐宫，后因太甲改过自新、重修德行，伊尹复迎其回亳都，复国掌权。伊尹于此时，年老体衰，欲将退隐终老，又恐怕太甲德行不专一，不能长久地保持纯一之德，故而，作《咸有一德》，以示告诫之词。

伊尹为数朝老臣，殷商元圣，心系社稷，身怀天下，囊日受天明命，不敢荒怠，启迪后嗣，可谓婆心之重矣! 古往今来，凡存一德者则兴，丧一德者则亡，天下通理，帝王载命，代天牧民，一身系任于天下，常保一德，不可不慎!

〇伊尹作《咸有一德》。

伊尹既复政厥辟，将告归，乃陈戒于德。

曰："呜呼! 天难谌，命靡常①。常厥德，保②厥位; 厥德匪常，九有以亡③。夏王弗克庸德，慢神虐民④。皇天弗保，监于万方，启迪有命⑤，眷求一德，俾作神主⑥。惟尹躬暨汤，咸有一德⑦，克享天心，受天明命⑧，以有九有之师，爰革夏正⑨，非天私⑩我有商，惟天佑于一德，非商求于下民，惟民归于一德⑪。德惟一，动罔⑫不吉；德二三⑬，动罔不凶。惟吉凶不僭⑭，在人；惟天降灾祥，在德⑮！

【注释】①呜呼！天难谌（chén），命靡常：谌，相信。命，天命。靡常，无常，没有常法、定论。②保：安。③厥德匪常，九有以亡：匪，通"非"。九有，九州，代指国家。④夏王弗克庸德，慢神虐民：夏王，指夏朝末代暴君夏桀。克，能。庸，常。慢，轻慢、侮慢。虐，残害。⑤皇天弗保，监于万方，启迪有命：皇天，上天、上帝。弗，不。监，明察，监视。万方，天下四方。启迪，启示，开导。有命，意谓可以承受天命，享有天命，代天牧民者。⑥眷求一德，俾作神主：眷求，殷切地访求。眷，关心、眷顾。俾，使。神主，百神之主，实指百姓的君主。⑦惟尹躬暨汤，咸有一德：惟，只有。尹躬，即伊尹自指。暨，与、及、和。咸，皆、都。⑧克享天心，受天明命：克，能够。享，符合、顺遂。天心，上帝的旨意、心愿。克享天心，即能够顺遂上帝的心意。受，承受。明命，即大命，福命，见上文《太甲上》注解。⑨以有九有之师，爰革夏正：师，众。爰，于是。革，革新，更改。夏正，夏朝的历法。革夏正，即指改朝换代。古代改朝换代、开朝立国必须重定正朔。夏朝建寅，商朝建丑。⑩私：佑，保佑，佑助。⑪非商求于下民，惟民归于一德：孔传："非商以力求民，民自归於一德。"⑫罔：无。⑬二三：反复不定，不专一。⑭僭（jiàn）：差错。⑮惟天降灾祥，在德：灾，灾祸。祥，吉祥、福祥。

【译文】伊尹说："上帝难以相信，因为天命无常。如果能经常地保持住您的德行，就能够保住您的君位；如果不能经常地保有德行，就会丧失天下。夏王桀不能长久地保持德行，怠慢神灵，残害百姓。上帝不再护佑他，而是明察天下，开导可以承受天命之人，殷切地寻求具有纯一之德的人，使他做天地神灵的主祭者。只有我伊尹和成汤具有纯一之德，能够顺合上天的旨意，接受圣明的大命，而拥有天下九州的百姓，于是推翻夏朝，改革夏朝的历法。并非是上天偏爱我殷商，只是上帝佑住纯德之人。并非是殷商要求天下百姓服从，而是天下百姓归附于有纯德之人。只要德行纯正，行动起来没有不吉利的；倘若德行反复无常，行动起来没有不凶险的。吉祥凶险丝毫不爽，全在人为。上天降下灾祸或吉祥，全在于人的德行。

"今嗣王新服厥命，惟新厥德①；终始惟一，时乃日新②。任官惟贤材，左右惟其人③。臣为上为德，为下为民④。其难其慎，惟和惟一⑤。德无常师，主善为师⑥；善无常主，协于克一⑦。俾万姓咸曰：'大哉，王言⑧。'又曰：'一哉，王心⑨。'克绥先王之禄，永底烝民之生⑩。

【注释】①今嗣王新服厥命，惟新厥德：嗣王，后继的君王，这里指太甲。服，事，这里指承担、接受之意。新，使……新，更新。厥，其，代词。命，天之大命，明命。这里指恢复了君王之位。②终始惟一，时乃日新：终始惟一，谓始终如一，持有恒德。时，通"是"，此，这，代指厥德。日新，即天天更新，日日进步。③任官惟贤材，左右惟其人：任，任用、选任。材，同"才"。左右，指近臣。惟其人，意谓惟贤人是用。④臣为上为德，为下为民：为上，助上，奉上。为下，治理下民。意谓辅佐君王，使君王施行德政，治理百姓，使百姓安居乐业。⑤其难其慎，惟和惟一：难，难于任用。慎，慎重考察。惟，当。和，和衷共济，同心同德。⑥德无常师，主善为师：常，固定不变。师，法，效法，榜样，楷模。⑦善无常主，协于克一：主，准则。协，合。

克，能。一，纯一、精一。⑧大哉，王言：孔传："一德之言，故曰大。"⑨一哉，王心：孔传："能一德，则一心。"⑩克绥先王之禄，永厎烝民之生：绥，保，安。先王，指成汤。禄，天禄，天赐之福命。厎，致，定，获得，达到。烝民，民众、百姓。烝民之生，使百姓安居乐业。

**【译文】**"现在，继位的王刚刚受任上帝所赋予的重大使命，只要更新自己的德行，始终如一地坚持不懈，您的德行就会天天更新。任用官吏当选贤任能，左右辅佐的大臣也要这样贤能有德之人。作为臣子，在上要辅佐自己的君王推行德政，在下要帮助自己的属下治理百姓，使百姓安居乐业。这样的人选择起来是非常艰难的，一定要谨慎考察，必须任用同心同德、和衷共济、协力合作的人。修养德行没有固定不变的楷模，只要注重善行，都可以作为自己的老师。行善没有固定不变的法则，只要能够始终如一地保持纯一之德，合乎精一之道就算是保持善行了。使天下百姓全都感叹说："伟大啊！君王的言论。"又说："纯一啊！君王的心念。"使百姓如此称颂，才能安保先王成汤所承受的上帝的福命，使百姓永远安居乐业，使天下长治久安。

"呜呼！七世之庙，可以观德①；万夫之长②，可以观政。后非民罔使，民非后罔事③。无自广以狭人④，匹夫匹妇，不获自尽，民主罔与成厥功⑤。"

**【注释】**①七世之庙，可以观德：七世之庙，古代帝王为了实行宗法统治，皆立七庙以供奉七代的祖先。可以观德，谓帝王立七庙，对于次第疏远的先祖，则依照制度的规定迁移神主，供奉在祭祀远祖、始祖的神庙。倘若是七庙之中有德的帝王，则不予迁移。因此而言，七世之庙，宗亲移尽，而神庙还有不毁的，就证明为有德之主。②万夫之长：这里指君主。③后非民罔使，民非后罔事：后，君主。罔，不。使，役使、使唤。事，侍奉。④无自广以狭人：无，通"毋"，不要。自广，自大。狭，轻视，小看。⑤匹夫匹妇，不获自尽，民主罔与成厥功：匹夫匹妇，指普通百姓。不获，不得。自尽，尽自己的心力。民主，指君主。与，助。

**【译文】**"啊！从天子的宗庙里，倘若看到七世的祖先还没有被毁的，便可以看出天子的圣明之德；从万民之上的君王那里，可以察知政治的得失。君王如果不依靠百姓，就没人有可以役使，百姓如果不依靠君王，就没有人来侍奉。不要自高自大而轻视百姓，如果普天下的愚夫愚妇都不能尽心竭力，那么作为万民之上的君王又和谁一起去成就自己的功业呢？

〇沃丁既葬伊尹于亳，咎单遂训伊尹事，作《沃丁》。

〇伊陟相大戊，亳有祥，桑谷共生于朝，伊陟赞于巫咸，作《咸乂》四篇。

〇太戊赞于伊陟，作《伊陟》、《原命》。

〇仲丁迁于嚣，作《仲丁》。

〇河亶甲居相，作《河亶甲》。

〇祖乙圮于耿，作《祖乙》。

# 盘庚上第九

【题解】盘庚，甲骨文作般庚，子姓，名旬，成汤十世孙，祖乙曾孙，祖丁之子，阳甲之弟，商朝第二十位君主。阳甲死后，盘庚继位，为圣明之君。他为了解除水患、治理政事、复兴殷商，决定迁都于殷（今河南安阳），史称"盘庚迁殷"。盘庚迁殷后，整顿政治，发展经济，使衰落的商朝再现中兴。

《盘庚》是一篇诰体文，分上中下三篇，乃盘庚迁都时告谕臣民的劝告之词。上篇、下篇都是对群臣的谈话，中篇是对百姓的谈话。《史记·殷本纪》记载："帝盘庚之时，殷已都河北，盘庚渡河南，复居成汤之故居，乃五迁，无定处。殷民咨胥皆怨，不欲徙。……乃遂涉河南，治亳，行汤之政，然后百姓由宁，殷道复兴。"由此可知，盘庚迁殷曾遭到臣民的强烈反对，这也是盘庚告谕臣民的原由所在。然据《史记·殷本纪》记载："帝盘庚崩，弟小辛立，是为帝小辛。帝小辛立，殷复衰。百姓思盘庚，乃作《盘庚》三篇。"以此推知，《盘庚》当为事后追述所作。内文之中，诰词中出现"殷"，以"殷"代指商朝，殷商之称当为盘庚后事，故此亦可推知《盘庚》为事后追述所作。

盘庚迁殷，"殷"今在何处？《孔疏》引《汲冢古文》说："盘庚自奄迁于殷，殷在邺南三十里。"又引《汉书·项羽传》说："洹水南殷墟上，今安阳西有殷。"盘庚从奄地迁都至殷，"殷"即今河南安阳一带。

盘庚为殷商的圣明之君，与成汤、伊尹一脉相承，皆遵从上帝的旨意，代天牧民，统领万邦。天生盘庚，迁都至殷，复见中兴，上帝之意，时命之降。

○盘庚五迁，将治亳殷，民咨胥怨，作《盘庚》三篇。

盘庚迁于殷①。民不适有居②，率吁众戚出矢言③。曰："我王来，既爰宅于兹④，重我民，无尽刘⑤。不能胥匡以生，卜稽曰其如台⑥？先王有服，恪谨天命，兹犹不常宁⑦；不常厥邑，于今五邦⑧。今不承于古，罔知天之断命⑨，矧曰其克从先王之烈⑩？若颠木之有由蘖⑪，天其永我命于兹新邑⑫，绍复先王之大业，厎绥四方⑬。"

盘庚敩于民，由乃在位⑭，以常旧服、正法度⑮，曰："无或敢伏小人之攸箴⑯！"王命众悉⑰至于庭。

【注释】①盘庚迁于殷：盘庚，甲骨文作般庚，子姓，名旬，商王祖丁之子，阳甲之弟，商朝第二十位君主。阳甲死后，盘庚继位，为圣明之君。他为了解除水患、治理政事，决定迁都于殷（今河南安阳），史称"盘庚迁殷"。迁，迁徙，移都。殷，据考古考证，即今河南安阳的殷墟。②民不适有居：适，言民不悦新邑。有，语气助词，无实义。③率吁众戚出矢言：率，用，因此。吁，呼。戚，指贵戚大臣，即帝王本姓的亲族。矢，陈述，告谕。④我王来，既爰宅于兹：我王，盘庚自称。来，即自亳都奄地迁至殷都。爰宅，指变迁住址，迁移国都。宅，居住。兹，代词，这，此，指新城邑。⑤重我民，无尽刘:重,重视、看重。刘,杀害。谓盘庚体恤百姓,为了保护百姓不致遭受洪水灾害而迁都。一说谓殷商的政治、军事斗争激烈,生态环境恶化,被迫迁都。《尚书今古文注疏》:"言民若为水所害,是我杀之,所谓思天下有溺,由己溺之,毋令其尽厄于水也。"⑥不能胥匡以生,卜稽曰其如台:胥,相互。匡,匡救,救助。卜,占卜,即以龟甲作占卜。稽,稽考。盘庚迁都心意已决,故没有违背卜筮之言。其,表未来。其如台(yí),即将如何。台,疑问代词。意指既然不能相互匡救以生,只靠占卜稽考那是没有什么办法的。⑦先王有服,恪谨天命,兹犹不常宁:先王,指盘庚以往,殷商的先代君王。服,律法。恪,敬守、恭敬。谨,顺从、谨慎。兹犹,因此。犹,尚且。常,久。宁,安。⑧不常厥邑,于今五邦:邑,都邑五邦,即五次迁都。邦,这里指国都。⑨今不承于古,罔知天之断命:承,承继。断命,决断的主意。⑩矧曰其克从先王之烈:矧(shěn),况且,何况。曰其,即越其。克,能够。烈,事业,功绩。⑪若颠木之有由蘖:颠,扑倒。由,谓枯木生芽。蘖,意指伐木所剩之处复萌芽。本句以颠木喻指旧都,以由蘖喻指新邑。⑫天其永我命于兹新邑:永,长,久。新邑,即殷都。⑬绍复先王之大业,厎绥四方:绍,继续。复,复兴、恢复。厎(zhǐ),致,定。绥,安。⑭盘庚敩于民,由乃在位:敩(xiào),觉悟,开导。由,亦作猷、犹,古通"迪"、"道"、"告"。在位,指贵戚大臣。⑮以常旧服、正法度:常,常法、常道。旧服,即指先王的旧制。正,整顿。⑯无或敢伏小人之攸箴:无,通"毋",不要。或,有人,有的人。伏,隐藏,遮掩。攸,所。箴(zhēn),规诫,规劝。⑰悉:都,皆,全。

【译文】盘庚迁都于殷,但是臣民百姓都不喜欢居住在新邑,于是,盘庚呼吁亲近的贵戚大臣,请他们外出告谕百姓说:"我们的君王迁到这里来,变更居所而住在新邑,是重视臣民百姓的生命,使我们不遭受杀害。倘若我们不能相互救助以求生存,即使做了占卜的结果,又将如何呢?按照先王的制度,必须恭敬谨慎地遵从天命,这样做了,尚且还不能长久安宁。由于不能长久地居住在一个地方,到现在为止已经迁徙了五次国都了。现在不继承先王的遗志，就不能晓知上天已经断定的命运，更何况是还谈什么继承先王的功业呢？譬如倒伏的枯木又生出了新枝，砍伐的残木又发出新芽一样，这是上帝要使我们的生命在这个新邑永续地绵延下去，要我们在此继续复兴先王伟大的功业，安定天下四方。"

盘庚教导臣民百姓，并晓谕在位的贵戚大臣，遵从先王的旧制，整饬法度，于是他说："不要有人敢把我规诫百姓的话都隐瞒起来"于是，君王命令贵戚大臣都到朝廷里来。

王若曰："格汝众，予告汝训汝①，猷黜乃心，无傲从康②。古我先王，亦惟图任旧人共政③。王播告之修，不匿厥指④，王用丕钦。罔有逸言，民用丕变⑤。今汝聒聒，起信险肤，予弗知乃所讼⑥。

"非予自荒兹德⑦，惟汝含德，不惕予一人。予若观火⑧，予亦拙谋，作乃逸⑨。若网在纲，有条而不紊⑩；若农服田力穑，乃亦有秋⑪。汝克黜乃心，施实德于民⑫，至于婚友，丕乃敢大言，汝有积德⑬。乃不畏戎毒于远迩⑭，惰农自安，不昏作劳⑮，不服田亩，越其罔有黍稷⑯。

**【注释】** ①格汝众，予告汝训汝：格，来。汝众，诸位民众。训，训导。②猷黜乃心，无傲从康：猷（yóu）黜（chù），为了除去。猷，同"由"，打算，为了，图谋。黜，除去，罢黜。乃，你们。心，指私心。从，通"纵"，放纵。康，安逸，逸豫。③古我先王，亦惟图任旧人共政：惟图，思考谋划。惟，思。图，谋划，考虑。任，任用。旧人，指世代为官之人。共政，与君王共理朝政。④王播告之修，不匿厥指：王，这里指先王。播告之修，即修播告。播，谓颁布命令、公布旨意、播敷言论。修，修治，治理，施行。匿，隐匿，隐瞒。一说这里的"匿"当为"慝"之误。应作"慝"，即差忒，变更。厥，其，代指先王。指，通"旨"，旨意。⑤王用丕钦，罔有逸言，民用丕变：用，因此。丕，大。钦，敬重。逸言，错谬的言论。民用丕变，谓臣子顺从君王的旨意，百姓自然就会发生很大的变化而归顺服从。⑥今汝聒聒（guō guō），起信（shēn）险肤，予弗知乃所讼：聒聒，意指大嚷大叫。起，编造谎话。信，通"伸"，申说，申诉。险，指邪恶之语。肤，浮夸，肤浅，虚浮。乃，汝，你们。讼，争辩。⑦非予自荒兹德：荒，荒废，废弃。兹德，此种美德，即任用旧人的美德。⑧惟汝含德，不惕予一人。予若观火：含，怀藏。德，政令教化。惕，警惕，这里当为畏惧之意。一说"惕"通"施"，给予。观，通"爟"，爟火，即热火。比喻见事明察。⑨予亦拙谋，作乃逸：拙，当作"炪"。谓火不盛貌，即烟气盛大而火光微弱的样子，比喻见事不明。逸，放纵。这里喻指无赫赫威严。乃，则。⑩若网在纲，有条而不紊：纲，网的总绳。以纲比喻君王，以网比喻臣子。若网在纲，比喻臣民要听从君主的命令。有条而不紊，意谓倘若如此，则政令有条理而不致紊乱。⑪若农服田力穑，乃亦有秋：若，比如。服田，在田地劳作。服，治，从事。力穑，努力耕作方可收获。穑，收获庄稼。有秋，秋之有收成。⑫汝克黜乃心，施实德于民：孔传："汝群臣能退去傲上之心，施实德于民。"⑬至于婚友，丕乃敢大言，汝有积德：婚，婚姻，有姻亲，指亲戚。友，同僚，僚友。丕乃，亦为岂不。大言，即说大话，大言不惭。⑭乃不畏戎毒于远迩：戎毒，巨大的毒害。戎，大。毒，毒害。远迩，谓远近臣民。迩，近。⑮惰农自安，不昏作劳：惰，懒惰。安，心安理得。昏，通"暋"，勉力之意。⑯不服田亩，越其罔有黍稷：服，治，劳作。越，在。其，代指田亩。黍稷，代指收获谷物。

**【译文】**君王这样说："来吧，诸位臣民，我要告诫你们，教训你们，为了除去你们的私心，不要傲慢、放纵和追求安乐。从前我们的先王，也总是考虑任用世家旧臣，和他们共同管理朝政大事。先王向群臣发布政令，公布圣旨，在位的旧臣决不敢隐瞒或更改布告的旨意，因此先王非常敬重他们。他们从来都没有错谬的言论，因而百姓都发生了很大的变化。现在你们大嚷大叫，编造申述许多邪恶肤浅的言论，我真不知道你们在争辩些什么。

"并不是我自己废弃了任用世家旧臣的钦敬之德，而是你们隐匿我的政令教化，不把我的政令教化晓谕天下百姓，不畏惧我一人的缘故。我明察你们的举动就像观火一样清楚了然。

"我没有对你们施以威严，是我见事不明酿成你们的过错，使你们大为放肆起来。就像把网结在纲上，才会有条理而不紊乱；就像农夫从事田间劳作，只有努力耕种，才能盼望有好的秋收。倘若你们能去除私心，把实实在在的德政给予百姓，以至于你们的亲戚朋友，如此，你们才敢斗胆扬言说，你们一向都是积德的！倘若你们不畏惧将来或者眼前会有大的灾祸，像怠惰的农夫一样，贪图安乐，不勤勉劳作，不耕种庄稼，这样就不会收获一粒谷物。

"汝不和吉言于百姓，惟汝自生毒<sup>①</sup>，乃败祸奸宄，以自灾于厥身<sup>②</sup>。乃既先恶于民，乃奉其恫，汝悔身何及<sup>③</sup>！相时憸民，犹胥顾于箴言<sup>④</sup>，其发有逸口，矧予制乃短长之命<sup>⑤</sup>！汝曷弗告朕，而胥动以浮言，恐沉于众<sup>⑥</sup>？若火之燎于原，不可响迩，其犹可扑灭<sup>⑦</sup>？则惟汝众自作弗靖，非予有咎<sup>⑧</sup>！

**【注释】**① 汝不和吉言于百姓，惟汝自生毒：和，宣告。吉言，好话，谓迁都之时支持赞成之言。惟，是。自生毒，自己种下祸根。② 乃败祸奸宄，以自灾于厥身：败，败露、危败。奸宄（guǐ），在外作恶为奸，在内行恶为宄。意谓罪恶形迹败露而遭受祸害。③ 乃既先恶于民，乃奉其恫（dòng），汝悔身何及：先恶于民，即导民于恶。先，引导，倡导。奉，承受。恫，痛苦。④ 相时憸（xiǎn）民，犹胥顾于箴言：相，视看。时，通"是"，这。憸，小。犹，尚，还。胥，相互。顾，看。于，以。箴言，规谏之言。⑤其发有逸口，矧予制乃短长之命：发，说出。逸口，过言，口放错话谬言。矧，况且，何况。制，掌握、控制。短长之名，谓生杀之命。⑥汝曷弗告朕，而胥动以浮言，恐沉于众：曷弗，何不。朕，我。胥，相互。浮言，没有根据的言论。恐沉于众，恐怕在群众中造成深刻的影响。沉，深。⑦若火之燎于原，不可响迩，其犹可扑灭：响，通"向"，对着，朝着。迩，近。⑧则惟汝众自作弗靖，非予有咎：惟，因为。靖，善。

**【译文】**"你们不以善言劝慰百姓，这是你们自取祸害。你们做出奸恶邪行的事情，罪行败露，以致招来戕害自身的苦果。你们既然诱惑百姓陷入罪恶，痛苦当然也应有你们自己来承受，你们自己悔恨又怎么来得及呢！看看这些小民吧，他们尚且顾及听从规劝之言，唯恐说错了话，祸从口出，更何况我操纵着你们的生杀大权！你们有话为何不事先来告诉我，竟然用些无稽之谈，恐吓百姓，蛊惑人心呢？煽动人心是最容易的，这就如同在原野上熊熊燃烧的大火，甚至都无法靠近，又怎么能够把它扑灭呢？这都是你们臣民自作不善，并不是我的过错！

"迟任①有言曰：'人惟求旧，器非求旧，惟新②。'古我先王暨乃祖乃父③，胥及逸勤，予敢动用非罚④？世选尔劳，予不掩尔善⑤。兹予大享于先王，尔祖其从与享之⑥。作福、作灾，予亦不敢动用非德⑦。

**【注释】**①迟任：古代的贤人。②人惟求旧，器非求旧，惟新：孔传："言人贵旧，器贵新，汝不徙，是不贵旧。"③古我先王暨乃祖乃父：暨，与，和，及。乃，你，你的，你们的。④胥及逸勤，予敢动用非罚：胥，相与，皆，和。逸，安乐，逸豫。勤，勤劳，辛勤。敢，不敢。非罚，谓不合乎法度的惩罚。⑤世选尔劳，予不掩尔善：劳，功劳，功绩。⑥兹予大享于先王，尔祖其从与享之：享，祭祀。大享，即禘祭于明堂。尔祖其从与享之，意谓古代天子祭祀祖先，还以功臣的祖先配享宗庙祭祀。⑦非德：谓不合乎法度的惩罚抑或赏赐。

【译文】"古贤人迟任曾经说过：'用人就应该访求贵戚老臣，使用器物就不要用陈旧的，而是要用崭新的。'从前我的先王和你们的先祖、先父，同甘共苦，休戚与共。我怎么敢对你们动用非分的刑罚呢？倘若你们能够世代继承先祖勤劳的美德，我不会掩盖你们的益处。现在我要祭祀我们的先王，你们的祖先也一同配享祭祀。你们行善得福、作恶招灾，都有先王和你们的祖先来处置，我也不敢动用非分的赏赐和惩罚。

"予告汝于难，若射之有志①。汝无侮老成人，无弱孤有幼②。各长于厥居，勉出乃力，听予一人之作猷③。无有远迩，用罪伐厥死，用德彰厥善④。邦之臧，惟汝众⑤；邦之不臧，惟予一人有佚罚⑥。

"凡尔众，其惟致告⑦：自今至于后日，各共⑧尔事，齐乃位，度乃口⑨。罚及尔身，弗可悔⑩。"

【注释】①予告汝于难，若射之有志：于，以。志，古作"识"，指射箭的标志，即箭靶。意谓为迁都之艰难，不可轻发，然而现在已经到了不得不发的时候了。②汝无侮老成人，无弱孤有幼：无，通"毋"，不要。侮，欺侮。老，指年老之人。成人，成年人。老成人，当为年高德劭的贤人。弱孤，欺凌、侵犯。幼，幼年人，指儿童、少年等。③各长于厥居，勉出乃力，听予一人之作猷：长，率。予一人，盘庚自称。作猷，或行或指。④无有远迩，用罪伐厥死，用德彰厥善：无有，不管、无论。远迩，指人际关系的亲疏远近。罪，刑罚。伐，击。死，恶。彰，彰明，显现。⑤邦之臧，惟汝众：邦，国家。臧，善。⑥邦之不臧，惟予一人有佚罚：佚，过错，过失。罚，罪。⑦致告：转达，告诫之意。⑧共：通"供"，奉持。⑨齐乃位，度乃口：齐，整，严肃之意。位，职事。度，通"杜"，杜绝，闭塞，意谓杜塞浮言之意。⑩罚及尔身，弗可悔：罚，罪。及，累及。悔，后悔，悔悟。

【译文】我告诉你们做事的困难，就像射箭要瞄准靶心的目标一样，你们不要欺侮年迈的人，也不要凌辱年幼的人，你们都要长久地定居于新邑，勤勉奋进地付出你们的劳动，或行或止，听从我的决定。不论亲疏远近，都一视同仁，我要用刑罚惩治罪行，用奖赏表彰行善的。国家治理的好，是你们臣民百姓的功劳；国家治理的不好，是我一个人的罪责。

"你们大家要互相转告我劝诫你们的话语：从今以往，你们各自都恭敬地做好自己分内的事情，完善自我职责，杜绝信口乱言。倘若不然，惩罚就会降临到你们的身上，到那时，再悔恨则为时已晚！"

## 盘庚中第十

盘庚作，惟涉河以民迁①。乃话民之弗率，诞告用亶②。其有众咸造，勿亵在王庭③。盘庚乃登进厥民④。

曰："明听朕言，无荒失朕命！呜呼！古我前后，罔不惟民之承保⑤，后胥戚鲜，以不浮于天时⑥。殷降大虐，先王不怀厥攸作⑦，视民利用⑧迁。汝曷弗念我古后之闻⑨? 承汝俾汝⑩，惟喜康共，非汝有咎，比于罚⑪。予若吁怀兹新邑，亦惟汝故，以丕从厥志⑫。

**【注释】**①盘庚作，惟涉河以民迁：作，兴起、登位，谓立为君。惟，思考、谋划。涉河以民迁，为"民迁以涉河"的倒装，意谓将百姓迁移过黄河而去。盘庚从奄都迁至殷，需要渡过黄河。②乃话民之弗率，诞告用亶：乃，才。话，聚集。民之弗率，意指百姓之中有不愿意听从号令的。率，遵循。诞，大。亶，诚。③其有众咸造，勿亵在王庭：其，那些。有众，代指不愿服从命令的人。咸，都。造，至。亵，轻慢。④盘庚乃登进厥民：登，升。进，即往前走来。⑤古我前后，罔不惟民之承保：后，君王，君主。前后，即先王。承，承顺，应随。保，安定。⑥后胥戚鲜，以不浮于天时：后，君王，君主。胥，相。戚，贵戚大臣。鲜，鲜明，清楚。浮，罚。天时，上天，上帝，天道运行规律。⑦殷降大虐，先王不怀厥攸作：殷，殷商。商人未迁都之前，尚不以"殷"自称，而迁都之后亦然，周人称商为殷商，况乃《盘庚》三篇为周人所述，故以"殷"而称之。大虐，即大的灾难。这里指殷商屡遭水患。怀，安。厥，其，代指先王。攸，所。作，为。⑧用：以。⑨闻：口闻相传的旧事、传说。⑩承汝俾汝：承，承顺，应随。俾，顺从。⑪惟喜康共，非汝有咎，比于罚：康，安。共，同。咎，罪过。比于罚，意谓像惩罚有罪之人那样来惩罚你们。比，类。⑫予若吁怀兹新邑，亦惟汝故，以丕从厥志：予若吁，"予吁若"之倒装，即我呼吁你们。吁，呼吁。若，你们。怀，安。兹，此，这。丕，大。从，顺从，遵从。厥，代词，指你们，臣民百姓。志，心愿、心意。

**【译文】**盘庚做了君王之后，考虑着把百姓迁徙过黄河去。于是，召集了那些不愿意迁都的臣民，用真诚的善言大力劝慰他们。许多臣民都来了，他们都毕恭毕敬地站在朝廷里，盘庚于是招唤他们到自己的前面来。

盘庚说道："你们要听清楚我说的话，不要轻忽我的命令！啊！从前我们的先王，没有不顺从百姓的心愿，使百姓安居乐业的。做君王的清楚这一点，做大臣的也能明白这一点，因此能够顺应天时，没有受到上帝的惩罚。以往上帝降下大祸给我们殷商，先王也不安居于他们所建造的都邑，考虑臣民的利益而迁徙。你们为什么不想想我们先王的事迹呢？现在我也像先王那样顺从你们，喜欢和你们一起过上安乐的生活，并不是因为你们有罪，便像惩罚有罪之人那样来惩罚你们。我呼吁你们到新的国都中去安居，也正是为了你们的缘故，是为了顺从和满足你们的这种愿望。"

"今予将试以汝迁，安定厥邦①。汝不忧朕心之攸困②，乃咸大不宣乃心，钦念以忧动予一人③。尔惟自鞠自苦④！若乘舟，汝弗济，臭厥载⑤。尔忱不属，惟胥以沉⑥，不其或稽，自怒曷瘳⑦? 汝不谋长，以思乃灾，汝诞劝忧⑧。今其有今罔后，汝何生在上⑨?

"今予命汝一，无起秽以自臭⑩，恐人倚乃身，迁乃心⑪。予迓续乃命于天，予岂汝威? 用奉畜汝众⑫。

**【注释】**①今予将试以汝迁，安定厥邦：试，用。②汝不忧朕心之攸困：忧，担忧，忧虑。攸，所。困，困苦。③乃咸大不宣乃心，钦念以忧动予一人：咸，皆，都。大，非常，大大地。宣，宣泄、吐露。心，内心的思虑。钦念以忧动予一人，该句当为"予一人钦念以忧动"的倒装。钦念，当为盘庚自谓对待臣民百姓的态度，即恭敬。该句意谓你们臣民百姓不为我敬顺民愿的诚心所震动。钦，敬。忱，真诚，诚恳。动，感动、震撼。④尔惟自鞠（jū）自苦：惟，只。鞠，穷，走投无路。⑤若乘舟，汝弗济，臭厥载：乘，载。济，渡。臭，当为"朽"，朽败。载，指货物。此句意谓不迁移到新邑，譬如乘坐载着货物的船只，停滞不前，坐以待毙。⑥尔忱不属，惟胥以沉：尔忱不属，当为"不属尔忱"的倒装，即言不独你们沉没。忱，通"沉"，沉没。惟，无实意。胥，相。惟胥以沉，紧接上句，意指我们都要沉没，大家会同归于尽。⑦不其或稽，自怒曷瘳（chōu）：不其，即其不。稽，考察。这里指考察船只沉没的原因，引申为反省不思迁都的荒谬做法。曷，通"何"，为什么。瘳，本意指病愈，这里引申为好处、助益。⑧汝不谋长，以思乃灾，汝诞劝忧：诞，永、长。劝，乐，安于。⑨在上：指上天，上帝。⑩今予命汝一，无起秽以自臭：一，全，都。秽，肮脏的东西。臭，同"嗅"，闻气味。无起秽以自臭，意谓不要拿着脏东西放在鼻子前闻气味。喻指不可听信浮言，不可躁动不安。⑪恐人倚乃身，迁乃心：倚，偏斜。倚乃身，使你们身子不正。迁，歪斜。迁乃心，是你们内心偏斜。⑫予迓（yà）续乃命于天，予岂汝威? 用奉畜汝众：迓，迎接。续，继续。岂，哪里会，怎么会。予岂汝威，当为"予岂威汝"倒装，即我怎么会胁迫你们呢? 威，胁迫、威胁。用，以。奉，供养、伺候。畜，蓄积，牧养。

【译文】"现在我打算把你们迁徙过去，使我们的国家安定。你们不体谅我的苦衷，你们都不向我大大地吐露自己内心的想法，也不为我敬顺民意的诚心所感动。你们这是自寻穷困，自讨苦吃！譬如乘舟，你们坐上船后却不愿意渡过河去，停滞不前，坐以待毙。不唯独你们要沉没，甚至连大家都要跟着沉没而同归于尽，你们不去反省沉没的原因，却一味地自己怨恨恼怒，又有什么用呢？你们不作长远做打算，不想办法除去水患，你们一直在增添忧患，安于忧患。这样下去，虽然现在还能过得去，往后便没有了活路，上帝又怎么会让你们继续生存在这片土地上呢？

"现在我命令你们心志专一，同心同德，不要听信浮言，传播谣言，自找麻烦，恐怕有人会使你们的身子歪斜，使你们的心地不正。我祈求上天使你们的生命接着延续下去，我怎么会用我的威势去胁迫你们呢？我是为了帮助你们，养育你们百姓啊！

"予念我先神后之劳尔先①，予丕克羞尔，用怀尔，然失于政，陈于兹，高后丕乃崇降罪疾②，曰：'曷虐③朕民？'汝万民乃不生生，暨予一人猷同心④，先后丕降与汝罪疾⑤，曰：'曷不暨朕幼孙有比⑥？'故有爽德，自上其罚汝，汝罔能迪⑦。

【注释】①予念我先神后之劳尔先，予丕克羞尔用怀尔：先神后，即指先王。神，神圣，神明，通达。盘庚称加"神"而称之，以示对先王的敬畏，天神曰神，神以配天。后，君王，君主。劳，役使、劳烦。尔先，你们的先祖。丕，大。克，能够，此意谓应该。羞，进献。②然失于政，陈于兹，高后丕乃崇降罪疾：失于政，指政治过失。陈，久、延。兹，此，这，这里代指旧都。高后谓前代的君王。丕乃，犹言于是。崇，重。③虐：虐待。④汝万民乃不生生，暨予一人猷同心：生生，孙星衍疏："言汝万民乃不知自营其生。"暨，与，和，及。猷，谋略、谋划。⑤先后丕降与汝罪疾：孔传："言非但罪我，亦将罪汝。"⑥曷不暨朕幼孙有比：曷不，同"何不"。幼孙，盘庚托前代先王以自称。比，亲附，亲近。⑦故有爽德，自上其罚汝，汝罔能迪：爽德，过失，差错。自上，即上帝，上天。迪，逃。

**【译文】**"我顾念我神圣的先王曾经劳烦你们的先祖，因此我应该给你们以教诲，用以表示我对你们先祖的怀念。然而倘若在国政上有了过失，长久地居住于此，先王便会降下重大的灾祸来惩罚我们，责问道：'你们为何要虐待我的百姓？'你们万民倘若不去经营幸福的生活，不跟我同心同德，协力一心，先王也会降下重大的灾祸来惩罚我们，并责问道：'你们为什么不同我的幼孙亲近友好？'所以，一旦有了过错，上帝便要重重地惩罚你们，你们是无法逃脱的。

"古我先后既劳乃祖乃父①，汝共作我畜民②，汝有戕③则在乃心，我先后绥④乃祖乃父，乃祖乃父乃断⑤弃汝，不救乃死。兹予有乱政同位，具乃贝玉⑥。乃祖乃父丕乃告我高后⑦曰：'作丕刑于朕孙⑧！'迪高后丕乃崇降弗祥⑨。

**【注释】**①古我先后既劳乃祖乃父：孔传："劳之共治人。"②汝共作我畜民：畜，谓顺于道教。畜民，即顺从德教的臣民百姓。③戕：贼害，这里指恶毒的念头。④绥：安。⑤断：断然，决弃。⑥兹予有乱政同位，具乃贝玉：乱政，即扰乱政事的大臣。同位，即一同执掌朝政。具，动词，备，蓄积。贝，本意为海介虫。古代以贝壳作货币。贝玉，泛指古代钱物。具乃贝玉，即聚敛财富。⑦乃祖乃父丕乃告我高后：丕乃，犹言于是。高后，谓前代的君王。⑧作丕刑于朕孙：丕刑，大刑。朕孙，我的子孙，这里指盘庚治下不顺德政的臣民。⑨迪高后丕乃崇降弗祥：迪，开导。高后，见前注。丕乃，见前注。崇，重。弗祥，即不祥。

**【译文】**"从前我的先王，曾经劳烦过你们的先祖先父，你们当然都是我养育的顺从德教的臣民，倘若你们的内心藏着恶毒的念头，我的先王就会告诉你们的先祖先父。你们的先祖先父就会断然抛弃你们，不会将你们从危亡中拯救出来。现在同我一起执掌朝政大事的人中，有扰乱国家政事的臣子，他们只知道聚敛财货。你们的先祖先父晓知一切，便竭力恳求我的先王道：'给我的子孙用大刑吧！'从而劝导先王，于是先王便降下重重的灾祸来惩罚你们，使你们不能长久地安居此地。

"呜呼！今予告汝不易①！永敬大恤，无胥绝远②！汝分猷念以相从，各设中于乃心③。乃有不吉不迪④，颠越不恭，暂遇奸宄⑤，我乃劓殄灭之，无遗育⑥，无俾易种于兹新邑⑦。

"往哉，生生！今予将试以汝迁，永建乃家。"

**【注释】**①不易：艰难、困难之意。②永敬大恤，无胥绝远：恤，忧。大恤，胥，相。绝远，隔绝、疏远。③汝分猷念以相从，各设中于乃心：全句意谓你们要同心同德、协力一心、团结一致。④乃有不吉不迪：乃有，若有。吉，善。迪，通"道"，正路。⑤颠越不恭，暂遇奸宄：颠，坠落。越，越轨、违法。奸宄：在外作恶曰奸，在内作恶曰宄。⑥我乃劓（yì）殄（tiǎn）灭之，无遗育：劓，削鼻之刑罚。殄，灭绝。⑦无俾易种于兹新邑：俾，使。易种，即指生息繁衍。易，施、延。

**【译文】**"啊！现在我告诉你们目前遇到的困难，你们应当体谅我的忧虑，不要相互疏远。你们应当同心同德、协力一心、团结一致。立身行道，为人处事都要合于中正之道。倘若有人不善，不行正道，猖狂放肆，违法堕落，不恭不敬，欺诈奸邪，为非作歹，我就灭绝你们，并且斩草除根，不遗留你们后代一人，不使你们的种族后代在这个新邑里生息繁衍下去。

"去吧，去好好地经营幸福的生活吧！现在我要把你们迁走，在新邑重建你们永久的家园。"

# 盘庚下第十一

盘庚既迁，奠厥攸居，乃正厥位<sup>①</sup>，绥爰有众<sup>②</sup>。曰："无戏怠，懋建大命<sup>③</sup>！今予其敷心腹肾肠<sup>④</sup>，历告尔百姓于朕志<sup>⑤</sup>。罔罪尔众，尔无共怒，协比谗言予一人<sup>⑥</sup>。

【注释】①盘庚既迁，奠厥攸居，乃正厥位：乃，于是，就。奠，定。攸，所。正，辨正。古代建立宗庙官室，皆是先由天官辨正所建的方位。②绥爰有众：绥，告诉。爰，于。③无戏怠，懋建大命：戏，谑。怠，懈怠，怠惰。懋，勉力、努力。大命，天命，这里指重建家园。④今予其敷心腹肾肠：敷，布，开诚布公之意。心腹肾肠，即内心真诚之语。⑤历告尔百姓于朕志：历告，尽情相告。历，数。百姓，即百官。⑥罔罪尔众，尔无共怒，协比谗言予一人：协，合。比，勾结。谗言，坏话，诽谤。

【译文】盘庚迁百姓于新都邑之后，先安顿好臣民百姓的住地，后勘定宗庙朝廷的方位，然后告谕大家说：'不要戏谑和懈怠，要努力完成重建家园的使命！现在我要披肝沥胆，把我内心的想法都尽情地告诉给你们诸位官员。我不会惩罚你们众人，希望你们也不要心怀恼怒，互相勾结在一起，攻击诽谤我。'

　　"古我先王将多于前功<sup>①</sup>，适于山。用降我凶德嘉绩于朕邦<sup>②</sup>。今我民用荡析离居，罔有定极<sup>③</sup>，尔谓朕曷震动<sup>④</sup>万民以迁！肆上帝将复我高祖之德，乱越我家<sup>⑤</sup>。朕及笃敬共承民命，用永地于新邑<sup>⑥</sup>。肆予冲人，非废厥谋，吊由灵各<sup>⑦</sup>；非敢违卜，用宏兹贲<sup>⑧</sup>。

　　**【注释】**①古我先王将多于前功：先王，这里指成汤。多，通"侈"，大。前功，即前人的功业。②适于山。用降我凶德嘉绩于朕邦：适，往。适于山，即迁于山，迁往山地。用，因此。我凶德，曾运乾认为三字当为衍文，其在《尚书正读》言道，下文"罔有定极"句下又误夺"用降我凶德"五字。此处的衍、夺当为错简所致。凶，灾祸。嘉，美。③今我民用荡析离居，罔有定极：用，因。荡析，离散。荡析离居泛指殷商人所居旧地地势低洼，水患频仍，困苦不堪。罔有定极，曾运乾认为当在此句之后补增"用降我凶德"五字。极，止、至。④震动：惊动。⑤肆上帝将复我高祖之德，乱越我家：肆，令。高祖，这里指成汤。乱，治理。越，于。⑥朕及笃敬共承民命，用永地于新邑：及，犹言汲汲，急迫的样子。笃敬，敦厚恭敬。这里指对待天命恭谨至诚，敦厚笃实。笃，厚。共承民命，同《盘庚中》"予迓续乃命于天"之意，民命，亦即天命，因天人合一，民意即天心，天心即民意，如"天聪明，自我民聪明。天明威，自我民明威。达于上下，敬哉有土"。⑦肆予冲人，非废厥谋，吊由灵各：肆，令。冲人，指年幼之人，这里是盘庚自指。予冲人，谓殷商人自谦之词。厥，代词，这里代指大家。厥谋，即迁都的计划。谋，意见。吊，古淑字，善也。借喻迁都之事。灵，通晓鬼神曰灵。格，悉知天命曰格。灵各，即灵格，指专门负责占卜之人。古代非常敬重这种人，他们认为这种人上传天帝的旨意，下达世人以音讯，为沟通天人之媒介，故称灵格。⑧非敢违卜，用宏兹贲（fén）：宏，宏大，发扬。兹，这。贲，这里指殷周之间的大宝龟，用以占卜。依上文文意，群臣皆反对迁都，盘庚引言曰："不能胥匡以生，卜稽曰其如台！"这里进一步强调迁都本为上帝的旨意，以此警示众人，遵从上帝的命令。

**【译文】**"以前我的先王成汤，他的功劳大大地超过前人，他把百姓迁往山地，免除了水患，因而得到上帝的嘉美，使我们的国家建立了伟大的功业。现在我们的臣民百姓所居之地地势低洼，水患频仍，困苦不堪，因此上帝降下大的灾祸给我们，使我们流离失所，不能安居乐业。你们责问我：'为什么要兴师动众地让无数的百姓都跟着迁徙到远处去？'现在上帝要恢复我高祖成汤的大业，治理好我们的国家。我当然急迫地、恭谨地奉持上天的旨意，使百姓的生命延续下去，以便长久地安居于新的国都。现在我这个年幼的人，并不是不采纳你们的意见，迁都之意实在是上帝的先知传达下来的天命。因而迁都新邑不仅不是违背卜兆，而且更是为了遵从上帝的旨意，大大地昭示宝龟的灵异。

"呜呼！邦伯、师长、百执事之人①，尚皆隐哉②，予其懋简相尔，念敬我众③。朕不肩好货，敢共生生④。鞠人谋人之保居，叙钦⑤。今我既羞告尔，于朕志若否，罔有弗钦⑥！无总于货宝，生生自庸⑦！式敷民德，永肩一心⑧！"

**【注释】**①邦伯、师长、百执事之人：邦伯，即邦长，指四方诸侯。师长，即公卿大臣。百执事，谓负责治理具体事物的众百官。②尚皆隐哉：尚，庶几，表示祈使，希望。隐，计度、忖度、考虑。③予其懋简相尔，念敬我众：懋，勉力。简相，引申为视察或监视、考察。简，阅。相，视。尔，你们。念，顾念。敬，或曰当读为矜，矜，怜恤。众，泛指臣民百姓。④朕不肩好货，敢共生生：肩，任用，选任。好货，即贪图财物、聚敛财货之人。敢，能。共，举用。生生，营生，谓穷困之人当获安居而永命。⑤鞠人谋人之保居，叙钦：鞠，养育、抚养。保，安。叙，次序。钦，敬。⑥今我既羞告尔，于朕志若否，罔有弗钦：羞告尔，意谓给你们提出谋略。羞，进献。志，心愿。若否，坚持什么或者敌对什么。若，顺遂。否，反对，敌视。钦，顺从。⑦无總于货宝，生生自庸：總，古字，同"总"，聚敛。庸，功劳，功事。⑧式敷民德，永肩一心：式，用。敷，布，施。德，德教，恩惠。肩，克，能够。一心，不二之心，专一之志。

**【译文】**"啊！天下四方的诸侯、诸位大臣、全体官员，希望你们都能认真考虑自己的职责。我将会考察你们的政教，看看你们是否做到了顾念、体恤百姓的责任。我不会任用那些贪财好货之人，只会任用为百姓谋福利之人。凡是能养育百姓，并能使百姓安居乐业的人，我都会按照他们功绩的大小，依次敬重他们。现在我已经将反对的意见和支持的意见都告诉给了你们，至于是否和你们的观点一致，希望你们都能告诉我实情，不能有丝毫的违逆不顺、怠慢不恭。不要聚敛财货，要为百姓谋求福利，经营幸福生活，建立功业！以此广布德政，普施恩惠于百姓，永远同心同德，协力一心建立新的家园！"

# 说命上第十二

**【题解】**说命，即殷高宗武丁任命傅说为辅相的命辞。此《说命》为梅赜《古文尚书》，今文无。据《史记·殷本纪》记载："帝小乙崩，子帝武丁立。帝武丁即位，思复兴殷，而未得其佐。三年不言，政事决定于冢宰，以观国风。武丁夜梦得圣人，名曰说。以梦所见视群臣百吏，皆非也。于是乃使百工营求之野，得说于傅险中。是时说为胥靡，筑于傅险。见于武丁，武丁曰是也。得而与之语，果圣人，举以为相，殷国大治。故遂以傅险姓之，号曰傅说。"

《书序》记载："高宗梦得说，使百工营求诸野，得诸傅岩，作《说命》三篇。"《说命》记述了傅说的进言以及傅说教导武丁遵奉天命、借鉴古法，选贤任能的为君之道。《说命》分为三篇，上篇叙述高宗梦得贤辅的经过和任命傅说为相的命辞；中篇记述了傅说向高宗进谏；下篇叙述论学。

《史记·殷本纪》："武丁修政行德，天下咸欢，殷道复兴。帝武丁崩，子帝祖庚立，祖已嘉武丁之以祥雉为德，立其庙为高宗。"

〇高宗梦得说，使百工营求诸野，得诸傅岩，作《说命》三篇。

王宅忧，亮阴三祀①。既免丧，其惟弗言②。群臣咸谏于王曰："呜呼！知之曰明哲，明哲实作则③。天子惟君万邦，百官承式④。王言，惟作命⑤，不言，臣下罔攸禀令⑥。"

【注释】①王宅忧，亮阴三祀：王，即商王武丁。宅忧，即居忧，指守父母之丧。这里谓武丁居父亲小乙的丧。宅，居。亮阴，又作"谅阴"、"凉阴"、"亮闇"、"梁闇"、"谅闇"。三祀，三年，这里意谓三年不理朝政。②既免丧，其惟弗言：免丧，古代守丧礼制。周朝制度，父死子守孝三年，三年期满即可免除守孝之礼，谓之免丧。其，代词，这里指武丁。弗言，不言说，即不亲理朝政大事。③知之曰明哲，明哲实作则：知之，这里指通晓国家政事。明哲，谓圣明睿智，通晓事理，贤能有才。作则，即制定法则。④天子惟君万邦，百官承式：君，君临，统治、主宰。万邦，天下四方。承式，法式，即按照法规做事。承，遵奉。式，法令法规。⑤王言，惟作命：命，命令。攸，所。⑥不言，臣下罔攸禀令：罔攸禀令，无法按照法规行事。禀，禀受。

【译文】殷高宗武丁为父小乙守丧，三年不理朝政。守丧已满，仍然不亲政。诸位大臣都向商王武丁进谏说："啊！通达事理叫作圣明睿哲，圣明睿哲则能制定法则。天子是统治天下众诸侯国的君主，百官都要依法规行事。君王出言便是命令，不出言，臣下就无所从命了。"

王庸①作书以诰曰："以台正于四方，台恐德弗类，兹故弗言②。恭默思道，梦帝赉予良弼，其代予言③。"乃审厥象，俾以形旁求于天下④。说筑傅岩之野，惟肖⑤。爰立作相，王置诸其左右⑥。

【注释】①庸：于是。②以台（yí）正于四方，台恐德弗类，兹故弗言：

台，代词，我，武丁自称。正，表正。作为仪表、法式。以台正于四方。弗类，不似，即不像先王崇高的德行。③恭默思道，梦帝赉（lài）予良弼，其代予言：恭，恭敬。默，幽静。道，即治理之道。帝，上帝、天帝。赉，赐予，赏赐。良弼，即贤良的辅弼。其，将。④乃审厥象，俾以形旁求于天下：审，详细，意谓详细回忆梦中之人的形象。俾，使。旁求，广求、四处寻求。⑤说（yuè）筑傅岩之野，惟肖：说，即傅说（fù yuè）。傅说，傅氏始祖，古虞国人，名说，在傅岩筑城，遂以傅岩为姓。筑，捣泥土使之坚实。殷商时期著名贤臣，先秦史传为商王武丁丞相，为"三公"之一。典籍记载傅说本为胥靡（囚犯），武丁求贤臣良佐，梦得圣人，醒来后将梦中的圣人画影图形，派人寻找，最终在傅岩找到傅说，举以为相，国乃大治，形成了历史上有名的"武丁中兴"的辉煌盛世。肖，相似，相像。似所梦之形象。⑥爰立作相，王置诸其左右：爰，于是。立，推举。置，放置，安置。诸，之于。

**【译文】** 商王武丁作书告诫群臣百官说："以我作为天下臣民的表率，恐怕我的德行不及先王德行崇高，因而不轻易发言。我恭敬默默地沉思治国之道，梦见上帝赐予我贤良的辅臣，让我代为发言。"于是详细地回忆贤辅的形象，绘象成图，派人按照画像在全国各地广为寻求。傅说在野外建筑城墙，很像武丁的梦中贤辅。于是推举为宰相，商王武丁就把他安置在了自己身边。

命之曰："朝夕纳诲，以辅台德①！若金，用汝作砺②；若济巨川，用汝作舟楫③；若岁大旱，用汝作霖雨④。启乃心，沃朕心⑤！若药弗瞑眩，厥疾弗瘳⑥；若跣⑦弗视地，厥足用伤。惟暨乃僚，罔不同心以匡乃辟⑧，俾率先王，迪我高后，以康兆民⑨。呜呼！钦予时命，其惟有终⑩！"

**【注释】**①朝夕纳诲，以辅台德：诲，教导。纳诲，进谏。②若金，用汝作砺：若，好像，比如。金，金属，这里指铜，即青铜器。砺，磨刀石。③若济巨川，用汝作舟楫：济，渡过。巨川，大河。舟楫，即船和桨。④霖雨：连绵不断的大雨。⑤启乃心，沃朕心：启，敞开。沃，灌溉、滋润。⑥若药弗瞑（míng）眩（xuàn），厥疾弗瘳（chōu）：瞑眩，形容药性发作，痛苦难耐，头昏目眩、眼睛睁不开。瘳，病愈。⑦跣（xiǎn）：赤脚。⑧惟暨乃僚，罔不同心以匡乃辟：暨，与、和。僚，下属官吏。匡，纠正、帮助。乃，你的。辟，君主。⑨俾率先王，迪我高后，以康兆民：俾，使。率，遵循。先王，商朝武丁之前的先代贤王。迪，依照。高后，先祖。康，安乐，谓安居乐业。兆民，亿万百姓。兆，古代指百万或万亿，极言数目之多。⑩呜呼！钦予时命，其惟有终：钦，敬。时，是，这。时命，指上述的命令。其，表示希望的语气助词。

**【译文】**商王武丁对傅说下达辞命说："无论早晚都要对我进言教诲，以辅助我勤行德政。倘若我是金属器物，就把你当作磨刀石；倘若我要渡过大河，就把你当作渡河的船只和双桨。倘若年岁大旱，就把你当作滋润田地的甘霖。敞开你的心扉，灌溉我的心田！如果病后行医，吃了药感觉不到头昏眼花，这病就不会治愈。如果赤脚走路，不仔细地看着地面行走，这脚可能就会受伤。你和你的下属官吏，无不同心同德，协力一心匡正你君王的过错，从而使君王遵循先王的道路，踏着成汤的旧迹前进，使天下亿万百姓都得以安居乐业。啊！恭敬谨慎地奉持我的命令，希望我们的事业能有所成就。"

　　说复于王①曰："惟木从绳则正，后从谏则圣②。后克圣，臣不命其承③，畴敢不祗若王之休命④？"

**【注释】**①说复于王：说，傅说自指。复，答复。②惟木从绳则正，后从谏则圣：绳，绳墨，指木工打直线的墨线。正，真。命，命令。承，奉。③后克圣，臣不命其承：后，君主。克，能。圣，圣明。④畴敢不祗（zhī）若王之休命：畴，谁。祗，恭敬。若，顺从。休命，美善的命令。

**【译文】**傅说答复商王武丁说："木料用墨线拉过才能取正，君王听从劝谏才能圣明。倘若君王能够圣明，臣下不用等待君王下命令就会承顺其意而谏正，谁敢不恭敬地顺从君王英明的教令呢？"

# 说命中第十三

惟说命總百官<sup>①</sup>，乃进于王<sup>②</sup>曰："呜呼！明王奉若天道，建邦设都<sup>③</sup>，树后王君公，承以大夫师长<sup>④</sup>，不惟逸豫，惟以乱民<sup>⑤</sup>。惟天聪明，惟圣时宪<sup>⑥</sup>，惟臣钦若，惟民从乂<sup>⑦</sup>。惟口起羞，惟甲胄起戎<sup>⑧</sup>，惟衣裳在笥，惟干戈省厥躬<sup>⑨</sup>。王惟戒兹，允兹克明，乃罔不休<sup>⑩</sup>。

【注释】①惟说命總百官：说，傅说，殷商宰辅。命，受命。總，古字，同"总"，总领，统率。②乃进于王：进，进言，进谏。王，这里指商王武丁。③明王奉若天道，建邦设都：明，圣明、贤明。明王，即英明的君王。天道，自然运行的规律，即大道。奉若，遵从、承奉。若，顺从，建邦，谓在天下建立国家。设都，谓在各个国家建立都城。④树后王君公，承以大夫师长：树，设立。后王，指天子。君公，即诸侯国国君。承，通"丞"，辅佐。大夫，卿大夫。师，众。师长，众官员。大夫师长，泛指各级各类的官员。⑤不惟逸豫，惟以乱民：惟，思。逸豫，安逸享乐。乱，治理。⑥惟天聪明，惟圣时宪：圣，指君王，这里指商王武丁。时，通"是"，这，此。宪，效法。⑦惟臣钦若，惟民从乂（yì）：钦若，恭敬地遵从。从，服从、顺从。乂，治理，安定。⑧惟口起羞，惟甲胄起戎：口，名词意动，谓以口发言。这里指言语政令之所出。起，引起，导致。羞，耻辱。甲胄，谓古代战士的铠甲和头盔。戎，兵戎，兴兵作战，引申为灾祸。⑨惟衣裳在笥（sì），惟干戈省（xǐng）厥躬：衣裳，这里代指官服，谓任用、奖励官员之意。笥，箧笥，盛放衣物的方形竹器。省，清楚，察看。厥，其，代指武丁。躬，自身，亦谓武丁。干，盾牌。戈，古代一种合戈、矛为一体的长柄兵器。⑩王惟戒兹，允兹克明，乃罔不休：兹，此，这，代指上面所言口、甲胄、衣裳、干戈。允，信实。克，能。明，圣明，贤明。罔，无。休，美好。

**【译文】**傅说受命统领百官，于是向商王武丁进谏说："啊！圣明的君王，遵从天道，建立国家，设立都城，兴立天子，分封诸侯，又任命大夫师长以为辅佐，不是为了贪图安逸享乐，只顾念着殚精竭虑治理天下百姓。只有上帝能通达明了，无所不知，只有圣明睿智的帝王能效法上帝，臣下要恭敬顺从，百姓要服从治理。对于君王而言，轻易地发号施令，就会招致羞辱；轻率地动用武力，就可能引起战争；官服放于竹箱里，不可轻易授予人，否则会有人不称职；干戈用来吊民伐罪，赏罚时要察看清楚。君王在上述四个方面要有所戒备啊！确信如此，便能够达到圣明，也就没有什么不好的了。

"惟治乱在庶官①。官不及私昵，惟其能②；爵罔及恶德，惟其贤③。虑善④以动，动惟厥时。有其善，丧厥善⑤，矜⑥其能。丧厥功，惟事事⑦乃其有备，有备无患，无启宠纳侮⑧，无耻过作非⑨，惟厥攸居，政事惟醇⑩，黩于祭祀，时谓弗钦⑪，礼烦则乱，事神则难。"

**【注释】**①惟治乱在庶官：治，治理。乱，混乱。庶，众。②官不及私昵，惟其能：及，加入，涉入。私昵，亲昵，私宠。③爵罔及恶德，惟其贤：爵，爵位、爵禄。恶德，不善无德之人。④虑善：考虑好，深思熟虑。⑤有其善，丧厥善：有，自有。有其善，谓自满其善而不自勉。⑥矜：夸耀，自大。⑦事事：每一件事。⑧无启宠纳侮：无，通"毋"，不要。启，开。宠，宠幸。纳，受取。⑨无耻过作非：耻过，羞于承认过错、罪过，把过错当作耻辱。非，不对。⑩惟厥攸居，政事惟醇：居，居行，行为举止。醇，通"纯"，纯正不杂，完美。⑪黩（dú）于祭祀，时谓弗钦：黩，怠慢不恭，轻慢，亵渎。时，通"是"，这，此。弗钦，不敬。

**【译文】**"一个国家是大治还是大乱，在于百官的好坏。官职不要授予自己亲近和偏爱的人，要看他是否贤能；爵位不可赐给德行丑恶之人，要看他是否贤德。考虑为善政才付诸行动，行动要合乎时宜。自己满足于有善，反而丧失了这些善德；自己夸耀自己贤能，反而丧失了功业。做任何一件事情，都要事先做好准备，有备无患。不要宠幸小人而自招轻侮，不要以过为耻而文过饰非，以致铸成大错。倘若君王的行为举止能够如上所述，居于正道，朝政大事就会尽善尽美。祭祀鬼神轻慢亵渎，就是不恭敬；祭祀礼仪烦琐纷杂，就会紊乱，侍奉鬼神也就很困难。"

王曰："旨哉，说，乃言惟服①，乃不良于言，予罔闻于行②。"

说拜稽首曰："非知之艰，行③之惟艰，王忱不艰，允协于先王成德④，惟说不言，有厥咎⑤。"

**【注释】**①旨哉，说，乃言惟服：旨，美好。乃言，你说的话。乃，你。服，遵从，实行。②乃不良于言，予罔闻于行：良，善。罔，无。闻，听。③行：身体力行。④王忱不艰，允协于先王成德：忱，诚信。允，信实，的确。协，协同，合乎。成，盛。⑤咎：过错。

**【译文】**商王武丁说："说得真好啊！傅说，你的这番话真令人信服，倘若你不善于进谏规劝，我也就无法听闻而付诸实践。"

傅说叩头行跪拜之礼，说："明白这些道理并不难，付诸实施才叫难。君王您真的能诚心去做也就没有什么困难了，相信这样就能合乎先王的盛德。倘若我傅说不这样劝谏，就有罪过了。"

# 说命下第十四

王曰:"来! 汝说。台小子旧学于甘盘①, 既乃遁于荒野, 入宅于河②, 自河徂亳, 暨厥终罔显③。尔惟训于朕志④, 若作酒醴, 尔惟曲蘖⑤; 若作和羹, 尔惟盐梅⑥。尔交修⑦予, 罔予弃; 予惟克迈乃训。"

【注释】①来! 汝说。台小子旧学于甘盘: 台小子, 即我小子, 商王武丁自称。台, 我。旧, 以往, 以前。学, 谓学治先王国之道。甘盘, 人名, 殷商武丁之时的贤臣。在《尚书·君奭》中, 周公景仰殷商时的贤臣, 将武丁之时的甘盘与成汤之时的宰辅伊尹、太甲之时的阿衡、太戊之时的伊陟、祖乙之时的巫贤等贤臣相提并论, 可知甘盘是武丁之时的功臣。②既乃遁于荒野, 入宅于河: 遁, 逃避。宅, 居住。河, 一说指黄河, 殷商定都于殷, 位于洹水近黄河。一说指河中之洲。③自河徂亳, 暨厥终罔显: 徂, 往。亳, 亳都, 殷商的国都。暨, 至, 到。④尔惟训于朕志: 训, 训导, 教导。志, 心愿、志向。⑤若作酒醴 (lǐ), 尔惟曲蘖 (niè): 若, 如果。醴, 甜酒。曲蘖, 酒曲, 酿酒的发酵物。⑥若作和羹, 尔惟盐梅: 和羹, 加以佐料, 调和羹汤。和, 掺和。羹, 即以肉或菜调和而成的五味所制成的带汁的汤。盐梅, 调和羹汤的佐料。盐,味道发咸。梅，醋，味酸。⑦交修：多方面培养。⑧予惟克迈乃训：克，能。迈，行，做。乃，你的。训，教导。

【译文】商王武丁说："来吧！傅说。我过去曾经向甘盘这位贤臣学习过，但不久我就退居到荒郊野外，定居于黄河的河洲中，后来，又从河洲迁往亳都，几经迁徙，以致最终在品德、学业上没有明显的进展。你应当教导我，使我志存高远。倘若我要做甜酒，你就是那酒曲；倘若我要做羹汤，你就是那盐和梅。你要多方面地培养我、训导我，不要厌弃我，我一定能按照你的教导去做。"

说曰："王！人求多闻，时惟建事①。学于古训，乃有获②；事不师古，以克永世，匪说攸闻③。惟学逊志，务时敏，厥修乃来④。允怀于兹，道积于厥躬⑤。惟敩学半，念终始典于学，厥德修罔觉⑥。监于先王成宪，其永无愆⑦。惟说式克钦承，旁招俊乂，列于庶位⑧。"

【注释】①王！人求多闻，时惟建事：时，通"是"，代词，这，此。惟，希望，愿望。②学于古训，乃有获：乃，才。古训，蔡沈《书集传》："古训者，古先圣王之训，载修身治天下之道，二典三谟之类是也。"③事不师古，以克永世，匪说攸闻：师古，效法古人。师，法，效法。古，古训。克，能。永，长。永世，即长久。匪，同"非"。攸，所。孔传："事不法古训而以能长世，非说所闻。言无是道。"④惟学逊志，务时敏，厥修乃来：逊志，虚心谦逊。时敏，时时努力。敏，努力。⑤允怀于兹，道积于厥躬：允，信实。兹，此，这。厥躬，自身。⑥罔觉：不知不觉。⑦监于先王成宪，其永无愆：监，视，引申为借鉴。成宪，宪法。愆，过错。⑧惟说式克钦承，旁招俊乂，列于庶位：式，用，因此。克，能。钦，敬。承，承奉。旁，广求。俊乂，才能卓绝之人。庶，众。位，职位、官位。

【译文】傅说说："君王啊！一个人渴求博闻强识，这是他希望成就一番事业。学习古代贤人的遗训，才会有所收获。建立功业不效法古人，而能够使国家长治久安的，我傅说耳所未闻。学习只有虚心谦逊，并且务必时时努力，方可在道德学业上有所长进。相信这一点铭刻于心，道德学问才能在自身不断积累。教人是学习的一半，自始至终都专注于学习，念念不忘，道德就会不知不觉地逐步臻于完美。借鉴先王现成的法典，就会永远没有过失。我傅说因此能恭敬地承奉您的旨意，广泛地招纳贤才，各归其位，把他们安置于各种职位上去。"

王曰："呜呼！说。四海之内，咸仰朕德，时乃风①。股肱惟人，良臣惟圣②。昔先正保衡，作我先王③，乃曰：'予弗克俾厥后惟尧舜，其心愧耻，若挞于市④。'一夫不获，则曰：时予之辜⑤。佑我烈祖，格于皇天⑥。尔尚明保予，罔俾阿衡，专美有商⑦。惟后非贤不乂，惟贤非后不食⑧。其尔克绍乃辟于先王，永绥民⑨。"

说拜稽首曰："敢对扬天子之休命⑩。"

【注释】①四海之内，咸仰朕德，时乃风：时，通"是"。四海之内，泛指天下四方。咸，皆，都。仰，敬仰、仰望。朕，我。乃，你。这里指傅说。风，谓教化，风教。②股肱惟人，良臣惟圣：股肱，大腿和手臂，引申为左右辅弼大臣。③昔先正保衡，作我先王：先正，即先代统领百官的大臣。阿衡，这里指伊尹。弗克，不能。④予弗克俾厥后惟尧舜，其心愧耻，若挞于市：俾，使。厥，其，指伊尹。后，君主，这里指成汤。惟，为，是。挞于市，谓耻辱之甚。挞，用鞭子或棍子抽打。市，指都城之中的交易中心，如集市。⑤一夫不获，则曰：时予之辜：一夫，谓一匹夫也。时，通"是"，这，此。⑥佑我烈祖，格于皇天：佑，佑助，辅佑。烈祖，成就功业的先祖，这里指先王成汤。格，至，及。皇，大。格于皇天，谓功绩至于上帝。⑦尔尚明保予，罔俾阿衡，专美有商：尚，庶几，表示祈使，希望，期望。明，通"勉"，勉力，努力。保，扶持，辅助。专美，谓独享美名。⑧惟后非贤不乂，惟贤非后不食：贤，贤臣。乂，治理。食，食禄，引申为重用。⑨其尔克绍乃辟于先王，永绥民：克，能。绍，继承。辟，君主，这里指武丁。绥，安。⑩敢对扬天子之休命：扬，称扬，赞扬。休，美。

【译文】商王武丁说："啊！傅说，天下的人皆景仰我的德行，这都是由于你的教化。手足完备才能成人，有良臣辅才能成圣。从前，先王的百官统率贤辅伊尹使我们的先王兴起，他曾言道：'我不能使自己佐的君王成为像尧舜那样的圣主，我内心就会感到惭愧和羞耻，就如同有人拿着鞭子在闹市上抽打自己一样。'倘若有一个人没有得到妥善安置，他就说这是我的罪过。他辅佐先祖成汤建立功业，他的功劳升至皇天那里，无人可及。希望你努力辅佐我，不要让伊尹在殷商独享美名。君主没有贤臣辅佐，就不能治理好天下；贤臣没有圣主，就得不到重用。希望你能让你的君王继承先王的事业，使百姓长久安定。"

傅说跪拜叩头，说："我冒昧地对答这些话，我要宣扬天子美好的教导。"

# 高宗肜日第十五

【题解】高宗肜日，即为再祭祀高宗的第二天，又举行了一次祭祀。高宗，即商王武丁，帝小乙子，商汤十一世孙，殷商第二十三代君主，在位五十多年，是殷商贤王，对外开疆拓土，对内革新政事，使殷商王朝达到了强盛。

《史记·殷本纪》记载："帝武丁崩，子帝祖庚立，祖己嘉武丁之以祥雉为德，立其庙为高宗，遂作《高宗肜日》及《训》。"可知，本篇作于商王祖庚之时。《书序》云："高宗祭成汤，有飞雉升鼎耳而雊，祖己训诸王，作《高宗肜日》、《高宗之训》。"可知，作于武丁在世之时。二说不可信，而肜日之上的人名又为殷人被祭的祖先，非主祭之人。据此推断，高宗肜日当为祭祀武丁，非为高宗武丁祭祀成汤。《高宗肜日》即是后人追述祖庚肜祭武丁时，祖乙训诫君王的记录。

〇高宗祭成汤，有飞雉升鼎耳而雊，祖己训诸王，作《高宗肜日》、《高宗之训》。

高宗肜日，越有雊雉①。祖己曰："惟先格王，正厥事②。"乃训于王。

**【注释】**①高宗肜（róng）日，越有雊（gòu）雉：高宗，即殷商王武丁宗庙的称号，武丁乃商汤十一世孙，商朝二十三任君主。肜日，商朝一种很重要的祭祀。肜，祭祀之后的第二天再举行祭祀曰"肜"。越，于，与"粤"、"曰"、"爰"都是发语词，无意义。雊雉，犹雉雊，指变异之兆。雊，野鸡叫。雉，野鸡。②惟先格王，正厥事：格王，端正心念。格，格正，犹如今言端正之意。正，修。事，祭祀之事。

**【译文】**在祭祀高宗武丁的第二天，又举行了一次祭祀，这时有野鸡飞到鼎的耳上鸣叫。祖己说："告诫君王要首先端正心念，然后再修正他祭祀的不当。"于是训诫祖庚。

曰："惟天监下民，典厥义①。降年有永有不永②，非天夭民，民中绝命③。民有不若德，不听罪④。天既孚命正厥德⑤，乃曰：'其如台⑥？'

**【注释】**①惟天监下民，典厥义：天，上天、上帝。监，视，考察，察看。典厥义，意谓考察他是否会循理行事。典，主持，掌管。义，即按道理去做事。②降年有永有不永：降，下也。年，年命。意谓上天所赐百姓之寿命有长有短。永，长。③非天夭民，民中绝命：夭，早死。中，中道。中绝，中道绝命。④民有不若德，不听罪：若，顺。听罪，服罪。听，服，顺从。⑤天既孚命正厥德：既，已。孚，付，给予。命，上天之所命令。正厥德，正德以顺天。⑥其如台（yí）：如台，如何，奈何。台，何。

**【译文】**说："上天考察下民，主要看他是否遵循义理行事。上帝赐予人的寿命有长有短，并不是上天有意使人夭折短命，而是臣民百姓不按义理办事,自己招致中途丧命。倘若有人不遵从义理,又不认罪服错。上天就会惩罚他们,以端正规范他们的德行,他们却说:'天能把我怎么样呢?'

"呜呼! 王司敬民, 罔非天胤, 典祀无丰于昵①。"

【注释】①王司敬民, 罔非天胤, 典祀无丰于昵: 王, 泛指殷商的先王。司, 嗣, 继承。敬民, 敬理民事, 即不要对百姓过分盘剥。罔非天胤, 意谓百姓也是上天的生民, 对百姓过分盘剥便是违逆天意。罔, 无。天胤, 上天的后代, 泛指殷商统治下的天下百姓。典, 常。昵, 通"祢", 父庙。父死之后, 于宗庙之中立神位即为祢。古制, 生曰父, 死曰考, 入庙曰昵。丰, 厚。

【译文】"唉呀! 君王继承王位, 要恭敬地对待百姓, 臣民百姓也都是上帝的后代, 祭祀的时候, 在自己的父庙中祭品不要过于丰盛。"

# 西伯戡黎第十六

【题解】西伯戡黎，即指西伯侯姬昌征服黎国之事。西伯，即周文王，周文王，姓姬，名昌，周太王之孙，季历之子。生前称周西伯或西伯昌，《史记·殷本纪》云："纣乃许之，赐弓矢斧钺，使得征伐，为西伯。"纣命为西方诸侯之长，得专征伐，故称西伯。周武王姬发灭商建国后，追谥文王。西伯侯姬昌在位期间、勤于政事、广施仁爱、重视农桑、选贤任能，使周邦大治。同时，他还开疆拓土，收附虞芮，攻灭黎、邘，迁都丰京，演化周易。明朝朱天然在《历代古人像赞》中赞扬周文王曰："虞芮贤成，诸侯归国；易演后天，语称至德。"

据《史记·周本纪》记载："明年，伐犬戎。明年，伐密须。明年，败耆国。殷之祖伊闻之，惧，以告帝纣。纣曰：'不有天命乎？是何能为？'"耆国，即黎国，在今山西长治一带。《书序》云："殷始咎周，周人乘黎。祖伊恐，奔告于受，作《西伯戡黎》。"

〇殷始咎周，周人乘黎。祖伊恐，奔告于受，作《西伯戡黎》。

西伯既戡黎①，祖伊恐，奔告于王②曰："天子! 天既讫我殷命③。格人元龟，罔敢知吉④。非先王不相我后人，惟王淫戏用自绝⑤。故天弃我，不有康食⑥。不虞天性，不迪率典⑦。今我民罔弗欲丧⑧，曰：'天曷不降威⑨？'大命不挚，今王其如台⑩？"

【注释】①西伯既戡黎：西伯，即周文王姬昌。既，已经，以后。周，方国名，原为殷商诸侯国，其地在今陕西周原，位于殷商亳都之西，故名西伯。戡，战胜。黎，殷商的诸侯国，其故地在今陕西长治一带。②祖伊恐，奔告于王：祖伊，殷商的贵族。王，这里指殷商末代暴君帝辛纣。③天子! 天既讫我殷命：既，恐怕、大概。讫，终止、终结。殷命，殷商的命运。④格人元龟，罔敢知吉：格人，殷商占卜者，即能晓知天地吉凶之人。元龟，大龟，供占卜之用。罔，无。罔敢，不能。知，觉察。吉，占卜的吉凶。⑤非先王不相（xiàng）我后人，惟王淫戏用自绝：相，助，保佑，辅佐。淫戏，暴虐腐化，纵酒好色。惟，只。用，以，因。⑥故天弃我，不有康食：康食，安食，好好吃饭。不有康食，谓有饥馑之意。⑦不虞天性，不迪率典：虞，揣度、晓知。天性，谓天命之性。迪，由。率，遵循，效法。典，典章，法则，常法。不迪率典，即不由法典，不循旧章之意。⑧今我民罔弗欲丧：罔弗欲丧，意谓没有谁不希望商纣灭亡的。⑨天曷不降威：曷，同"何"，为什么。降威，即显威灵，给予惩罚。⑩大命不挚，今王其如台：大命，即天命。不挚，不在。挚，一说通"祢"，亲近一说"挚"可训"臻"，亦可训"再"也。大命不再，犹言天命不常也。如台，如何。

【译文】西周伯侯姬昌征服了黎国以后，祖伊非常恐慌，赶紧跑去将这件事告诉给了商纣王，说："君王啊! 上天恐怕要终绝我们殷商的大命。那深知天命的贞人，用传达圣意的大龟占卜，始终都没有觉察出一点儿吉兆。这并不是先祖不佑助我们这些后人，只是因为大王您放纵游逸，沉湎于酒色而自绝天命，因此，上天抛弃了我们，降下灾荒，使我们没有饭吃，不得安宁。这都是大王您不能揣度天命的所在，不遵循常法旧典的缘故啊！现在我们的百姓几乎没有不希望我们殷商王朝快点儿灭亡呢，他们都说：'上天为何不彰显威灵，给予惩罚呢？'大命不再，大王啊！您现在打算怎么办呢？"

王曰："呜呼！我生不有命在天<sup>①</sup>？"

祖伊反曰："呜呼！乃罪多参在上，乃能责命于天<sup>②</sup>？殷之即丧，指乃功，不无戮于尔邦<sup>③</sup>？"

**【注释】**①我生不有命在天：孔传："言我生有寿命在天，民之所言，岂能害我。遂恶之辞。"②呜呼！乃罪多参在上，乃能责命于天：乃，你的。参，一说当作"累"，积累之意；一说当作"列"。上，指上天。责，责成，要求。③殷之即丧，指乃功，不无戮于尔邦：即，就，马上。指，一说通"耆"，致；一说通"视"，乃，你，指纣王。功，功业，事业。指乃功，意谓从你所做之事可知。戮，杀。无，疑问词倒置，相当于"吗"。尔邦，指周邦。

**【译文】**商纣王说："咦！我不是一生下来就有上天的大命所在吗？周邦能拿我怎么样呢？"

祖伊反问道："唉！你罪恶滔天、森列罗布，你却又怎么能责备上帝，抗拒天命的诛罚呢？殷商行将就亡，这从你的所作所为便可以看出来，怎么能不被周邦消灭呢？"

# 微子第十七

【题解】微子，子姓，名启，世称微子、微子启、宋微子。微子是商王帝乙的长子，纣王的庶兄，早年在微子国做诸侯国君。启因封国为微，姓氏为子，故后来被称为微子。后来成为宋国开国远祖，第一代国君。微子死后葬于宋国国都西南，建有微子祠。

据《史记·殷本纪》和《宋微子世家》记载：纣继承帝位之后，施政残暴，放纵游逸，沉湎酒色，淫乱不止，微子数谏，纣不听，微子欲死之。当时殷商覆灭之前，其与太师箕子、少师比干商议，太师劝微子离去，以续后祀。微子出逃，及周武王灭商，微子肉袒自缚，向武王请罪，武王予以厚待。《史记·宋微子世家》载："乃命微子开代殷后，奉其先祀，故殷之余民甚戴爱之。"《书序》云："殷既错天命，微子作诰父师、少师。"

〇殷既错天命，微子作诰父师、少师。

微子若曰："父师、少师①！殷其弗或乱正四方②？我祖厎遂陈于上③，我用沉酗于酒，用乱败厥德于下④。殷罔不小大，好草窃奸宄⑤，卿士师师非度。凡有辜罪，乃罔恒获⑥，小民方兴，相为敌雠⑦。今殷其沦丧，若涉大水，其无津涯⑧。殷遂丧⑨，越至于今！"

曰："父师、少师，我其发出狂？吾家耄逊于荒⑩？今尔无指告予，颠脐，若之何其⑪？"

【注释】①父师、少师：父师，即太师。当时商纣王之叔任太师，封于箕，故名。纣王杀比干之后，他惧怕祸患佯狂为奴，遂遭纣王囚禁。周武王伐纣灭商，曾向其咨询国事，事迹在《洪范》里有记载。少师，是太师的副手，与少傅、少保并称为"三孤"。②殷其弗或乱正四方：其，将，将要，恐怕，大概。乱，正，治理。该句为反诘之问，句意谓难道殷商不能治理好四方吗？反映了微子对殷商将亡的无限隐痛和强烈的不满。③我祖底遂陈于上：我祖，这里指成汤。底，致，遂，成。陈，列。上，表时间，谓过去。④我用沉酗（xù）于酒，用乱败厥德于下：我，即指我君商纣王。用，因，由于。乱，淫乱。酗于酒，谓饮酒无度。酗，即醉酒发狂。厥德，指成汤之德。厥，其，代指成汤。下，表时间，谓目前，或谓后世。⑤殷罔不小大，好草窃奸宄（guǐ）：罔不小大，这句话，实为"大小罔不"的倒装。大小，谓群臣百姓。罔不，无不。草窃，贼寇、盗贼。奸宄，参见上文《舜典》注解。⑥卿士师师非度。凡有辜罪，乃罔恒获：卿士，执政之官。师师，众官。度，法度。非度，即不遵循法度。获，捕获、逮捕。辜，罪。恒，常。⑦小民方兴，相为敌雠：方，一说并，一说通"旁"，大。兴，起来反抗。相为敌雠，即相互攻夺。⑧今殷其沦丧，若涉大水，其无津涯：前一个"其"，将，将要。沦丧，灭绝，灭亡。若，好像。涉，渡河。后一个"其"，而。津，渡河口。涯，水边。⑨丧：亡。⑩我其发出狂？吾家耄（mào）逊于荒：发，行。狂，通"往"，出走。吾家，即我殷商王朝。耄，年老。这里有昏乱之意。逊，逃遁。荒，一说指荒野；一说指荒亡。句意谓我殷商王朝至此，我年老，已经昏乱，只有逃亡避祸于荒野。⑪今尔无指告予，颠脐（jī），若之何其：尔，你们。指，一说通"旨"，想法；一说通

"稽"，计。颠，最高处。陨，坠落。若之何其，犹言"如之奈何"。

**【译文】**微子这样说道："太师、少师，我们殷商王朝难道快要不能治理天下四方了吗？我们的先祖成汤过去成就了许多伟大的功业。然而，今天我们的君王沉湎于酒色之中，荒淫惑乱败坏了先祖成汤的德政。我们殷商王朝，大小官员、群臣百姓无不喜欢为非作歹，掠夺偷盗，犯法作乱。朝廷卿士百官也都胡作非为，竞相藐视法度。凡是有罪的人，却也常常抓不到。百姓受不了这些压迫，也一并起来，同我们结成了仇敌。现在我们殷商王朝恐怕将要灭亡了，就如同越渡大河，在浩浩茫茫的波涛之中却找不到渡口，和河岸一样危险，我们殷商王朝就要绝灭，竟然到了这种地步！"

微子又说："太师、少师，我将要被废弃出走逃亡呢？还是跟着我们这个年老昏聩的殷商王朝一起覆灭呢？现在你们不把你们的想法告诉我，逃亡是否会陷于非义呢？殷商就要灭亡了，到底该怎么办呢？"

父师若曰："王子①！天毒降灾荒殷邦，方兴沉酗于酒②，乃罔畏畏，咈其耇长旧有位人③。今殷民乃攘窃神祇之牺牷用，以容将食无灾④。降监殷民，用乂雠敛，召敌雠不怠⑤。罪合于一，多瘠罔诏⑥。

"商今其有灾，我兴受其败⑦；商其沦丧，我罔为臣仆。诏王子出迪⑧。我旧云刻子，王子弗出，我乃颠陨⑨。自靖！人自献于先王⑩，我不顾行遁⑪。"

**【注释】**①王子：指微子，微子本是帝乙之子，故曰王子。②天毒降灾荒殷邦，方兴沉酗于酒：毒，厚，多，犹言深重之意。荒，败亡，灭亡。③乃罔畏畏，咈（fú）其耇（gǒu）长旧有位人：罔，不。咈，违逆。畏畏，即畏威，畏惧天威。耆，老年人。旧有位人，即旧时的在位大臣，退休的、有才德的臣子，似指箕子，箕子官至太师。④今殷民乃攘窃神祇之牺牷用，以容将食无灾：攘窃，盗窃。攘，顺手捎带地偷。窃，专门去偷盗。神，天神。祇，地神。牺，谓祭祀时所用纯一毛色的牲口。牷，祭祀时所用牷体全备。用，这里指用刑。容，宽容。用以容，倒装，意即从宽论处。将食，吃。将，置肉于桌案之上而食。⑤降监殷民，用乂雠敛，召敌雠不怠：降，下。监，察视。乂，杀。雠敛，重赋，即稠敛，谓极力搜刮百姓，苛捐重税。稠，多而繁密。敛，赋敛。召，招致。敌雠，即招致百姓反对。怠，懈怠。⑥罪合于一，多瘠罔诏：合，集。瘠，疾苦、贫瘠。诏，告诉，劝说。多瘠罔诏，谓受害疾苦，无处申诉。⑦商今其有灾，我兴受其败：其，如果。灾，灾异，灾变。兴，兴起。败，祸败，灾祸。⑧商其沦丧，我罔为臣仆。诏王子出迪：沦丧，灭亡。罔为臣仆，即不要成为奴隶。诏，劝说，告诉。迪，逃遁。⑨我旧云刻子王子弗出，我乃颠隮：我，父师比干。旧，久。云，即比干自言。刻子，一说谓箕子，箕、刻，古音通假；该句与上半句"诏王子出迪"一说为倒装，即犹言我旧云刻子，刻子诏王子出迪也。我乃颠隮，即谓殷商的宗祀将会绝灭。⑩自靖！人自献于先王：自靖，各自做打算，考虑自己如何应付。靖，谋。人，个人。献，献身。⑪我不顾行遁：我，指父师比干。顾，念。不顾，反顾，犹言瞻前顾后。行遁，即逃匿。行，将。意谓无论是走还是留，皆为殷商尽责。

**【译文】**太师答复道："王子啊！上天降下深重的灾祸要灭亡我们殷商王朝，使我们的君王商纣沉湎于酒色之中，不畏惧天威，不听从年高德劭的元老旧臣的劝谏。现在我们殷商的百姓竟然偷盗祭祀鬼神的贡物，还能得到宽容，不受刑罚，吃了也不惧怕灾祸。上天正在视察我们殷商的百姓，看到君王用杀戮和重刑大肆横征暴敛，搜刮民财，招致百姓的怨恨和敌对，却还不收手而悬崖勒马。那些罪恶都累加到一起，百姓有太多的疾苦，却无处申诉。

"殷商王朝倘若眼看就要有灾祸了，我们就要一同蒙受灾难；殷商王朝倘若将要灭亡了，我们也不会成为敌国的奴隶。我曾经很早就告诉箕子，让他转告王子远走出逃，王子不逃走，那么我们殷商的宗祀就要绝灭了。各自拿主意吧！每个人作的决定无论是逃走还是留下，都是献身于先王的事业，我是不会考虑逃匿的。"

周书

# 泰誓上第一

【题解】泰者, 大也。《史记》、《国语》中均作"太"解释。泰、太、大古代音同义同。率领各路诸侯大会于盟津, 于此誓师, 故名《泰誓》。《史记·周本纪》记载: "武王遍告诸侯曰:'殷有重罪, 不可以不毕伐。'乃遵文王, 遂率戎车三百乘, 虎贲三千人, 甲士四万五千人, 以东伐纣。十一年十二月戊午, 师毕渡盟津, 诸侯咸会。曰:'孳孳无怠!'武王乃作《太誓》, 告于众庶。"《书序》曰: "惟十有一年, 武王伐殷。一月戊午, 师渡孟津, 作《泰誓》三篇。"

周武王率领各路诸侯的军队渡过孟津之后, 誓师众将士不要轻敌, "一心一德, 立定厥功"。而在军队出发之前, 向众将士宣誓, 吊民伐罪, 顺天应人, 号召将士们同仇敌忾, 奋勇杀敌, 歼灭商纣王的军队。

〇惟十有一年, 武王伐殷。一月戊午, 师渡孟津, 作《泰誓》三篇。

惟十有三年春, 大会于孟津①。

王曰: "嗟! 我友邦冢君越我御事庶士, 明听誓②。惟天地万物父母，惟人万物之灵③。亶聪明作元后，元后作民父母④。今商王受，弗敬上天，降灾下民⑤。沉湎冒色，敢行暴虐⑥，罪人以族，官人以世⑦。惟宫室、台榭、陂池、侈服，以残害于尔万姓⑧。焚炙忠良，刳剔孕妇⑨。皇天震怒，命我文考，肃将天威，大勋未集⑩。肆予小子发，以尔友邦冢君，观政于商⑪，惟受罔有悛⑫心，乃夷居，弗事上帝神祇，遗厥先宗庙弗祀⑬。牺牲粢盛，既于凶盗⑭。乃曰：'吾有民有命⑮！'罔惩其侮⑯。

【注释】①惟十有三年春，大会于孟津：有，又。十有三年，即十三年。会，会师。孟津，黄河渡口，在今河南孟津县境内。②我友邦冢君越我御事庶士，明听誓：友邦，友好的邦国，指诸侯国。冢君，大君，即随同周武王讨伐殷商的诸侯国国君。越，和。御事，泛指办理政务的官员。庶士，众多官员。明，努力。③惟天地万物父母，惟人万物之灵：孔疏："万物皆天地生之，故谓天地为父母也。"孔传："生之谓父母。灵，神也。天地所生，惟人为贵。"④亶（dǎn）聪明作元后，元后作民父母：亶，诚信。元，大。后，君。⑤今商王受，弗敬上天，降灾下民：受，即指商纣王。⑥沉湎冒色，敢行暴虐：沉湎，沉溺于酒。冒，色乱，贪求。色，指女色。⑦罪人以族，官人以世：罪人，即惩罚人。族，族诛。官人，即授人以官职。世，父死子继的世袭。⑧惟宫室、台榭（xiè）、陂（bēi）池、侈服，以残害于尔万姓：台榭，即在筑高台，以贵重木料在其上建造敞屋。陂（bēi）池，池塘。侈服，华丽的服饰。万姓，即万民。⑨焚炙忠良，刳（kū）剔（tī）孕妇：焚炙，谓商纣王制炮烙酷刑陷害忠良。忠良，谓如比干、九侯、鄂侯的忠臣。刳剔，相传商纣王剖孕妇之腹以观胎儿。刳，剖开身体。剔，分解骨肉，即去人肉至骨。⑩皇天震怒，命我文考，肃将天威，大勋未集：文考，指周文王。肃，敬。天威，上天的威罚。大勋，大功。未集，没有完成。集，完成，成就。⑪肆予小子发，以尔友邦冢君, 观政于商: 肆, 故, 因此。予小子发, 周武王姬发自称。观政, 考察政情。
⑫悛 (quān): 悔改。⑬乃夷居, 弗事上帝神祇 (qí), 遗厥先宗庙弗祀: 乃, 竟然。夷居, 傲慢无礼。神祇, 天地百神。遗, 废弃。厥, 其, 指纣王。先, 谓先祖。⑭牺牲粢 (zī) 盛 (chéng), 既于凶盗: 牺牲, 古时用作祭祀的纯一毛色, 体肢完备的牲口。粢盛, 盛在祭器内的谷物。既, 尽。凶盗, 凶恶盗窃之人。⑮有命: 有天命。⑯罔惩其侮: 惩, 戒止。侮, 侮慢。

**【译文】**十三年春天, 周武王在孟津大会诸侯。

周武王说: "啊! 我友好诸侯国的国君, 以及我的大小官员们, 认真地听我的誓词。天地是万物的父母, 人类是万物的灵长。真正睿智的人做君主, 君主就是百姓的父母。如今商纣王不恭敬上帝, 降灾祸于百姓。沉溺于酒, 贪淫于色, 敢于施行残暴虐杀之事, 惩罚罪人以族灭之, 授予官职父子世袭。大兴宫室、台榭、修筑陂池、服饰奢侈, 以此残害黎民百姓。用炮烙酷刑残杀忠良, 用剖腹剔骨之法残害孕妇。皇天震动发怒了, 就命令我的先父文王, 恭敬地奉行上天的惩罚, 大功未能, 文王就去世了。因此, 我小子姬发和你们这些友好的诸侯国国君, 观察商朝的政事。商纣王怙恶不悛、傲慢不恭, 不事奉天地神灵, 废弃先祖的宗庙不行祭祀。甚至连祭祀用的牲畜和黍稷也都被恶人盗食了。他却仍说: '我有臣民百姓, 我有上天赐予的大命。'没有一点儿惩戒自己侮慢不恭之意。

"天佑下民, 作之君, 作之师①, 惟其克相上帝, 宠绥四方②。有罪无罪, 予曷敢有越厥志③? 同力度④德, 同德度义。受有臣亿万, 惟亿万心⑤; 予有臣三千, 惟一心⑥。商罪贯盈, 天命诛之⑦; 予弗顺天, 厥罪惟钧⑧。

"予小子夙夜祗惧⑨。受命文考, 类于上帝, 宜于冢土⑩, 以尔有众，厎天之罚⑪，天矜⑫于民，民之所欲，天必从之。尔尚弼予一人，永清四海⑬。时⑭哉弗可失！"

**【注释】**①天佑下民，作之君，作之师：佑，佑助。作，设立。②惟其克相上帝，宠绥四方：惟，希望。克，能。相，辅助，佑助。宠，爱，这里为爱护、保护之意。绥，安定。③有罪无罪，予曷敢有越厥志：有罪无罪，即有罪或者无罪。曷，何。越，一说背离，违背之意；一说超过。厥，其，代指上帝。志，意图。④度（duó）：估计，揣度。⑤受有臣亿万，惟亿万心：人多心杂，喻指众叛亲离，离心离德。⑥一心：即万众一心。⑦商罪贯盈，天命诛之：贯，通。盈，满。贯盈，形容积累到了极限，这里指商纣王罪大恶极。⑧予弗顺天，厥罪惟钧：顺，顺应。钧，通"均"，平等，相同的意思。厥罪惟钧，那罪与纣王的罪相等。⑨予小子夙夜祗（zhǐ）惧：予小子，武王自称。夙夜，早晚。祗，敬。惧，畏惧。⑩受命文考，类于上帝，宜于冢土：受命文考，谓周武王承受上帝赐予文王兴周灭纣，吊民伐罪的大命。类，通"禷"，古代谓因特别事故而祭天。⑪以尔有众，厎（zhǐ）天之罚：以，因而。厎，致。⑫矜：通"怜"，怜悯，同情。⑬尔尚弼予一人，永清四海：尚，庶几，表示希望。弼，辅佐。予一人，周武王自称。⑭时：时机。

**【译文】**"上天护佑天下百姓，为百姓拥立君主来治理天下，为百姓选立导师来教化万民。希望他们能够辅佐上帝，爱护百姓，安定天下。有罪之人应当讨伐，无罪之人加以赦免，我怎么敢违背上天的旨意呢？力量相同就度量于德，行道得人心者胜出；德行相配就度量于义，举事符合道义者为强。商纣王有亿万臣民，却有亿万条心；我有臣民三千，却只有一条心。商纣王恶贯满盈，上天命令我诛杀他，我若不顺从上天，我的罪行就和商纣王相同。

我早晚敬慎畏惧，承受先父文王的灭商大命，祭祀上帝，祭祀社稷，率领你们诸位，奉行上帝的惩罚。上帝怜悯民众，民众的愿望，上帝一定会顺从。希望你们辅助我，使四海永远安宁。时机啊，千万不可丧失！

# 泰誓中第二

惟戊午，王次于河朔①，群后以师毕会②。王乃徇师而誓③。

曰："呜呼！西土有众，咸听朕言④。我闻吉人⑤为善，惟日不足；凶人为不善，亦惟日不足⑥。今商王受，力行无度⑦，播弃犁老，昵比罪人⑧，淫酗肆虐。臣下化之⑨，朋家作仇，胁权相灭⑩。无辜吁天，秽德彰闻⑪。

【注释】①惟戊午，王次于河朔：惟，语气助词，置于句首，无实意。戊午，古代以干支纪日。次，指行军途中逗留。这里有驻扎之意。河朔，谓黄河北岸。朔，北方。②群后以师毕会：群后，各个诸侯国的国君。师，军队。毕，尽，全部。会，会集。③王乃徇师而誓：徇师，即巡师，视察军队。徇，循，循行，巡视。誓，盟誓。④西土有众，咸听朕言：西土有众，西方的诸侯国。咸，皆，都。⑤吉人：即善良之人。⑥凶人为不善，亦惟日不足：孔传："凶人亦竭日以行恶。"⑦今商王受，力行无度：力，尽力、竭力。无度，即不合法度。⑧播弃犁老，昵比罪人：播弃，抛弃、弃置。犁老，面部又黑又黄的老年人。这里指年高德劭的老人。犁，通"黧"，色黑而黄。⑨淫酗（xù）肆虐。臣下化之：淫，过度、过分。酗，沉迷于酒。肆虐，任意残害。肆，放纵。化，同化，意谓渐渐弃善从恶。⑩朋家作仇，胁权相灭：朋，朋党。胁，挟持。权，权命、权力。⑪无辜吁天，秽德彰闻：无辜，无罪。吁，呼吁，呼天诉苦。秽德，恶德，恶行。秽，腥恶。彰，显著、显明。闻，传布。

【译文】戊午日这一天，周武王统帅大军驻扎在黄河北岸。各路诸侯率领他们的军队都来会合。武王便巡视各个诸侯国的军队并且发表誓言。

周武王说："啊！西方各个诸侯国的将士们，都注意倾听我的话语。我听说善人做好事，整天做还觉得时间不够；恶人做坏事，也是整天做还觉得时间不够。如今商纣王，竭尽全力干坏事，漫无法度，抛弃年高德劭的老臣，亲近奸恶逃窜的罪人，沉溺于酒，放肆暴虐。臣下效法，各自建立朋党，互为仇敌，胁迫君上的权命，相互诛杀。没有罪的人呼天喊冤，商纣王的秽恶行径昭著天下。

"惟天惠民，惟辟奉天①。有夏桀，弗克若天，流毒下国②。天乃佑命成汤，降黜夏命③。惟受罪浮④于桀，剥丧元良，贼虐谏辅⑤，谓己有天命，谓敬不足⑥行，谓祭无益，谓暴无伤⑦。厥鉴惟不远，在彼夏王⑧。天其以予乂民⑨，朕梦协朕卜，袭于休祥，戎商必克⑩。受有亿兆夷人，离心离德⑪；予有乱臣十人，同心同德⑫。虽有周亲，不如仁人⑬。

"天视自⑭我民视，天听自我民听。百姓有过⑮，在予一人，今朕必往。

"我武惟扬，侵于之疆⑯，取彼凶残；我伐用张，于汤有光⑰！

"勖哉夫子！罔或无畏，宁执非敌⑱。百姓懔懔，若崩厥角⑲。呜呼！乃一德一心，立定厥功，惟克永世⑳。"

**【注释】**①惟天惠民，惟辟奉天：惠，爱。辟，君王。奉，恭奉。②有夏桀，弗克若天，流毒下国：克，能。若，顺从。流毒，传布毒害，传播灾难。下国，泛指天下四方。③天乃佑命成汤，降黜夏命：降黜，废黜，罢免。夏命，夏朝的福命、国运。④浮：过，超过。⑤剥丧元良，贼虐谏辅：剥丧，伤害。丧，迫使离开国土。元良，大善之人，谓微子。贼虐，残酷杀害。谏辅，敢于谏正的大臣，指比干。谏，直言规劝。⑥足：值得。⑦伤：妨碍。⑧厥鉴惟不远，在彼夏王：鉴，视，镜子，借鉴之意。夏王，指夏朝末代暴君桀。⑨天其以予乂民：其，表示揣测的语气。以，用。乂，治理。⑩朕梦协朕卜，袭于休祥，戎商必克：协，合，相合。卜，占卜。袭，重合，谓所梦与占卜一致的吉兆。休祥，美好吉祥。戎，兵，代指征伐。克，战胜。⑪受有亿兆夷人，离心离德：亿兆，极言人数之多。夷人，平民。⑫予有乱臣十人，同心同德：乱臣，治国的大臣。乱，治。十人，谓周公旦、召公奭、太公望、毕公、荣公、太颠、闳夭、散宜生、南宫适、邑姜。⑬虽有周亲，不如仁人：周亲，至亲。仁人，仁爱、有德之人。⑭自：从。⑮过：责备。⑯我武惟扬，侵于之疆：武，武力。扬，奋扬，举用。⑰取彼凶残；我伐用张，于汤有光：取，擒拿。凶残，凶恶残暴，这里指殷商暴君纣王。伐，讨伐殷商。用，实施。用张，以施。汤，商王成汤。光，荣耀、光荣。⑱勖（xù）哉夫子！罔或无畏，宁执非敌：勖，努力。夫子，指战士。罔，通"毋"，不。无畏，就是不足畏。执，秉持。非敌，无敌，即不是对手。⑲百姓懔懔（lǐn），若崩厥角：懔懔，畏惧不安的样子。若，好像，如同。崩，崩摧。角，额头。⑳呜呼！乃一德一心，立定厥功，惟克永世：乃，你们。一德一心，即同德同心、同谋救民、同心诛暴。立，建。克，能够。永世，历世久远，犹言永远。

**【译文】**"上天惠爱百姓，君王恭奉天命。夏王桀不能顺从天意，传播邪恶于天下四方。上天就扶佑赐命于成汤，降下命令，废除夏朝的国运。商纣王罪行昭著，甚于夏桀。他伤害逼迫大善之臣，残暴杀害劝谏的辅臣，扬言自己享有上帝赐予的大命，声称上帝不值得敬奉，说祭祀没有益处，说暴虐没有伤害。商纣王的前车之鉴并不远，就在夏桀身上。上天或许要使我来治理天下百姓，我的梦与我的卜兆相吻合，都兆示着吉祥。征讨商纣王一定能取得胜利。商纣王有亿兆的百姓，却都离心离德；我仅有治理的大臣十人，都同心同德。商纣王虽有至亲之臣，不如我有仁义之士。

"上帝所见，来自臣民百姓所见；上帝所闻，来自臣民百姓所闻，百姓有怨言，是我一个人的责任，现在我必定要前往讨伐商纣王。

"我们的武力要发扬，要进攻到商的疆界，擒拿凶残的商纣王；我们征讨的进行将会大有功绩，比成汤征伐夏桀更有光辉。

"努力吧！将士们！不能没有畏惧之心，宁可怀有一种敌强我弱的思想。老百姓害怕商纣王的暴虐，他们畏惧不安，叩头好像崩石摧毁额角一样。啊！你们要一心一德，建立功业，就能够永垂后世。"

# 泰誓下第三

时厥明，王乃大巡六师，明誓众士①。

王曰："呜呼！我西土君子。天有显道，厥类惟彰②。今商王受，狎侮五常，荒怠弗敬③，自绝于天，结怨于民④。斮朝涉之胫，剖贤人之心⑤，作威杀戮，毒痡四海⑥。崇信奸回，放黜师保⑦，屏弃典刑，囚奴正士⑧。郊社不修，宗庙不享⑨，作奇技淫巧，以悦妇人⑩。上帝弗顺，祝降时丧⑪。尔其孜孜，奉予一人，恭行天罚⑫！

【注释】①时厥明，王乃大巡六师，明誓众士：时厥明，指己未日。六师，这里泛指西周建立后诸侯的军队。②我西土君子。天有显道，厥类惟彰：西土，即西方的诸侯。君子，谓战士。显，明。道，道理。类，法则。彰，彰明，显扬。③今商王受，狎侮五常，荒怠弗敬：狎侮，轻忽，侮慢，亵渎。五常，谓父义、母慈、兄友、弟恭、子孝五种伦常道德。荒怠，荒废懈怠。弗敬，不敬。④自绝于天，结怨于民：自绝，自我断绝。⑤斮（zhuó）朝涉之胫（jìng），剖贤人之心：斮，砍，斩。朝，早上。涉，徒步过河。胫，小腿。⑥作威杀戮，毒痡（pū）四海：毒痡，毒害。四海，极言范围之广。⑦崇信奸回，放黜师保：崇，推崇。奸回，奸邪之人。回，邪僻。放黜，放逐贬斥。师保，古代负责教导贵族子弟的官职。⑧屏（bǐng）弃典刑，囚奴正士：屏弃，废除抛弃。典刑，常法。囚奴，囚禁奴役。正士，正直忠贞的贤良臣子。指箕子。⑨郊社不修，宗庙不享：郊，祭天。社，祭地。不修，不治。⑩作奇技淫巧，以悦妇人：奇技，奇异的技能。淫巧，过度的工巧。泛指商纣王各种荒淫暴虐的行为。以悦，用以取悦。妇人，指妲己。⑪上帝弗顺，祝降时丧：祝，断然。时，通"是"，这，此。时丧，这丧亡的惩罚。⑫尔其孜孜，奉予一人，恭行天罚：其，表祈使，希望，期望。孜孜，谓勤勉不怠。奉，辅助。天罚，上天的惩罚。

【译文】时在戊午日的第二天，周武王大规模地巡视检阅西方诸侯六师，与众将士盟誓。

周武王说："啊！上天有显明的常道，这些常道法则应当宣扬。现在商纣王轻忽侮慢五常，荒废懈怠心存不敬，自己弃绝于上帝，结怨于百姓。他砍断早晨涉水者的脚胫，剖分贤人的心脏，威刑杀戮，毒害天下。他推崇宠信奸佞小人，放逐贬黜师保，摒除抛弃常法，囚禁奴辱直谏之士，不举行祭祀天地大典，不供奉祖先宗庙献馐之食，制造奇异工巧之物来取悦妇人。上天厌弃他，断绝其命，降下丧亡的灾祸。你们应当努力辅助我，恭敬地奉行上帝的惩罚！

"古人有言曰：'抚我则后，虐我则雠①。'独夫受洪惟作威，乃汝世雠②。树德务滋，除恶务本③，肆予小子诞以尔众士，殄歼乃雠④。尔众士其尚迪果毅，以登乃辟⑤！功多有厚赏，不迪有显戮⑥。

"呜呼！惟我文考，若日月之照临，光于四方，显于西土⑦，惟我有周，诞受多方⑧。予克受，非予武，惟朕文考无罪⑨；受克予，非朕文考有罪，惟予小子无良⑩。"

【注释】①抚我则后，虐我则雠：抚，抚育，爱护。则，就。后，君主。

虐，虐待，残害。雠，仇敌。②独夫受洪惟作威，乃汝世雠：独夫，指残暴
凶狠、众叛亲离的统治者。受，即商纣王。洪，大。③树德务滋，除恶务本：
务，致力于。树，培植，培养。滋，滋长。除，除绝。本，根本。④肆予小子
诞以尔众士，殄（tiǎn）歼乃雠：肆，故。诞，助词。殄，绝灭。⑤尔众士其尚
迪果毅，以登乃辟：尚，庶几。迪，进用。果毅，果敢，坚毅。登，成就。辟，
君主。以登乃辟，谓以成就你们君王的功业。⑥功多有厚赏，不迪有显戮：厚
赏，重赏。不迪，不遵循。显戮，谓公开惩罚。⑦惟我文考，若日月之照临，
光于四方，显于西土：孔传："称父以感众也。言其明德充塞四方，明著岐
周。"⑧惟我有周，诞受多方：诞，大，引申为广泛。多方，指依附于西周的诸
侯国。⑨予克受，非予武，惟朕文考无罪：克，战胜。武，勇敢。罪，过失。无
罪，没有过失。⑩无良：不善。

【译文】"古人曾言：'抚爱我们的就是我的君王，虐待我们的就
是仇敌。'独夫商纣王大肆滥施威罚，就是你们世代的仇敌。建树美
德，务求滋长；惩处邪恶，务求绝根。因而我率领你们众位将士，去歼
灭你们的仇敌。你们诸位将士要果敢坚毅，来成就你们的君主。立功多
的有重赏，畏缩不进的要公开刑杀。

"啊，我的先父文王，就像日月照临一样，光辉普及天下四方，显
耀于西方各诸侯国。因此，我们周国很爱护众诸侯国。倘若我战胜了商
王受，并不是我勇武，而是因为我的父亲清白无罪；倘若商王受战胜了
我，不是我的父亲有过失，只是因为我不善。"

# 牧誓第四

【题解】牧誓，牧地之誓师也。牧者，商朝都城的郊外牧野之地，位于商都朝歌之外七十里，即今河南淇县西南一带。《史记·周本纪》记载："武王朝至于商郊牧野，乃誓。"本篇即周武王征伐商纣王，于牧野之战前的誓师词。

《史记·鲁周公世家》："十一年，伐纣，至牧野，周公佐武王作《牧誓》。"《书序》："武王戎车三百辆，虎贲三百人，与受战于牧野，作《牧誓》。"

〇武王戎车三百两，虎贲三百人，与战于牧野，作《牧誓》。

时甲子昧爽①，王朝至于郊牧野，乃誓②。王左杖黄钺，右秉白旄以麾③，曰："逖矣，西土之人④！"

【注释】①时甲子昧爽：甲子日，《史记》作"二月甲子"，有人根据"殷正建丑"、"周正建子"推算出甲子日在周武王十一年二月五日。关于武王克商的年代，众说不一。昧爽，即天未亮的黎明时分。②王朝至于郊牧野，乃誓：王，即指周武王，姬姓，名发，西周第一位君主。朝，早晨。至于，到达。郊，郊外，这里指商朝的都城朝歌的郊外。牧野，指殷商王朝都城朝歌的南郊。牧野是在远郊之内，近郊之外。誓，即在军事行动之前，有君主来告诫所有军士的戒辞。③王左杖黄钺，右秉白旄以麾：左杖，左手拿着。黄钺（yuè），黄金装饰的青铜大斧子。秉，拿着。白旄（máo），这里当指装饰旄牛尾的小旗，用来指挥军队。麾，指挥。④逖矣，西土之人：逖（tì），远。西土之人，指西岐一带的周族方国，因在商朝的西部，故曰西土。

【译文】在甲子日的黎明时分，周武王率领军队来到商朝都城的郊外牧野，举行誓师大典。周武王左手拿着黄色的青铜大斧，右手拿着装饰有旄牛尾的小旗，指挥军队，他说："大家远来辛苦了，我西方的人们。"

王曰："嗟！我友邦冢君①、御事、司徒、司马、司空②、亚旅、师氏③、千夫长、百夫长④，及庸、蜀、羌、髳、微、卢、彭、濮人⑤，称尔戈，比尔干，立尔矛，予其誓⑥。"

【注释】① 嗟！我友邦冢君：嗟，感叹词。友邦，即"有邦"，友这里当作"有"。虚拟助词，无实意，意指邦国。冢君，邦国的君主。②御事、司徒、司马、司空：御事，邦国的治事大臣。③亚旅、师氏：亚旅，上大夫。师氏，中大夫。④千夫长、百夫长：千夫长，统帅一千个兵。百夫长，统帅一百个兵。⑤及庸、蜀、羌、髳、微、卢、彭、濮人：庸、蜀、羌、髳、微、卢、彭、濮，指殷末周初，周西南一带的八个诸侯国。他们先后臣服于周，随武王讨伐商纣王。⑥称尔戈，比尔干，立尔矛，予其誓：称，举。戈，刀刃横着装在头部，用于横击和钩侧的兵器。比，并列。干，盾牌。矛，指头上装有利刃，便于击刺的武器。其，将。

**【译文】**武王说："啊! 我友好邦国的国君、办事大臣、司徒、司马、司空、亚旅、师氏、千夫长、百夫长, 以及庸、蜀、羌、髳、微、卢、彭、濮诸国的人们, 举起你们的戈, 排好你们的盾牌, 竖起你们的矛, 我就要宣誓开战了。"

王曰："古人有言曰:'牝鸡无晨①; 牝鸡之晨, 惟家之索②。'今商王受惟妇言是用③, 昏弃厥肆祀弗答④, 昏弃厥遗王父母弟不迪⑤。乃惟四方之多罪逋逃, 是崇、是长⑥、是信、是使, 是以为大夫卿士⑦。俾暴虐于百姓, 以奸宄于商邑⑧。今予发惟共行天之罚⑨。今日之事, 不愆于六步、七步, 乃止齐焉⑩。夫子勖哉⑪! 不愆于四伐、五伐、六伐、七伐, 乃止齐焉⑫。勖哉夫子! 尚桓桓⑬, 如虎、如貔、如熊、如罴, 于商郊⑭。弗御克奔, 以役西土⑮。勖哉夫子! 尔所弗勖, 其于尔躬有戮⑯! "

**【注释】**①牝(pìn)鸡无晨: 牝鸡, 母鸡。晨, 作状语, 即在早晨鸣叫。②索: 空, 尽, 含有萧瑟破败之意。③今商王受惟妇言是用: 受, 即商纣王。谓商纣王宠嬖妇人, 宠信妲己, 荒废政事, 淫乐无度。④昏弃厥肆祀弗答: 昏弃, 昏庸地废弃。厥, 其, 代指商纣王。肆, 谓对祖先的祭祀。弗, 不。答, 问。⑤昏弃厥遗王父母弟不迪: 遗, 余。王父母弟, 泛指商纣王的同父异母的兄弟, 以及叔伯兄弟, 即从父昆弟, 如比干、箕子之类。迪, 用。⑥乃惟四方之多罪逋逃, 是崇、是长: 逋, 亡, 逃亡。崇长, 指崇敬, 尊重。⑦是信、是使, 是以为大夫卿士: 信, 相信。使, 使用。大夫卿士, 泛指殷商王朝的诸位官员。⑧俾暴虐于百姓, 以奸宄于商邑: 俾, 使。百姓, 百官。奸宄, 谓犯法作乱。乱在内曰奸, 乱在外曰宄。商邑, 即商朝的都邑。⑨今予发惟共行天之罚: 发, 指周武王, 姬发。共, 敬奉。⑩今日之事, 不愆于六步、七步, 乃止齐焉：逾，超过。止齐，整齐一致。谓等待队伍整齐后方进攻，防止轻进。⑪夫子勖哉：夫子，指"千夫长"、"百夫长"等武官。勖（xù），勉励。⑫不愆于四伐、五伐、六伐、七伐，乃止齐焉：伐，一击一刺谓一伐。⑬勖哉夫子！尚桓桓：尚，表示希望的副词。桓桓，威武的样子。⑭如虎、如貔（pí）、如熊、如罴，于商郊：貔，古代传说中的猛兽。罴，大熊。⑮弗御克奔，以役西土：御，迎，接。克，杀。奔，投奔的倒戈者。役，助。⑯勖哉夫子！尔所弗勖，其于尔躬有戮：躬，身体。戮，杀。

【译文】武王说："古人有句话说：'母鸡不能早晨打鸣，如果母鸡早晨打鸣，这个家就要破败了。'现在商纣王，只听从妇人的言语，昏庸地废弃了对先祖的祭祀，不闻不问；昏庸地抛弃了先王的后裔，同宗的兄弟，不予任用。却只尊重、推崇、信任、使用那些从四方诸侯国逃窜而来的罪人，任命他们做国家的大夫卿士。使他们残暴地虐害百姓，在商朝都城犯法作乱。现在我姬发恭敬地奉行上天惩罚的旨令。今天作战，行军时，不超过六步、七步，就要停下来，整齐队形。众将士，奋勇前进啊！行军时，不超过四次、五次、六次、七次，就停下来整顿一下队形。众将士，奋勇前进啊！就要威武雄壮，像虎豹、像貔、像熊、像罴一样，在商都的郊外前进。不要杀死商国军队之中前来投奔我的人，要使他们来帮助我们西方国家。奋勇前进吧！众将士，倘若你们不奋勇前进，那就会对你们自身施行杀戮！"

# 武成第五

【题解】武成，即周武王征伐商纣王获得了武功。成，成就。周武王成就了攻灭殷商建立周国的武功。《史记·周本纪》："命召公释箕子之囚。命毕公释百姓之囚，表商容之闾。命南宫扩散鹿台之财，发钜桥之粟，以振贫弱萌隶。命南宫扩、史佚展九鼎保玉。命闳夭封比干之墓。命宗祝享祠于军。乃罢兵西归。行狩，记政事，作《武成》。"《书序》："武王伐殷，往伐，归兽，识其政事，作《武成》。"

○武王伐殷，往伐，归兽，识其政事，作《武成》。

惟一月壬辰，旁死魄①。越翼日癸巳，王朝步自周，于征伐商②。厥四月，哉生明③，王来自商，至于丰④。乃偃武修文⑤，归马于华山之阳，放牛于桃林之野，示天下弗服⑥。

丁未，祀于周庙⑦，邦甸、侯、卫，骏奔走，执豆、笾⑧。越三日庚戌，柴望，大告武成⑨。

**【注释】**①惟一月壬辰，旁死魄：旁，近。死魄即死霸，指农历每月朔日。②越翼日癸巳，王朝步自周，于征伐商：越，及。翼日，第二天。朝，早晨。周，周国，这里指西周的都城镐京。于，往。③厥四月，哉生明：哉生明，谓月亮开始发光。哉，通"才"，始。④王来自商，至于丰：丰，都邑，即周文王伐崇侯虎而作丰邑。丰都有周代的先王庙。⑤乃偃武修文：偃，停止，止息。修，修治。意谓停止武备，开始修治文德教化。⑥归马于华山之阳，放牛于桃林之野，示天下弗服：华山，一说为西岳华山；一说为阳华山。阳华山在今商州雒南县东北，与桃林之野南北相望。⑦丁未，祀于周庙：孔传："四月丁未，祭告后稷以下、文考文王以上七世之祖。"⑧执豆、笾：豆、笾都指古代的祭器。⑨越三日庚戌，柴望，大告武成：柴，烧柴祭天。望，古代祭祀山川曰望。大告，遍告。

**【译文】**一月，壬辰日，是月亮没有光辉的那一天。到了第二天癸巳日，周武王早晨从周朝都城镐京出发，前往征讨商纣王。四月，月亮开始发光这一天，周武王讨伐商纣王归来，到了丰邑。于是，便停止武备，修治德政文教，把战马放归到华山的南面，把服牛放归到桃林的郊野，向天下人公开明示不再驾驭乘用。

四月，丁未日。周武王在周庙举行了祭祀，邦甸、侯、卫等诸侯都来助祭，急忙奔走，陈设木豆、竹笾等祭器。又过了三天，在庚戌日这一天，举行了柴祭祭祀上天的大典，举行了望祭祭祀山川的大典，遍告伐商的成功。

既生魄，庶邦冢君，暨百工，受命于周①。

王若曰："呜呼！群后②。惟先王建邦启土③，公刘克笃前烈④。至于大王，肇基王迹。王季其勤王家⑤。我文考文王，克成厥勋⑥，诞膺天命，以抚方夏⑦。大邦畏其力，小邦怀其德⑧。惟九年，大统未集⑨。予小子其承厥志⑩。厎商之罪，告于皇天后土、所过名山大川⑪，曰：'惟有道曾孙周王发，将有大正⑫于商。今商王受无道，暴殄天物，害虐烝民⑬。为天下逋逃主，萃渊薮⑭。予小子既获仁人，敢祇承上帝，以遏乱略⑮。华夏蛮貊罔不率俾。恭天成命⑯，肆予东征，绥厥士女⑰。惟其士女，篚厥玄黄，昭我周王⑱。天休震动，用附我大邑周⑲！惟尔有神，尚克相予，以济兆民，无作神羞⑳！'"

既戊午，师逾孟津。癸亥，陈于商郊，俟天休命㉑。甲子昧爽，受率其旅若林，会于牧野㉒。罔有敌于我师，前徒倒戈㉓，攻于后以北，血流漂杵㉔。一戎衣㉕，天下大定。乃反商政。政由旧㉖。释箕子囚，封比干墓，式商容闾㉗。散鹿台之财，发巨桥之粟㉘，大赉于四海，而万姓悦服㉙。

**【注释】**①既生魄，庶邦冢君，暨百工，受命于周：既生魄，即十六日。庶邦，指各个诸侯国。冢君，邦君、大君。暨，和，与。百工，指百官。命，政命。②后：君后，指诸侯。③惟先王建邦启土：先王，指后稷。启，开。建邦启土，建立邦国，开启疆土。④公刘克笃前烈：公刘，周族的先公名，后稷曾孙。笃，厚实。烈，业。谓公刘能够笃诚前人的功业。⑤至于大王，肇基王迹。王季其勤王家：大王，即太王，古公亶父，王季的父亲，文王的祖父。肇，开始。肇基王迹，谓古公亶父率领周人止于岐山之下，定都周原。王季，即文王的父亲。王家，指周国。⑥勋：功绩。⑦诞膺天命，以抚方夏：诞，其。膺，受。⑧大邦畏其力，小邦怀其德：畏，畏惧。力，威力。怀，怀念。⑨惟九年，大统未集：集，成功。大统，统一天下的大业。⑩志：这里谓文王统一天下的遗愿。⑪厎商之罪，告于皇天后土、所过名山大川：厎，致，获。商，商纣王。皇天后土，代指天地神祇。⑫大正：大政，大事，指军事。⑬暴殄天物，害虐烝民：殄，绝。天物，谓天下百物。烝，众，多。⑭为天下逋逃主，萃渊薮：逋，亡，逃亡。萃，聚。渊薮，深水为渊，无水之泽谓薮。萃渊薮，比喻天下爱的罪人都奔逃到商纣王的身边。如同鱼类聚于渊，兽类集于薮。⑮予小子既获仁人，敢祗承上帝，以遏乱略：仁人，谓太公、周公、召公这些贤佐。祗，恭敬。承，奉。遏，绝。⑯华夏蛮貊罔不率俾。恭天成命：华夏，指中原，中国。蛮貊，谓少数民族。貊，谓北方少数民族。蛮，谓南方的少数民族。俾，从。恭，敬奉，奉行。成命，共同征讨商纣王的天命。⑰肆予东征，绥厥士女：肆，故。东征，即向东讨伐商纣王。绥，安。厥，其，代词。士女，古代对男女的称呼。⑱惟其士女，筐厥玄黄，昭我周王：筐，即圆形的竹筐，用来盛物。玄黄，谓黑色和黄色的丝帛。昭，通"诏"，帮助。⑲天休震动，用附我大邑周：休，美，善。震动，震动民心。大邑周，周人自称。⑳惟尔有神，尚克相予，以济兆民，无作神羞：克，能。相，相佐。济，渡，救助。兆民，谓亿万民众。无作神羞，谓莫使神受到羞辱。㉑既戊午，师逾孟津。癸亥，陈于商郊，俟天休命：既，不久。逾，跨过，渡过。孟津，古黄河的重要渡口，时周武王在此会八百诸侯。陈，布阵。商郊，商都朝歌之郊外。俟，等待。㉒甲子昧爽，受率其旅若林，会于牧野：旅，指军队。若林，言兵士之多。会，会战。㉓罔有敌于我师，前徒倒戈：前徒，谓前军。倒戈，指调转戈矛。㉔攻于后以北，血流漂杵：后，后面的军队。北，败北。杵，舂杵。㉕一戎衣：即一着戎装，即一次用兵。㉖乃反商政。政由旧：乃，于是。反，废除。由，用。旧，商朝先王的善政。㉗释箕子囚，封比干墓，式商容闾：式，车前的横木，同"轼"，意指凭轼而望，以轼而敬。比干，商纣王的叔父，著名贤臣，被商纣王剖心。商容，商代贤臣。㉘散鹿台之财，发巨桥之粟：鹿台，商朝的府库，存钱币之用。㉙大赉（lài）于四海，而万姓悦服：赉，赏赐。四海，指天下。万姓，指众多的百姓。悦服，心悦诚服。

【译文】在十六日，各个诸侯国的国君和百官都到周朝国都来接受政命，朝觐武王。

武王这样说到："啊！众位诸侯！我的先王后稷建立邦国，开辟疆土, 公刘能够厚实前人的功业。到了太王古公亶父之时, 就开始建立王者的基业。王季能够后勤劳于王家。我的父亲文王能够成就先王的功业, 承受上天的大命, 安抚天下。大国畏惧他的威力, 小国怀念他的仁德。文王在各个诸侯国归附的第九年辞世, 统一天下的大业尚未成功。我小子姬发继承了他的遗志, 把商纣王的罪行遍告皇天后土和所经过的名山大川。我说: '奉行天道的曾孙姬发, 将要大举征讨商朝。现今商纣王昏庸无道, 暴弃绝灭天物, 伤害虐杀百姓, 成为天下罪人逃犯的魁主, 商都成为罪人聚居的地方。我小子得到仁人志士的辅佐, 愿意恭奉上帝的旨意, 制止暴乱。中原和四夷没有不遵从的。我奉行上帝的大命, 因而东征商纣王, 安定天下的百姓。那些男女民众用竹筐装着黑、黄二色的丝帛来帮助我周王朝。上帝的美德感动了天下民心, 因而归附我们大周国啊! 希望你们众位神明都能够帮助我, 救助天下万民, 不要使你们神灵蒙羞!'

　　不久, 到了戊午日。周朝的各路军队都渡过了孟津。癸亥日这一天, 在商都朝歌的郊外, 都布好了阵势, 等待天明。在甲子日的黎明时分, 商纣王率领他那些如同林木的军队, 会战于牧野。商纣王的军队没有意愿同我们周师为敌的, 前军临阵倒戈, 来攻击后面的军队, 导致商纣王的军队溃败逃亡, 血流成河, 甚至可以漂起舂杵来。

　　一次征讨殷商, 就能使天下安定下来。于是, 废除商纣王的暴政, 恢复殷商先王的善政, 释放被囚禁的贤士箕子, 重新整修比干的坟墓, 礼敬商容的里居, 散发鹿台府库聚敛的财货, 发放钜桥粮仓屯积的粟米, 大肆赏赐天下, 万民心悦诚服。


　　列爵惟五①, 分土惟三②。建官惟贤③, 位事惟能④。重民五教⑤,

惟食丧祭⑥。惇信明义⑦，崇德报功⑧。垂拱而天下治⑨。

【注释】①列爵惟五：列爵，即班爵。惟，同"为"，五，指公、侯、伯、子、男五等诸侯。②分土惟三：孔传："列地封国，公侯方百里，伯七十里，子男五十里，为三品。"③建官惟贤：建，立。贤，任用贤才。④位事惟能：位事，居位理事。惟能，即选用能人。⑤重民五教：五教，指君臣、父子、夫妇、兄弟、长幼，五典之教也。⑥惟食丧祭：孔传："民以食为命，丧礼笃亲爱，祭祀崇孝养，皆圣王所重。"⑦惇信明义：惇，厚。惇信明义，即惇厚其信，显明其义。⑧崇德报功：崇，尊崇。报，报答。⑨垂拱：垂衣拱手。

【译文】周武王列出五等爵位，分封三品土地。建立只任用贤才的官职，安排只选用能人的吏治。重视对百姓施行五典的教化，以及民食、丧礼和祭祀三事。又敦厚诚信，显明义理，尊崇德行，报答有功，武王垂衣拱手，而天下就得到了治理。

# 洪范第六

【题解】洪者，大也；范者，法也，洪范者，即统治大法也，谓重要的治国之道。相传大禹得天帝所传《洛书》。《洛书》者即本篇所述"初一曰五行"至"威用六极"六十五字。

《洛书》递相传续，自大禹而箕子，由箕子而武王。盖武王于箕子问道，箕子依《洛书》而阐治国九法，史官录之，而为《洪范》。

《史记·周本纪》载："武王已克殷，后二年，问箕子殷所以亡。箕子不忍言殷恶，以存亡国宜告。武王亦丑，故问以天道。"《书序》："武王胜殷，杀受，立武庚，以箕子归。作《洪范》。"

○武王胜殷，杀受，立武庚，以箕子归，作《洪范》。

"惟十有三祀，王访于箕子①。王乃言曰："呜呼！箕子，惟天阴骘下民，相协厥居②。我不知其彝伦攸叙③？"

箕子乃言曰："我闻在昔，鲧陻洪水，汩陈其五行④。帝乃震怒，不畀洪范九畴⑤，彝伦攸斁⑥。鲧则殛死，禹乃嗣兴⑦，天乃锡⑧禹洪范九畴，彝伦攸叙。

**【注释】**①惟十有三祀，王访于箕子：有，又。祀，年。十有三祀，即"十又三年"，武王伐商二年后，武王十一年伐商。王，周武王。访，谋，咨询。②箕子，惟天阴骘（zhì）下民，相协厥居：阴，覆。阴骘，这里指阴阳相配以生息繁衍的意思。相，使。协，和。厥，其，代指下民。③我不知其彝伦攸叙：彝，常。伦，理。攸，所以。勋，顺序。意指天荫覆下民而定其居，视其合于善恶以定之。④我闻在昔，鲧陻（yīn）洪水，汩陈其五行：在昔，从前。陻，堵塞。汩，乱。陈，列。其，代指天。五行，指五种被人利用的物质金、木、水、火、土。⑤帝乃震怒，不畀洪范九畴：帝，赐予。洪，大。范，法。畴，类。畀，给。畴，种类。九畴，即下文所列举的一、五行；二、五事；三、八政；四、五纪；五、皇极；六、三德；七、稽疑；八、庶征；九、五福、六极。⑥彝斁（dù）：败坏。⑦鲧则殛死，禹乃嗣兴：则，既。殛，诛。⑧锡：赐给。

**【译文】**十三年，周武王访问了箕子。周武王说道："唉！箕子，上帝荫庇安定天下百姓，使大家和睦地居住在一起。我不知道治理天下的常理是如何弄得那么井然有序？"

箕子说："我听说从前鲧用土去堵塞洪水，把金木水火土这五行搞乱了。天帝大怒，就不给鲧九种大法，治国的常理因此败坏了。后来，鲧被诛杀了，大禹便继承兴起大业，天帝就把九种大法传给了禹，因此治理天下的常理就安定了下来。

"初①一曰五行，次二曰敬用五事②，次三曰农用八政③，次四曰协用五纪④，次五曰建用皇极⑤，次六曰乂用三德⑥，次七曰明用稽疑⑦，次八曰念用庶征⑧，次九曰向用五福，威用六极⑨。

**【注释】**①初：开始。②次二曰敬用五事：用，以。五事，指一个人的态度、言语、观看、闻听、思考五项。③次三曰农用八政：农，勉，努力。八政，指"食"、"货"等八项。④次四曰协用五纪：协，和，符合天时。五纪，即五种记时计算之术。⑤皇极：君王统治的准则。⑥次六曰乂用三德：乂，治。三德，为正直、刚克、柔克三项。⑦次七曰明用稽疑：稽疑，卜问疑难。明用稽疑，即运用卜筮进行决策。⑧次八曰念用庶征：念，考虑。庶，众多。征，征兆。⑨次九曰向用五福，威用六极：向，通"飨"，给人好处。五福，寿、福、康宁、好德、终明五项。威，使畏惧、敬畏。六极，"凶、短、折"等六项不吉利的事。

【译文】这九章，第一，五行；第二，恭敬谨慎地做好君王自身的五件事；第三，勉力施行八种政务；第四，协调运用五种符合天时的记时方法；第五，建立君王的统治法则；第六，推行三种治理臣民的德行；第七，运用卜筮稽考疑难处理问题；第八，考虑运用各种征兆来验证君王行为；第九，运用五福来嘉奖，运用六极来惩罚。

"一，五行①：一曰水，二曰火，三曰木，四曰金，五曰土。水曰润下，火曰炎上②，木曰曲直，金曰从革③，土爰稼穑④。润下作⑤咸，炎上作苦⑥，曲直作酸⑦，从革作辛⑧，稼穑作甘⑨。

【注释】①五行：金、木、水、火、土。②水曰润下，火曰炎上：润，润湿。炎上，燃烧向上。③木曰曲直，金曰从革：曲直，可曲可直。从革，变革。④稼穑：种植和收获庄稼。⑤作：则，就。⑥炎上作苦：孔传："焦气之味。"⑦曲直作酸：孔传："木实之性。"⑧辛：辣。⑨甘：甜。

【译文】"第一章，五行：第一是水，第二是火，第三是木，第四是金，第五是土。水性向下润湿，火性向上燃烧，木性可曲可直，金性顺从人愿改变形状，土性种植百谷。向下润湿致有卤就产生咸味，向上燃烧致有焦炭就产生苦味，可曲可直的木头就产生酸味，可变形的金属伤人便产生辛辣，种植百谷长出来的庄稼便产生甜味。

"二，五事：一曰貌①，二曰言②，三曰视③，四曰听④，五曰思⑤。貌曰恭⑥，言曰从⑦，视曰明⑧，听曰聪⑨，思曰睿⑩。恭作肃⑪，从作乂⑫，明作哲⑬，聪作谋⑭，睿作圣⑮。

【注释】①五事：一曰貌：五事，即下文的貌、言、视、听、思。配恭、从、明、聪、睿，作为行为的标准。貌，容仪。②二曰言：孔传："词章。"③三曰视：孔传："观正。"④四曰听：孔传："察是非。"⑤五曰思：孔传："心虑所行。"⑥貌曰恭：恭，敬。孔传："俨恪。"⑦言曰从：从，顺，正当合理。⑧视曰明：孔传："必清审。"⑨听曰聪：聪，远听。听得广远。孔传："必微谛。"⑩思曰睿：睿，通达。孔传："必通於微。"⑪恭作肃：作，则，就。恭，心敬。孔传："心敬。"⑫从作乂：乂，治理。孔传："可以治。"⑬明作哲：哲，智慧。孔传："照了。"⑭聪作谋：谋，敏也。孔传："所谋必成当。"⑮睿作圣：孔传："於事无不通谓之圣。"

【译文】"第二章，君王自身的五种行为标准：一是仪容，二是言语，三是观察，四是听闻，五是思考。仪容要恭敬，言语要正当合理，观察要明白清楚，听闻要聪敏广远，思考问题要通达。仪容恭敬就能庄重肃穆，言语正当合理就能治理国事，观察聪敏广远就能善于谋断，思考问题通达明了就能达到圣明。

"三，八政：一曰食①，二曰货②，三曰祀③，四曰司空④，五曰司徒⑤，六曰司寇⑥，七曰宾⑦，八曰师⑧。

**【注释】**①八政：一曰食：八政，即八种政务，即下文的食、货、祀、司空、司徒、司寇、宾、师。食，民食，之农业。②货：谓手工业、商业等。③祀：祭祀等宗教之事。④四曰司空：司空，郑玄注曰："掌居民之官。"孔传："主空土以居民。"⑤五曰司徒：司徒，郑玄注曰："掌教民之官。"孔传："主徒众，教以礼义。"⑥六曰司寇：司寇，郑玄注曰："掌诘盗贼之官。"孔传："主奸盗，使无纵。"⑦七曰宾：宾，礼宾、朝觐等外交事务。⑧师：师，军事。

**【译文】**"第三章，要施行好八种政务：一是掌管好农业生产，二是掌管好财货，三是掌管好祭祀活动，四是掌管好内务工程，五是掌管好文德教化，六是掌管好司法刑狱，七是掌管好诸侯朝觐事宜，八是掌管好军事行动。

"四，五纪：一曰岁①，二曰月②，三曰日③，四曰星辰④，五曰历数⑤。

**【注释】**①岁：岁，即叁佰六旬六日，以闰月定四时成岁也。②月：月，从朔日至晦，大月三十日，小月二十九日。③日：日，一天周而复始。④星辰：星辰，即二十八宿。⑤历数：历数，历法。

**【译文】**"第四章，五种记时方法：一是年，二是月，三是日，四是星辰，五是历数。

"五，皇极：皇建其有极①。敛时五福，用敷锡厥庶民②，惟时厥庶民于汝极。锡汝保极③。凡厥庶民，无有淫朋④，人无有比德，惟皇作极⑤。凡厥庶民，有猷有为有守，汝则念之⑥。不协于极，不罹于咎，皇则受之⑦。而康而色⑧，曰：'予攸好德⑨。'汝则锡之福⑩。时人斯其惟皇之极⑪。无虐茕独，而畏高明⑫。人之有能有为，使羞其行，而邦其昌⑬。凡厥正人，既富方谷⑭，汝弗能使有好于而家，时人斯其辜⑮。于其无好，汝虽锡之福，其作汝用咎⑯。无偏无陂，遵王之义⑰。无有作好，遵王之道。无有作恶，遵王之路⑱。无偏无党，王道荡荡⑲。无党无偏，王道平平⑳。无反无侧，王道正直㉑。会其有极，归其有极㉒。曰：皇极之敷言，是彝是训，于帝其训㉓。凡厥庶民，极之敷㉔言，是训是行，以近天子之光㉕。曰：天子作民父母，以为天下王㉖。

**【注释】** ①皇极：皇建其有极：有，助词，无实义。皇，君主。极，准则。皇极，君王的统治准则。②敛时五福，用敷锡厥庶民：敛，聚。时，通"是"，这，此。五福，见上文注解。用，以。敷，遍、布。锡，赐予。厥，其。③惟时厥庶民于汝极。锡汝保极：于，以。汝，你，这里指君王。于汝极，谓言庶民接受你的准则。极，准则。锡，赐，进献之意。保，遵循之意。④淫朋：邪党。⑤人无有比德，惟皇作极：人，官员。比，私相亲密。惟，只。⑥凡厥庶民，有猷有为有守，汝则念之：猷，谋划。为，才干。守，德行操守。⑦不协于极，不罹于咎，皇则受之：协，和。罹，陷入、遭受。咎，罪。受，容纳。⑧而康而色：康，安。色，温润。即要和善你的脸色。⑨予攸好德：予，我。攸，修。好，美。⑩福：福禄。⑪时人斯其惟皇之极：孔传："不合于中之人，汝与之福，则是人此其惟大之中。言可勉进。"⑫无虐茕（qióng）独，而畏高明：虐，欺侮。茕独，泛指鳏寡孤苦无依靠之人。高明，尊崇显要之人，指贵族。⑬人之有能有为，使羞其行，而邦其昌：人，指在位官员。羞，进献。⑭凡厥正人，既富方谷：正人，官员中的长官。方，始，才。谷，善。既富方谷，谓既有福又有禄。⑮汝弗能使有好于而家，时人斯其辜：好，善。于，给。而，你。家，指王室。辜，罪。⑯于其无好，汝虽锡之福，其作汝用咎：于，如。其，那些。好，喜好。⑰无偏无陂，遵王之义：陂，即颇，不平不正为颇。义，法。⑱无有作好,遵王之道:好,即私人利益。道,中道。⑲无偏无党,王道荡荡:党,包庇私情的朋党。荡荡,宽阔平坦的样子。⑳无党无偏,王道平平:平平,通"辨辨",治理,辨别。㉑无反无侧,王道正直:孔传:"言所行无反道不正,则王道平直。"㉒会其有极,归其有极:会,聚集。其,那。会其有极,归,归向。㉓曰:皇极之敷言,是彝是训,于帝其训:彝,常规、常法。训,教训。于帝其训,即顺着上帝的旨意。㉔敷:陈也。㉕是训是行,以近天子之光:孔传:"凡顺是行之,则可以近益天子之光明。"㉖天子作民父母,以为天下王:孔传:"言天子布德惠之教,为兆民之父母,是为天下所归往,不可不务。"

**【译文】**"第五章,君王的统治法则:君王要建立至高无上的统治法则。聚集五种幸福,普遍施予给臣民,这样,百姓就会尊重您的法则。出示您遵循这种法则的方法。凡是百姓没有结成邪党的,百官没有朋比为奸的,只遵循君王所建立的法则。凡是百姓中,有谋略,有作为,有操守的,君王就要记住重视他们。百姓的行为不合乎您的法则,而又没有陷入罪恶的,就要容忍他们,而且应该和颜悦色地去宽容他们。倘若某人说'我注重遵行美德。'您就要赐给百姓福禄。这样,臣民就会完全遵守君王的准则。不要虐待那些孤苦无告无依无靠的人,要敬畏明智显贵的人。倘若某人有才能有作为,就要让他施展才能,这样,国家就会繁荣昌盛。凡是君王的官员,都一并赐予他们福禄,倘若您不能使他们为国家做出贡献,这些人就会怪罪您。对于没有好德行的人,您即使赐给他们幸福,他们却以罪恶来回报您。不要偏颇不正,应当遵循君王的仁义,不要私心偏好,要遵循君王的正道而行。不要为非作歹,要遵循君王的正路而走。不要偏私,不要结党,君王的道路无比宽广。不要结党,不要偏私,君王的道路无比平坦。不反不乱,不偏不倚,君王的道路中正平直。君王团结臣民要有法则,臣民归附君王,也要有法则。君王,对于以上陈述的原则，要宣扬教导，才算是顺从了天帝的旨意！这也都是臣民们所要遵守的至言，之应当顺从它，奉行它，以亲附于天子，承受他的光彩。这样，天子才是臣民的父母，因而作天下的君王。

"六，三德：一曰正直①，二曰刚克②，三曰柔克③。平康，正直④；强弗友，刚克⑤；燮⑥友，柔克。沉潜⑦，刚克；高明⑧，柔克。惟辟作福，惟辟作威，惟辟玉食⑨。臣无有作福、作威、玉食。臣之有作福、作威、玉食，其害于而家，凶于而国⑩。人用侧颇僻，民用僭忒⑪。

**【注释】**①正直：正，端正。直，平直。②刚克：刚，刚强，强硬。克，取胜。刚克，即用强硬的办法去战胜。③三曰柔克：柔，怀柔、温和。柔克，用软办法去战胜。④平康，正直：平康，平正康宁。意指人性的中正平和。⑤强弗友，刚克：友，亲近。谓刚强不可亲之性，靠刚胜。⑥燮（xiè）：和，谓态度柔和可亲之性，靠柔胜。⑦沉潜：沉沦在下的百姓。⑧高明：显要的贵族。⑨惟辟作福，惟辟作威，惟辟玉食：惟，只有。辟，君王。威，刑罚。意谓君王独自掌握刑罚和赏赐的大权。玉食，美食。⑩其害于而家，凶于而国：其，则。而，你，指君王。家，王室。国与王室不可分。国，邦国。⑪人用侧颇僻，民用僭（jiàn）忒：用，因。侧，偏、不正。颇，偏颇、不公正。僻，邪、不正。僭，犯上作乱。忒：通"恶"。

**【译文】**"第六章，人的三种德性：一是正直，二是过分刚强，三是过分柔顺。中正平和，不刚不柔，便是端正平直。倔强不能亲近人就是过分刚强，和顺而不坚强就是过分柔顺。君王要抑制刚强不能亲近的人，推崇和顺可亲的人。只有君王能够造福于臣民，只有君王能够施加威罚，只有君王能够享受美好的食物。百官都没有这些权利。倘若百官有权给人造福，有权对人施加刑罚，有权享用美好的食物，就会危害您的家和国。百官将会因为如此而背离了君王的正道，百姓也会因此而犯上作乱。

　　"七，稽疑：择建立卜筮人①，乃命卜筮②。曰雨，曰霁③，曰圉④，曰霿⑤，曰克⑥，曰贞，曰悔⑦，凡七⑧。卜五，占用二，衍忒⑨。立时人作卜筮⑩。三人占，则从二人之言⑪。汝则⑫有大疑，谋及乃心，谋及卿士，谋及庶人，谋及卜筮⑬。汝则从，龟从，筮从，卿士从，庶民从，是之谓大同⑭。身其康强，子孙其逢，吉⑮。汝则从，龟从，筮从，卿士逆，庶民逆，吉⑯。卿士从，龟从，筮从，汝则逆，庶民逆，吉⑰。庶民从，龟从，筮从，汝则逆，卿士逆，吉⑱。汝则从，龟从，筮逆，卿士逆，庶民逆，作内吉，作外凶⑲。龟筮共违于人⑳，用静吉，用作凶㉑。

　　**【注释】**①稽疑：择建立卜筮人：稽疑，卜问决疑。卜，即用龟甲占卜。筮，即用蓍草占卜。②乃命卜筮：把索要占卜的事告诉龟甲和蓍草。③霁(jì)：雨停止了，云还未散去。④圉：郑玄注曰："色泽而光明也。"孔传："蒙，阴暗。"⑤霿：郑玄注曰："气不释，郁冥冥也。"孔传："气落驿不连属。"⑥克：郑玄注曰："如褉气之色相犯也。"克，成与不成。孔传："兆相交错。五者卜兆之常法。"⑦曰贞，曰悔：贞，内卦。悔，外卦。郑玄注曰："内卦曰贞，贞，正也。外卦曰悔，悔之言晦也，晦犹终也。卦象多变，故言衍忒也。"孔传："内卦曰贞，外卦曰悔。"⑧凡七：孔传："卜筮之数。"⑨卜五，占用二，衍忒：卜五，即用龟甲占卜的五项雨、霁、蒙、驿、克。占用二，即用蓍草占卜的贞、悔。衍忒，即推演卦的征兆。忒，变。孔传："卜五，占用二，衍忒。"⑩立时人作卜筮：立时人，郑玄注曰："立是能分别兆卦之名者，以为卜筮人。"即能够通演变的人担任占卜者。⑪三人占，则从二人之言：郑玄注曰："卜筮各三人，太卜掌三兆，三易。从其多者，蓍龟之道幽微难明，慎之深。"孔传："夏殷周卜筮各异，三法并卜。从二人之言，善钧从众。卜筮各三人。"⑫则：假若，如果。⑬谋及卿士，谋及庶人，谋及卜筮：孔传："次及卿士众民，然后卜筮以决之。"⑭汝则从，龟从，筮从，卿士从，庶民从，是之谓大同：孔传："人心和顺，龟筮从之，是谓大同于吉。"⑮身其康强，子孙其逢，吉：逢，兴旺。孔传："动不违众，故后世遇吉。"⑯汝则从，龟从，筮从，卿士逆，庶民逆，吉：孔传："三从二逆，中吉，亦可举事。"⑰卿士从，龟从，筮从，汝则逆，庶民逆，吉：孔传："君臣不同，决之卜筮，亦中吉。"⑱庶民从，龟从，筮从，汝则逆，卿士逆，吉：郑玄注曰："此三者皆从多。"孔传："民与上异心，亦卜筮以决之。"⑲汝则从，龟从，筮逆，卿士逆，庶民逆，作内吉，作外凶：郑玄注曰："此逆者多，以故举事于境内则吉，境外则凶。"孔传："二从三逆，龟筮相违，故可以祭祀冠婚，不可以出师征伐。"⑳龟筮共违于人：郑玄注曰："龟筮皆与人谋相违，人虽三从，犹不可以举事。"孔传："皆逆。"㉑用静吉，用作凶：作，动。孔传："安以守常则吉，动则凶。"

**【译文】**"第七章，占卜决疑的方法：选用善于卜筮的人，教导他们用龟甲或者蓍草占卜吉凶。卜筮的征兆，有的像雨，有的像雨后的云气。有的像雾气蒙蒙，有的像郁冥冥的腾云，有的像阴阳之气的侵犯，卦象有内卦，有外卦，龟兆和卜筮卦象共有七种。前五种都是龟兆的卦象，后两种都是蓍草卜筮的卦象，由此推演变化，决定吉凶。选用能推演变化的人进行卜筮，三个人分别占卜，就应信从两个人的说法。倘若您有重大的疑惑，就要自己反复考虑，再与卿士商量，然后再与庶民商量，问及卜筮。您倘若赞同，龟卜赞同，蓍筮赞同，卿士赞同，庶民赞同，这就叫做大同。这样，您一定会身体安康，子孙也一定会兴旺发达大吉。倘若您自己赞同，龟卜赞同，蓍筮赞同，卿士反对，庶民反对，也算吉祥。倘若卿士赞同，龟卜赞同，蓍筮赞同，您自己却反对，庶民反对，也算吉利。倘若庶民赞成，龟卜赞成，蓍筮赞成，您反对，卿士反对，也算是吉利的。倘若您赞成，龟卜赞成，蓍筮反对，卿士反对，庶民反对，那么，做国内的事情就吉利，做国外的事情就不吉利。倘若龟卜蓍筮都不合人意，那么，不做事就吉利，做事就会有凶险。

"八，庶征：曰雨，曰旸，曰燠，曰寒，曰风，曰时。①五者来备，各以其叙，庶草蕃庑②。一极备，凶；一极无，凶③。曰休征④：曰肃⑤，时雨若；曰乂，时旸若⑥；曰哲，时燠若⑦；曰谋⑧，时寒若；曰圣⑨，时风若。曰咎征⑩：曰狂，恒雨若⑪；曰僭⑫，恒旸若；曰舒⑬，恒燠若；曰急⑭，恒寒若；曰蒙⑮，恒风若。曰王省⑯惟岁，卿士⑰惟月，师尹惟日⑱。岁月日时无⑲易，百谷用成，乂用明⑳，俊民用章，家用平康㉑。日月岁时既易㉒，百谷用不成，乂用昏不明，俊民用微㉓，家用不宁。庶民惟星，星有好风，星有好雨㉔。日月之行，则有冬有夏㉕。月之从星，则以风雨㉖。

【注释】①曰雨，曰旸（yáng），曰燠（yù），曰寒，曰风，曰时：旸，日出、晴天。燠，暖，热。曰时，要是。叙，次序。时，即指上述五种现象。②五者来备，各以其叙，庶草蕃庑：各以其叙，各顺其叙，相当于风调雨顺。蕃，滋。庑，丰。③一极备，凶；一极无，凶：一极备，其中一项过多。凶，荒年。一极无，其中一项太欠缺。④曰休征：休，美好。征，征兆。⑤肃：指君王态度严肃、庄敬。⑥曰乂，时旸若：时，适时。若，助词，无实义。⑦曰哲，时燠若：孔传："君能照哲，则时燠顺之。"⑧谋：考虑问题。⑨圣：通达事理。⑩曰咎征：咎，过错。咎征，恶行的征兆。⑪曰狂，恒雨若：狂，狂妄、傲慢。恒，常。⑫僭：差，过失。⑬舒：安逸。⑭急：急躁莽撞。⑮蒙：昏暗不明。⑯省：视察。⑰卿士：周王朝掌管国家政权的最高级官员。⑱师尹惟日：师尹，师氏、尹氏的连称。泛指周朝高级文武百官。师氏为武官，尹氏为文官，即史官。⑲无：通"毋"，不要。⑳百谷用成，乂用明：用，以。乂，治理。㉑俊民用章，家用平康：俊民，有才能的人。章，显用。㉒日月岁时既易：孔传："是三者已易，喻君臣易职。"㉓微：沉沦卑贱。㉔庶民惟星，星有好（hào）风，星有好雨：庶民惟星，谓百姓如同星星。星有好风，即星星可影响成风。㉕日月之行，则有冬有夏：《史记札记》："冬夏者，天之所以成岁功也，而日月之行循乎黄道以佐成岁功。以喻臣奉君命而布之民。"孔传："日月之行，冬夏各有常度。君臣政治，小大各有常法。"㉖月之从星，则以风雨：古人认为月亮经行好风雨之星，容易引起风雨。比喻君王要加强统治，不能迁就民欲。

【译文】"第八章，各种征象：雨天，晴天，温暖，寒冷，刮风。一年中这五种天气齐备，各根据正常的时序出现，就会风调雨顺，草木繁盛，庄稼丰收。倘若这五种天气中，某一种天气过多，就会是凶灾；某一种天气过少，也会是凶灾。美好的征兆是：君王庄重肃穆，就会有及时雨降临；君王政治休明，日光就会适时普照；君王处理政事明智，其后就会温暖；君王深谋远虑，天气就会适时转寒；君王通达明识，就会有和风及时而至。恶劣的征兆是：君王行为狂妄放肆，就会常下大雨；君王举动错乱，天气就会久旱不雨；君王贪图安乐，天气就会炎热不消；君王严酷急促，天气就会寒冷不止；君王昏庸愚昧，就会大风不停。君王视察政事得失，就像一岁统率四时；卿士视察政事得失，就像月统于岁；百官视察政事得失，就像日统于月。岁、月、日倘若适时而变，没有异常，庄稼就会丰收在望，政事治理清明，贤能之人就会得到提拔任用，国家就会因此而太平安宁。倘若岁、月、日秩序颠倒错乱，庄稼就不会有收成，政治就会昏暗不明，贤能才德之士就得不到重用，国家就不会安宁太平。百姓就好比是星星，星星能够影响风调雨顺。日月按照一定的规律运行，就会产生冬夏两季。倘若月亮行道之时，从星所好，就会引起风雨，顺从民欲，就会导致政教失常。

"九，五福：一曰寿①，二曰富②，三曰康宁③，四曰攸好德④，五曰考终命⑤。六极：一曰凶、短、折⑥，二曰疾⑦，三曰忧⑧，四曰贫⑨，五曰恶⑩，六曰弱⑪。"

【注释】①一曰寿：孔传："百二十年。"②二曰富：孔传："财丰备。"③三曰康宁：康宁，健康安宁。孔传："无疾病。"④四曰攸好德：攸，修。好，喜好。遵行美德。孔传："所好者德福之道。"⑤五曰考终命：考终命，终天年，寿终正寝。考，老。孔传："各成其短长之命以自终，不横夭。"⑥六极：一曰凶、短、折：极，谓惩罚、恶事。凶、短、折，相当于不得好死。孔传："动不遇吉，短，未六十，折，未三十，言辛苦。"郑玄认为未龀而死为凶，未冠而死为短，未婚而死为折。⑦二曰疾：孔传："常抱疾苦。"⑧三曰忧：孔传："多所忧。"⑨四曰贫：孔传："困于财。"⑩五曰恶：恶，凶恶。孔传："丑陋。"⑪六曰弱：弱，懦弱，衰弱。郑玄注曰："愚懦不壮毅曰弱。"孔传："尪劣。"

【译文】"第九章，五种幸福：一是长寿，二是富贵，三是健康安宁，四是遵行美德，五是高寿善终。六种困厄：一是早死，二是疾病，三是忧愁，四是贫穷，五是邪恶，六是懦弱。"

○武王既胜殷，邦诸侯，班宗彝，作《分器》。

# 旅獒第七

**【题解】**周武王灭掉殷商之后，西方旅国向其进献了大犬。太保召公奭深恐武王玩物丧志，故而劝谏武王要慎重德行，勤勉不怠，重视贤能，安定国家，如是而作《旅獒》。

《书序》："西旅献獒，太保作《旅獒》。"太保召公奭以为西旅所献獒不可接受，故而劝勉武王谨行慎德，以免玩物丧志，贻误国家大事。

○西旅献獒，太保作《旅獒》。

惟克商，遂通道于九夷八蛮①。西旅厎贡厥獒②，太保乃作《旅獒》，用训于王③。

**【注释】**①惟克商，遂通道于九夷八蛮：克商，即周武王攻灭商朝。通道，开通道路。九夷，泛指古代东方的少数民族，即东夷。八蛮，即泛指古代南方的少数民族，即南蛮。②西旅厎贡厥獒：西旅，西戎的一支。厎，至，来。③太保乃作《旅獒》，用训于王：太保，即召公奭。训，训诫、劝导、教诲。

【译文】周武王灭商之后，便开辟了通往周边各个少数民族地区的道路。西方的旅国来进献大犬，太保召公奭写了《旅獒》一书，来开导、劝谏周武王。

曰："呜呼！明王慎德，四夷咸宾①。无有远迩，毕献方物，惟服食器用②。王乃昭德之致于异姓之邦，无替厥服③；分宝玉于伯叔之国，时庸展亲④。人不易物，惟德其物⑤。

【注释】①呜呼！明王慎德，四夷咸宾：慎德，修身敬德。四夷，四方的少数民族。咸，皆，都。宾，宾服、顺从。②无有远迩，毕献方物，惟服食器用：迩，近。毕，尽、全部。献，贡献。惟，只，仅。惟服食器用。③王乃昭德之致于异姓之邦，无替厥服：昭，昭示。替，废弃。服，服事。谓诸侯职事。④分宝玉于伯叔之国，时庸展亲：伯叔之国，谓与周武王同姓的诸侯国。展，展示。亲，亲情。⑤人不易物，惟德其物：易，轻视。谓人不轻视的事物，只是以德来看待这些事物。

【译文】召公说："啊！圣明的君王敬慎自己的德行，四方的少数民族都来归顺。不论远近，都会献上地方物产，只是一些吃穿用度的日常用品而已。天子于是向这些异姓的诸侯分赐贡物，以昭示圣德，使他们不要荒废自己的职事；又分赐宝玉给同姓诸侯邦国，以此明示骨肉亲情。人们不轻看这些贡物，而是把这些贡物视为圣德的恩赐。"

"德盛不狎侮①。狎侮君子，罔以尽人心②；狎侮小人③，罔以尽其力。不役耳目，百度惟贞④。玩人丧德，玩物丧志⑤。志以道宁，言以道接⑥。不作无益害有益，功乃成；不贵异物贱用物，民乃足⑦。

犬马非其土性不畜⑧，珍禽奇兽不育于国⑨。不宝远物，则远人格⑩；所宝惟贤，则迩人安⑪。

【注释】①德盛不狎侮：德盛，德盛隆。狎侮，轻忽、侮慢、怠慢。②狎侮君子，罔以尽人心：君子，指有地位的人，即统治者。③小人：底层的百姓。④不役耳目，百度惟贞：耳目，谓感官获得声色。谓不放纵声色。百度，百事。⑤玩人丧德，玩物丧志：玩人，玩弄人。玩物，玩弄器物。⑥志以道宁，言以道接：道，指一种准则。接，酬应。⑦不作无益害有益，功乃成；不贵异物贱用物，民乃足：孔传："游观为无益，奇巧为异物，言明王之道以德义为益，器用为贵，所以化治生民。"⑧犬马非其土性不畜：土性，土生土长。畜，蓄养。⑨珍禽奇兽不育于国：孔传："皆非所用，有损害故。"⑩不宝远物，则远人格：宝，以之为宝。格，来，至。⑪所宝惟贤，则迩人安：迩，近。安，指安居乐业。

【译文】"君王德行隆盛，就不会轻视怠慢。轻视怠慢官员，就不能使他们竭尽心志；轻视怠慢百姓，就不能使他们竭尽劳力。君王不沉湎于声色欢娱，诸多政事都会处理的顺理成章。戏弄人就会丧失掉君主的德行；玩弄器物就会丧失抱负。自己的心志要合乎大道才能安定，自己的言论要合乎道理才能被人接纳。不做无益的事来妨害有益之事，如此事业就能够成就。不以奇珍异物为贵重，不以日常用品为轻贱，这样百姓才能富足。犬马等这些牲畜卜筮土生土长的就不要蓄养，珍禽奇兽更不能在国内蓄养。不以远方进献的贡物为珍宝，远方的人就能归顺；唯以贤才为宝贵，附近之人就会安居乐业。

"呜呼！夙夜罔或①不勤。不矜细行，终累大德②，为山九仞，功亏一篑③。允迪兹，生民保厥居，惟乃世王④。"

【注释】①或：有。②不矜细行，终累大德：不矜，即不慎重，轻忽。细行，细小的行为。累，连累，累及。③为山九仞，功亏一篑：篑，盛土的竹筐。仞，八尺为一仞。④允迪兹，生民保厥居，惟乃世王：允，信。迪，行。兹，此。即昭公的劝谏。生民，民众。保，安。厥，其。乃，你，指周武王。世王，即世代为王。

【译文】"啊，从早到晚一刻也不能不勤勉。不慎重自己微细的行为，终究会损害大的德行。譬如，堆积九仞高的土山，只差一竹筐土，也不能说大功告成。您真的能履行这些劝告，百姓永保安居，您就可以世代称王了。"

○巢伯来朝，芮伯作《旅巢命》。

# 金縢第八

**【题解】**"金縢之匮"，即用铜装饰加固的柜子，用来封藏王室重要的机密文件。本篇叙述了周武王灭商后两年，患有重病，周公旦以身为抵押替代武王去死，向先王祷告，并将祝册放入金縢之匮之中，于是，武王病愈。

武王死后，周公摄政，三监散布流言，中伤诬陷周公，勾结殷商遗民背叛周王室。周公东征，平定叛乱。成王仍然不解，后来得金縢之书，幡然醒悟，出郊亲自迎接周公。史官录之，作《金縢》。

〇武王有疾，周公作《金縢》。

既克商二年，王有疾，弗豫①。二公曰："我其为王穆卜②？"周公曰："未可以戚我先王③？"公乃自以为功④，为三坛同墠⑤。为坛于南方，北面，周公立焉⑥，植璧秉珪，乃告太王、王季、文王⑦。

**【注释】**①既克商二年，王有疾，弗豫：王，指周武王。武王克商第二年之后。灭商之时在文王受命十一年，此为十三年。弗豫，即不安乐，龙体有恙。②二公曰："我其为王穆卜。"：二公，即太公望和召公奭。其，将。穆卜，占卜。③周公曰："未可以戚我先王？"：周公，武王之弟，名旦。戚，读为祷，告事祈福。④公乃自以为功：公，周公。功，人质。以自身为抵押。⑤为三坛同墠(shàn)：坛，祭坛。墠，祭祀用的平地。⑥为坛于南方，北面，周公立焉：孔传："立坛上，对三王。"⑦植璧秉珪，乃告太王、王季、文王：植，放置，放。璧，环状的扁平圆形玉块。秉，执，拿着。珪，上面为三角状，下面为长条形的玉块。古代祭祀时常用珪璧。太王，即太王古公亶父，文王的祖父，周国过得开创者，迁周人于周原。王季，文王的父亲，名季历。

【译文】在灭掉殷商两年以后，周武王得了重病，不安好。太公望和召公奭说："我们为大王恭敬地卜问吉凶好吗？"周公说："难道不能向我们的先王祷告吗？"周公就以自身为质，代替武王去死，他在祭场上筑起三座坛，又在三坛的南方筑起一坛，面朝北方，周公站在上面，祭坛上放着玉璧，手捧着玉珪，于是向太王、王季和文王祷告。

史乃册①，祝曰："惟尔元孙某，遘厉虐疾②。若尔三王是有丕子③之责于天，以旦代某之身！予仁若考，能多材多艺，能事鬼神④。乃元孙不若旦多材多艺，不能事鬼神⑤。乃命于帝庭，敷佑四方⑥，用能定尔子孙于下地。四方之民罔不祗畏⑦。呜呼！无坠天之降宝命，我先王亦永有依归⑧。今我即命于元龟⑨，尔之许我，我其以璧与珪，归俟尔命⑩。尔不许我，我乃屏⑪璧与珪。"

【注释】①史乃册：史，史官，或称"内史"。册，简书。②惟尔元孙某，遘厉虐疾：元孙，长孙。某，指武王姬发。遘，遇。厉，危。虐，恶。③丕子：大儿子。④予仁若考，能多材多艺，能事鬼神：若，而。仁若，柔顺。考，通"巧"。材，通"才"，指才能。⑤乃元孙不若旦多材多艺，不能事鬼神：孔传："言不可以死。"⑥乃命于帝庭，敷佑四方：乃命于帝庭，谓你们在上帝的天庭里接受任命。乃，你们。敷佑，即"抚有"普遍有。⑦用能定尔子孙于下地。四方之民罔不祗畏：用，因此。下地，人间。祗，敬。⑧无坠天之降宝命，我先王亦永有依归：坠，丧失。降，下。依归，指宗庙。⑨今我即命于元龟：即，将，将要。命，受命。即命，即就而听命。元龟，占卜时所用的大龟。⑩尔之许我，我其以璧与珪，归俟尔命：尔，指三王。之，若，如果。其，则。归，意谓回到三王的身边，以身为质，代替武王去死。俟，等待。⑫屏：抛弃。

**【译文】**史官写下了策书，祝告说："你们的长孙姬发，患了很严重的恶疾，倘若你们三王在天之灵，需要召他去服侍，担任助祭的职责，那么就让我小子姬旦来代替他吧！我柔顺巧能，多才多艺，能够服事鬼神。而你们的长孙姬发不像我这样多才多艺，他哪里能服事鬼神呢？你们在上帝那里承受了重大的天命，拥有天下四方。因此能在人间安定你们的子孙，天下的百姓没有不敬畏的。唉！只要不丧失上帝降给周国的宝贵使命，我们先王的神灵也就可以永远安享宗庙。现在，我来听命于大龟，倘若你们允许我的请求，我就把玉璧和玉珪献给你们，回去等候你们的命令。倘若你们不允许我，我就把玉璧和玉珪拿开。"

乃卜三龟，一习吉①。启籥见书，乃并是吉②。公曰："体！王其罔害③。予小子新命于三王，惟永终是图④；兹攸俟，能念予一人⑤。"公归，乃纳册于金滕之匮中⑥。王翌日乃瘳⑦。

**【注释】**①乃卜三龟，一习吉：一，都。乃卜三龟，即在三个王前面各摆放一只龟。习，重复，因袭。习吉，即占卜的都是吉兆。②启籥见书，乃并是吉：启，打开。籥，即简书，占卜之书。并是吉，指武王和周公都安然无恙。马融注曰："藏卜兆书管。"③体！王其罔害：体，兆形。其，大概。罔，无。④予小子新命于三王，惟永终是图：予小子，周公的自称。永，长。图，谋划。惟永终是图，倒装语，意谓只是图谋周朝的长久。⑤兹攸俟，能念予一人：兹，此。攸，助词，所。俟，期待。予一人，王的专称。⑥公归，乃纳册于金縢之匮中：縢，封缄用的丝。匮，匣子。⑦王翌日乃瘳：瘳，病愈。翌，明日。

**【译文】**于是，他在三王灵前各摆了一只龟，进行占卜，结果都重复出现了吉兆。打开藏着卜兆的书匣，翻出占卜之书一看，也都是吉兆。周公说："吉兆啊！大王的病没有大碍了！我小子姬旦刚刚从三王那里接受了命令，就是图谋国家的长治久安；现在我所期待的，是先王记挂我能侍奉鬼神。"周公回去，史官把周公祷告的简书放进用金丝线缠系的柜子里。第二天，周武王的病就痊愈了。

武王既丧，管叔及其群弟乃流言于国①，曰："公将不利于孺子②。"周公乃告二公曰："我之弗辟，我无以告我先王③。"周公居东二年，则罪人斯得④。于后，公乃为诗以贻王。名之曰《鸱鸮》⑤。王亦未敢诮公⑥。

**【注释】**① 武王既丧，管叔及其群弟乃流言于国：既丧，死后。管叔，名鲜，周文王之子，武王大弟，周公的兄长，封地在今郑州一带。流言，造谣。②公将不利于孺子：孺子，即周武王的儿子成王。当时成王年幼，尚未亲政，由周公摄政。③我之弗辟，我无以告我先王：孔传："辟，法也。告召公、太公言我不以法法三叔，则我无以成周道告我先王。"实为惩罚管叔蔡叔叛乱之事。④周公居东二年，则罪人斯得：居东，即居在国都之东，为了逃避嫌疑。一说东征。罪人，指造谣中伤的人，即参与管蔡叛乱之人。斯，乃。⑤于后，公乃为诗以贻王。名之曰《鸱鸮》：贻，赠送。鸱鸮（chī xiāo），一种猫头鹰的小鸟。⑥王亦未敢诮（qiào）公：诮公，让，责备之意。

【译文】武王死后，管叔和他的几个弟弟就在国内散布谣言，说："周公将对年幼的成王不利。"于是，周公就对太公望和召公奭说道："倘若我不摄政，不依法惩办管叔等叛乱者，我就不能稳定周王朝的统治，告慰我们的先王。周公东征平叛第二年，散布谣言的罪人都被捕获。后来，周公写了一首诗送给成王，诗名叫《鸱鸮》，成王也不敢责备周公。"

秋，大熟，未获，天大雷电以风①。禾尽偃，大木斯拔，邦人大恐②。王与大夫尽弁，以启金縢之书③，乃得周公所自以为功代武王之说④。二公及王乃问诸史与百执事⑤。对曰："信。噫！公命我勿敢言⑥。"

【注释】①秋，大熟，未获，天大雷电以风：秋，居国都之东的第二年秋天。大熟，即农作物可以收获了。未获，指尚未收割。以，与。②禾尽偃，大木斯拔，邦人大恐：偃，倒伏。斯，尽。③王与大夫尽弁（biàn），以启金縢（téng）之书：弁，朝服。④乃得周公所自以为功代武王之说：说，即祝册中的祝辞。⑤二公及王乃问诸史与百执事：史，指上文所示读祝册的史官。诸史，即诸位史官。百执事，即掌管卜筮册祝以及典藏金縢之匮的各个执事的官员。⑥信。噫！公命我勿敢言：信，确实。噫，叹词。

【译文】那一年秋天，庄稼都成熟了，丰收在望，还没有收割，天空雷电大作，刮起大风，庄稼都倒伏了，大树也都被拔起。国内的百姓都非常惊恐。周成王和大夫们都穿上朝服，戴上礼帽，准备卜问，打开贮存占卜祝册的金线封固的匣子，于是得到了周公以自身做抵押替代武王去死的祝辞。太公望、召公奭以及成王就此事询问祝史和各执事官员，他们回答说："是这样的。唉！周公命令我们保密，我们哪里敢说呢。"

王执书以泣，曰："其勿穆卜<sup>①</sup>！昔公勤劳王家，惟予冲人弗及知<sup>②</sup>。今天动威，以彰周公之德<sup>③</sup>，惟朕小子其新逆，我国家礼亦宜之<sup>④</sup>。"王出郊，天乃雨，反风，禾则尽起<sup>⑤</sup>。二公命邦人，凡大木所偃，尽起而筑之<sup>⑥</sup>。岁则大熟。

**【注释】**① 其勿穆卜：穆卜，即卜筮占问。穆，敬。② 昔公勤劳王家，惟予冲人弗及知：惟，只。予冲人，即"余小子"，君王自称。冲人，指年幼之人。意谓周成王欲亲自主持周公改葬时的"迎神"之礼。③ 今天动威，以彰周公之德：彰，彰显，昭明。④ 惟朕小子其新逆，我国家礼亦宜之：新，即"亲"。逆，即迎接。⑤ 王出郊，天乃雨，反风，禾则尽起：郊，国都的郊外。反风，即风向倒转过来。反，同"返"。起，立起，扶起。筑，用土培根。⑥ 二公命邦人，凡大木所偃，尽起而筑之：尽起而筑之，即将大树所压倒的禾谷扶起来，拾取谷穗。

**【译文】**成王捧着策书，流着眼泪说："我们不用恭敬地占卜了！以前周公替周王朝辛勤操劳，我这个年幼人全然不知。现在上帝发怒了，来惩罚我们，以表彰周公的德行，我小子应当亲自去迎接，这在国家礼制上也是适宜的啊！"成王出了郊外，天还下着雨，风向反转，倒伏的庄稼都又立了起来。太公望、召公奭命令国内百姓，把吹倒的大树都扶起来，用土培根加固。这一年获得了大丰收。

# 大诰第九

【题解】诰，告诫劝勉也。"大诰"即普遍广泛地告谕、宣布。《史记·周本纪》："初，管、蔡畔周，周公讨之，三年而毕定，故初作《大诰》，次作《微子之命》，次《归禾》，次《康诰》、《酒诰》、《梓材》，其事在周公之篇"《书序》"武王崩，三监及淮夷叛，周公相成王，将黜殷，作《大诰》。"《鲁周公世家》："管、蔡、武庚等果率淮夷而反。周公乃奉成王命，兴师东伐，作《大诰》。"

周武王死后，管蔡叛乱，武庚反叛，周公决定东征平叛。出师之前，他召集各个诸侯国的国君以及各级的官员，反复申述东征的理由，劝导他们顺从上帝的旨意，同心同德，去平定叛乱。

〇武王崩，三监及淮夷叛，周公相成王，将黜殷，作《大诰》。

王若曰："猷！大诰尔多邦，越尔御事①。弗吊！天降割于我家，不少延②。洪惟我幼冲人，嗣无疆大历服③。弗造哲，迪民康④，矧曰其有能格知天命⑤！

【注释】①猷(yóu)！大诰尔多邦，越尔御事：猷，发语词。大诰，指天子对臣下的训导。尔，你。多邦，分封的诸侯和归附的方国。越，于，及。御事，朝廷百官。②弗吊！天降割于我家，不少延：弗吊，不善。割，通"害"。我家，周王室。少，稍。延，延缓。③洪惟我幼冲人，嗣无疆大历服：我幼冲人，谓年幼的成王。嗣，继承、接任。疆，界限。无疆，长远之意。历，数。服，服事。大历服，谓天子长久的年代与伟大的使命。④弗造哲，迪民康：造，遭，遭逢。哲，吉，明智。迪，引导。康，安康。意谓没有遇到明智的人，引导百姓达于安康。⑤矧(shěn)曰其有能格知天命：矧，何况。有，同"又"。格，推究，至。

【译文】周公代宣成王之命说："啊，我现在遍告你们各国诸侯和你们这些办事大臣。不幸啊，上天给我们降下灾祸，近来一直没有间歇过。我小子年轻幼稚继承了这份千秋大业，还没有遇到贤哲的辅佐，引导我的百姓过上安乐的生活，我怎么能说自己推究认知了天命呢！

"已！予惟小子，若涉渊水，予惟往求朕攸济①。敷贲，敷前人受命，兹不忘大功②。予不敢于闭③天降威，用文王遗我大宝龟，绍天明。即命④曰：'有大艰于西土，西土人亦不静，越兹蠢⑤。殷小腆，诞敢纪其叙⑥。天降威，知我国有疵⑦，民不康。曰：'予复'！反鄙我周邦⑧，今蠢，今翼日，民献有十夫予翼，以于敉文、武图功⑨。我有大事，休？"朕卜并吉⑩！

【注释】①已！予惟小子，若涉渊水，予惟往求朕攸济：已，发语词。予惟小子，谓周公代成王自称。渊，深。朕，我。攸，所以。济，渡过。②敷贲，敷前人受命，兹不忘大功：敷，遍，布。贲，大龟名。敷贲，即把占卜的龟兆拿出来给大家看。前人，前代君王。兹，雍塞。③闭：雍塞，关闭。④用文王遗我我大宝龟，绍天明。即命：绍，卜问。明，通"命"。即命，谓占卜之前将索要占卜之事告诉鬼神得知，称为"命龟"。⑤有大艰于西土，西土人亦不静，越兹蠢：西土，即周朝国都镐京一带。越，发语词。兹，此。蠢，蠢动，不安分。⑥殷小腆，诞敢纪其叙：殷小腆，殷小主，谓发动叛乱的武庚禄父。腆，主。诞，发语词，无实义。纪，整理。叙，通"绪"，旧的法纪传统。⑦天降威，知我国有疵：威，惩罚。疵，毛病。这里意谓周室内部不融洽，政局不稳定。⑧民不康。曰：'予复'！反鄙我周邦：予复，即恢复旧邦。鄙，鄙视。意谓西周小国灭掉大邑商，故商人鄙视不服周朝的统治。⑨今蠢，今翼日，民献有十夫予翼，以于敉（mǐ）文、武图功：今蠢，意谓武庚他们如同害虫蠢动一样。日，近日。民献，臣服于征服者而仍然统治本族奴隶的贵族。十夫，一群人。予翼，倒装语，即"翼予"，辅佐我。于，往。敉，完成。图，大。⑩我有大事，休？朕卜并吉：大事，即东征。休，美，善。并，都。

【译文】"唉！我小子好像准备渡过深渊一样，必须寻求可以安全渡过的方法。因而，我应当把占卜的吉兆公布于众，把大宝神龟助先王接受天命的事实宣布于众，如此便可以不失掉先王所创建的功业。我不敢把上天降下灾难这件事隐瞒起来，我要用文王留给我们的大宝神龟，卜问天命。我走到大宝神龟面前祷告说："西土有大灾难了，西土的人心也不安定，现在也开始蠢动起来。殷商的小主武庚禄父竟然妄想复辟他们已经灭绝的王统。在上帝降下灾祸之时，他们知道国内有凶灾，人心不稳定。他们说'我们光复殷商王朝的时刻到来了！'他们鄙视和害怕我们周王朝。他们现在就像虫鸟蠢蠢欲动，开始发动叛乱，许多地方的百姓响应叛乱。近来，幸好在叛乱的国家里，有一批贤者辅佐我们，和我们一同去完成文王和武王的大功业。现在我准备发兵东征了！请问这此占卜的吉凶如何？"结果，我的占卜全都得到了吉兆！

"肆予告我有邦君越尹氏、庶士、御事<sup>①</sup>,曰:'予得吉卜,予惟以尔庶邦,于伐殷逋播臣<sup>②</sup>。'尔庶邦君越庶士、御事罔不反<sup>③</sup>曰:'艰大,民亦不静,亦惟在王宫邦君室<sup>④</sup>。越予小子,考翼不可征,王害不违卜<sup>⑤</sup>?'

**【注释】**①肆予告我友邦君越尹氏、庶士、御事:肆,故,因此现在。有,通"友"。有邦君,谓臣服周朝的方国和分封的诸侯国。尹氏,周王朝的史官,执掌书写王命。庶士,众多的官员。②予得吉卜,予惟以尔庶邦,于伐殷逋播臣:予,我。惟,谋。以,率领。庶邦,众多的邦国。于伐,征伐。逋播,即逃亡。③尔庶邦君越庶士、御事罔不反:罔,无。反,同"返",复命,即答复上级。④艰大,民亦不静,亦惟在王宫邦君室:艰,困难。王宫,管叔、蔡叔本是周室亲族。邦君室,即管叔、蔡叔都是分封土地的诸侯。⑤越予小子,考翼不可征,王害不违卜:越,发语词,无实义。考,深思远虑。翼,敬慎。害,通"曷",何。

**【译文】**"因此现在我明白告谕你们各国诸侯邦君以及史官、政务官和王室近臣:'我现在已得到吉兆,我要带着这些属邦诸侯国的军队,去讨伐那些殷人的亡命之徒。'然而,你们诸位国君以及百官、王室近臣却反对说:'困难太大了,周朝内部的百姓又不安宁。而且这些叛乱就出在我们王室内部和诸侯公室内,我们这些小子考虑,不能征伐,大王啊!您为什么不违背卜兆呢?'

"肆予冲人永思艰<sup>①</sup>,曰:乌虖!允蠢鳏寡,哀哉<sup>②</sup>!予造天役,遗大投艰于朕身<sup>③</sup>。越予冲人不卬自恤<sup>⑤</sup>。义尔邦君,越尔多士、尹氏、御事<sup>⑥</sup>。绥予曰:'无毖于恤,不可不成乃文考图功<sup>⑦</sup>!'

**【注释】**①肆予冲人永思艰：孔传："故我童人成王长思此难而叹。"②允蠢鳏寡，哀哉：允，实在。蠢，动乱。鳏寡，谓无依无靠的孤独之人。③予造天役，遗大投艰于朕身：造，通"遭"。役，同"疫"。天役，上天降下的灾难。大，语助词，无实义。遗，投，降给之意。意谓劝诫周成王不可仅以自身安危忧虑。④越予冲人不卬自恤：卬，我。恤，忧。⑤义尔邦君，越尔多士、尹氏、御事：义，应该。越，和，及。⑥绥予曰：'无毖于恤，不可不成乃文考图功。'：绥，劝告。无，通"勿"，不要。毖，恐惧，畏慎。恤，忧虑。成，成就。乃，你。考，父亲，指文王。图，图谋。功，功业。

**【译文】**"因此，我再三地斟酌了这些困难，我要对你们说：唉！军队东征，确实会惊扰天下爱孤苦无依的百姓，真痛心啊！我不幸遭受上帝的责罚，并且把这样的大灾难降临到我的身上，我这个年轻幼稚的王不能只为自身的安危荣辱所忧虑。你们诸位邦君以及诸多的官员、史官、王室近臣，应当劝谏我说：'您不要被忧患所恐惧，不可不完成您先人文王所谋求的功业啊！'

"已！予惟小子，不敢替上帝命①。天休于文王，兴我小邦周，文王惟卜用，克绥受兹命②。今天其相民，矧亦惟卜用③？乌虖！天明畏，弼我丕丕基④！"

**【注释】**①已！予惟小子，不敢替上帝命：替，废。一说当为僭，不信。②天休于文王，兴我小邦周，文王惟卜用，克绥受兹命：休，庇护。小邦周，周朝王室的自我谦称。卜用，占卜之用。克，能。绥，继承。③今天其相民，矧亦惟卜用：相，帮助。矧，又。④乌虖！天明畏，弼我丕丕基：天明畏，即畏惧天命。弼，辅佐。丕，大。基，基业。

**【译文】**"唉！我小子决不敢废弃上帝的天命。上帝嘉惠文王，使我们小小的周国振兴起来。当年就是由于文王遵照占卜的旨意行事，所以才能继承天命。现在上帝又扶助我的百姓，况且，我也是按照占卜的旨意行事。啊！天命威严可畏，大家一起来辅助我成就伟大的基业吧！"

王曰："尔惟旧人，尔丕克远省，尔知文王若勤哉<sup>①</sup>！天閟毖我成功所，予不敢不极卒文王图事<sup>②</sup>。肆予大化诱<sup>③</sup>我友邦君：天棐忱辞，其考我民<sup>④</sup>，予曷其不于前文人，图功攸终<sup>⑤</sup>？天亦惟用勤<sup>⑥</sup>毖我民，若有疾，予曷敢不于前文人攸受休毕<sup>⑦</sup>？"

**【注释】**①尔惟旧人，尔丕克远省，尔知文王若勤哉：尔，你们。旧人，旧臣。丕，大。克，能。远省，遵循。省，察视、回顾。若，如此。②天閟毖我成功所，予不敢不极卒文王图事：閟（bì）毖，谨慎告教。所，所在，所由。极卒，赶快完成。极，通"殛"。卒，完成。③化诱：教导。④天棐忱辞，其考我民：棐忱，不信。棐，通"匪"非，不。忱，通"谌"，相信。考，成全、安定。⑤予曷其不于前文人，图功攸终：其，语气词，无实义。攸，是。⑥勤：劳。谓征伐之劳役。⑦予曷敢不于前文人攸受休毕：攸受休，所受上天的庇佑。毕，结束，这里指祛除疾病。

**【译文】**周公代成王说："你们许多人都是我的先人文王、武王的旧臣，你们远知往事，你们知道，文王是多么地勤劳啊！现在上帝已经把成功的道理教给了我，我实在不敢不去尽快完成文王图谋的功业。因而我恳切地告诫诸位邦君们：上帝真诚地帮助、告诫我们，为的是要安定我们的百姓。那么，我们为什么不去完成先人文王所图谋的最终大业呢？现在，上帝又要动用我们的百姓了，从事东征就如同辛苦地祛除瘟疫一样，我们怎么敢不为先人文王所承受的上天禄命而坚决地攘除疫患呢？"

王曰："若昔朕其逝，朕言艰日思①。若考作室，既底法，厥子乃弗肯堂，矧肯构②？厥父菑，厥子乃弗肯播，矧肯获③？厥考翼，其肯曰：'予有后，弗弃基④？'肆予害敢不越卬敉文王大命⑤？若兄考，乃有伐厥子，民养其观弗救⑥？"

【注释】① 若昔朕其逝，朕言艰日思：若，如。昔，以前。逝，往。言，于。艰，艰难。日，天天。意谓周公回顾随武王伐纣的往事。②若考作室，既底法，厥子乃弗肯堂，矧肯构：考，父。既，已经。底，定。法，指造房屋的尺寸规定。③厥父菑，厥子乃弗肯播，矧肯获：厥，其。菑，田中除草和翻土，即开垦土地。乃，尚且。堂，高出地面四方形的土台。这里谓堆土以奠定建房的基础。肯，能。矧，何况。构，屋架。④厥考翼，其肯曰：'予有后，弗弃基，翼，通"繄"，语助词，无实义。其，哪里会。⑤肆予害敢不越卬敉（mǐ）文王大命：肆，故。越卬，即在我，于我，趁我这一生。敉，安定，完成。⑥若兄考，乃有伐厥子，民养其观弗救：兄考，即兄死。周公称皇兄武王。伐，侵伐，欺侮。厥，其，他的。民养，指奴隶、仆人，这里意谓周室的官员。

【译文】周公代成王说："如同往日讨伐商纣一样，我天天都在深沉地思索这次艰难地东征。这就如同一位父亲想造房子，他已经制定好了建筑的规划，他的儿子却连堆土夯实地基的劳力都不肯出，更遑论去搭柱装椽呢？又如一位父亲已经耕好了田地，他儿子连播种的事都不肯干，更遑论去收获庄稼呢？这位父亲在如此情况下，难道还会说'我有很好的后人，他不会抛弃我的基业'吗？因而，我怎么敢不及早努力去实现文王所承受的天命呢？像现在这样，兄长武王死了，群弟却来欺侮攻伐他的儿子，作为国家的官员能袖手旁观而不去劝阻并救助他吗？"

王曰:"呜呼!肆①我告尔庶邦君,越尔御事。爽邦由哲,亦惟十人,迪知上帝命②,越天棐忱,尔时罔敢易定!矧今天降戾于周邦③?惟大艰人诞以邻伐于厥室,尔亦不知天命不易④?

**【注释】**①肆:肆力、尽力。②爽邦由哲,亦惟十人,迪知上帝命:爽,发语词,无实义。由哲,昌明顺利。指在周文王与周武王之时。十人,虚数,指一批大臣。迪知,用知。③越天棐忱,尔时罔敢易定!矧今天降戾于周邦:越,于,及。棐忱,不信。棐,通"匪",非,不。忱,通"谌",相信。尔,你们。罔,不。易,改变。法,天法,指上天的旨意。矧,何况。戾,定,安定。④惟大艰人诞以邻伐于厥室,尔亦不知天命不易:大艰人,即管蔡之乱的叛徒。厥室,代指叛变周室的亲族。不易,不变。

**【译文】**周公又代成王说:"啊!努力吧!你们诸位邦君以及百官近臣,以往周邦国势昌明顺利,那是因为像王蒙人用了一批贤明仁德的贤臣。他们能引导我们认识上帝的旨意和上帝助以诚信之事,你们不敢轻慢废弃上帝的旨意,更何况现在上帝已经给周邦降下了定命呢?那些发动叛乱的大罪人,勾结殷人,同室操戈。难道你们不知道上帝赐予周朝的禄命是不会改变的吗?"

"予永念曰:天惟丧殷,若穑夫①,予害敢不终朕亩②?天亦惟休于前文人,予害其极③卜?敢弗于从率文人有旨疆土?矧今卜并吉④!肆朕诞以尔东征。天命不僭,卜陈惟若兹⑤"。

**【注释】**①予永念曰:天惟丧殷,若穑夫:穑夫,农夫。穑,稼穑、耕稼。②予害敢不终朕亩:孔传:"我何敢不顺天,终竟我垄亩乎?言当灭殷。"③极:通"亟",赶快。④敢弗于从率文人有旨疆土?矧今卜并吉:从,遵从，遵守。率，语助词，无实义。⑤肆朕诞以尔东征。天命不僭，卜陈惟若兹：肆，所以，因此。诞，其，将。以，率领。僭，不信。陈，陈列。卜陈，卜兆陈列。惟，有。若兹，像这样，相当于顺哉。

【译文】"我经过长时间地考虑，认为：上帝决定灭绝殷商王朝。我们受命之后，如同农夫种地一样，我哪里敢不顺应天时善始善终地干完田亩的劳作呢？上帝嘉惠于我们的先人文王，我们为什么要放弃占卜呢？怎么敢不去遵从占卜的吉兆，怎么敢不去重新审视文王美好的疆土呢？更何况现在占卜都得到了吉兆！因而，我将率领你们东征平叛，上帝的旨令没有差错，占卜的吉兆清楚地呈现在这里。"

# 微子之命第十

【题解】微子，商纣王受的庶兄。命，即封命，是周成王分封微子的命令。周公东征，杀武庚禄父，周成王就册命微子做宋国的国君。鉴于管蔡之乱，武庚之叛，周成王申告微子，必须遵从旧典，约束臣民，拥戴周王室。

《史记·殷本纪》载："纣愈淫乱不止，微子数谏不听，乃与大师、少师谋，遂去。"《宋微子世家》："周武王伐纣克殷，微子乃持其祭器造于军门，肉袒面缚，左牵羊，右把茅，膝行而前以告。于是武王乃释微子，复其位如故。"《书序》云："成王既黜殷命，杀武庚，命微子启代殷后，作《微子之命》。"可知，微子归顺周朝，成王初立，周公摄政，管蔡勾结武庚作乱，周公东征平叛，"乃命微子开代殷后，奉其先祀，作《微子之命》以申之，国于宋。微子故能仁贤，乃代武庚，故殷之余民甚戴爱之"。

○成王既黜殷命，杀武庚，命微子启代殷后，作《微子之命》。

王若曰："猷！殷王元子①。惟稽古，崇德象贤②，统承先王，修其礼物③，作宾于王家，与国咸休，永世无穷④。

"呜呼！乃祖成汤，克齐圣广渊⑤，皇天眷佑，诞受厥命⑥。抚民以宽，除其邪虐⑦，功加于时，德垂后裔⑧。

"尔惟践修厥猷，旧有令闻⑨。恪慎克孝，肃恭神人⑩。予嘉乃德，曰笃⑪不忘。上帝时歆，下民祗协⑫，庸建尔于上公，尹兹东夏⑬。

【注释】①猷！殷王元子：猷，语气助词。殷王指帝乙。元子，谓长子，这里指微子。②惟稽古，崇德象贤：稽，考察。稽古，稽考古代。崇，尊崇。象，效法。象贤，即效法贤人。③统承先王，修其礼物：统，嫡系血统。统承先王，即继承先王的血统。先王，即商朝先代的贤王。修，行使。礼，典礼。物，文物。④作宾于王家，与国咸休，永世无穷：宾，客。王家，指周王朝。⑤呜呼！乃祖成汤，克齐圣广渊：孔传："言汝祖成汤能齐德圣达广大深远，泽流后世。"⑥皇天眷佑，诞受厥命：眷，顾念。诞，乃。⑦抚民以宽，除其邪虐：宽，宽政。抚，抚爱。宽，宽政。除，除去。邪，邪恶。虐，残害。⑧功加于时，德垂后裔：加，施加。时，此时，当时。垂，流传。⑨尔惟践修厥猷，旧有令闻：尔，指微子。践，履。修，行。旧，过去。令闻，善誉，美好的名声。⑩恪慎克孝，肃恭神人：恪，恭敬。慎，谨慎。克，能。肃，严。恭，敬。意谓以恭敬事神治人。⑪笃：厚。⑫上帝时歆，下民祗协：歆，飨、享受。祗，敬。协，和。⑬庸建尔于上公，尹兹东夏：庸，用。建，立，封立。上公，周制，三公八命，出封时加一命。尹，治理。东夏，宋国。

【译文】周成王这样说道："啊！殷王帝乙的长子。考察古代殷商的历史，能够尊崇圣德，效法贤德之人。继承殷商先王的血统，完善他们的典礼文物。做我们王家的宾客，和国家共同荣耀，世世代代，都无穷无尽。

"唉！你的祖先成汤，能做到敬德、圣明、广大、深远，伟大的上帝佑助顾念于他，他承受上帝赐予的大命。他以宽仁的施政抚爱百姓，除掉邪恶暴虐之徒。他的功绩施行于当时，德泽流传于子孙后世。

"你履行成汤的德政，久有美名，谨慎能孝，恭敬神灵和百姓。我欣赏你的美德，深深地不能忘怀。上帝时长享受你的祭祀，天下的百姓恭敬和睦，因此立你为上公，统治宋国这一带。

"钦哉！往敷乃训<sup>①</sup>。慎乃服命，率由典常，以蕃王室<sup>②</sup>。弘乃烈祖，律乃有民<sup>③</sup>，永绥厥位，毗予一人<sup>④</sup>。世世享德，万邦作式<sup>⑤</sup>，俾我有周无斁<sup>⑥</sup>。

"呜呼！往哉惟休！无替朕命<sup>⑦</sup>。"

【注释】①钦哉！往敷乃训：钦，敬。往，前往。敷，布。乃，你的。训，训戒、教诲。②慎乃服命，率由典常，以蕃王室：服，职位、职事。慎乃服命，意谓慎重地执行你的职务和使命。蕃，通"藩"，屏障。这里意谓作为周王室的屏障。率，循。由，用。王室，周王室。③弘乃烈祖，律乃有民：弘，大。烈祖，英明，事业显赫，有功绩的祖先。④永绥厥位，毗予一人：永，长久。绥，安。厥，其。毗，辅弼。予一人，周成王自称。⑤世世享德，万邦作式：万邦，天下四方。式，楷模、榜样。⑥俾我有周无斁（yì）：无，通"毋"，不要。斁，废弃。

【译文】"敬慎啊！前去发布你的政令，慎重履行你的职事和使命，遵从常法，以此作我们周王室的屏障。你还要弘扬你英明先祖成汤显赫的功绩，用法律来约束你的臣民，永远安居于上公之位，辅佐我一人。这样你的子孙世世代代享受你的功德，天下四方都会以你为榜样，服从我们周王朝毫不懈怠。

"啊！前去吧，应当施行美政，不要废弃我的教令。"

〇唐叔得禾，异亩同颖，献诸天子。王命唐叔归周公于东，作《归禾》。

〇周公既得命禾，旅天子之命，作《嘉禾》。

# 康诰第十一

【题解】康诰，即册封康叔于卫国之时的诰辞。《史记·卫康叔世家》载："卫康叔名封，周武王同母弟也。……周公旦以成王命兴师伐殷，杀武庚禄父、管叔，放蔡叔。以武庚殷余民封康叔为卫君，居河、淇间故商墟。周公旦惧康叔齿少，乃申告康叔曰，必求殷之贤人君子长者，问其先殷所以兴所以亡，而务爱民。"武王母弟八人，康叔为司寇。

《左传·定公四年》载："分康叔以大路、少帛、綪茷、旃旌、大吕，殷民七族……命以《康诰》，而封于殷虚。皆启以商政，疆以周索。"《书序》云："成王既伐管叔、蔡叔，以殷余民封康叔，作《康诰》、《酒诰》、《梓材》。"

全篇阐述了尚德慎罚、敬天爱民的道理，并规定了刑罚、刑律的准则，强调了德政教化的重要性，巩固了周王朝的统治。

〇成王既伐管叔、蔡叔，以殷余民封康叔，作《康诰》、《酒诰》、《梓材》。

惟三月哉生魄①，周公初基，作新大邑于东国洛②，四方民大和会③。侯、甸、男邦，采、卫④，百工，播民和见，士于周⑤。周公咸勤，乃洪大诰治⑥。

王若曰："孟侯，朕其弟，小子封⑦。惟乃丕显考文王，克明德慎罚⑧；不敢侮鳏寡⑨，庸庸，祗祗，威威，显民⑩。用肇造我区夏，越我一、二邦以修⑪。我西土惟时怙冒⑫，闻于上帝，帝休⑬，天乃大命⑭文王。殪戎殷，诞受厥命⑮，越厥邦厥民，惟时叙⑯，乃寡兄勖。肆汝小子封在兹东土⑰。"

**【注释】**①惟三月哉生魄：惟，语气助词。哉生魄，月初。哉，开始。②周公初基，作新大邑于东国洛：初基，即刚开始奠定基业。基，谋。新大邑，即东都洛邑。洛，洛水。③四方民大和会：意谓四方诸侯朝觐周天子的会同之礼，和同大会。④侯、甸、男邦、采卫：侯邦、甸邦、男邦。采卫，这里指与侯、甸、男并立的附庸小国。⑤百工播民和见，士于周：百工，百官。播民，随诸侯来觐见的臣民，一说即殷商遗民，主要指迁移至洛邑的殷商遗民。和，合，会。事，效力，做事。⑥周公咸勤，乃洪大诰治：咸，都。勤，劳，慰劳。洪，代替义。治，治邦之道。⑦孟侯，朕其弟，小子封：孟侯，即康叔的另一种称呼。朕，我，这里指周公。小子，亲属之间的一种亲昵的称呼，这里指康叔。封，康叔之名。康叔，即周文王之子，周武王之弟，成王之叔父。⑧惟乃丕显考文王，克明德慎罚：惟，只。乃，你的。丕，大。显，明。考，父。克，能。明，通"勉"。明德慎罚，谓尚德谨刑。⑨鳏寡：这里指孤独无依无靠的百姓。⑩庸庸，祗祗，威威，显民：庸庸，前一个"庸"为动词，通"用"，任用；后一个"庸"，指应受任用之人。祗，敬。祗祗，即敬可敬。威，罚。威威，即威可威。显民，即显示于民，意谓让百姓了解。显，显示。⑪用肇造我区夏，越我一、二邦以修：用，因此。肇，开始、创造、初建。区，别。区夏，即华夏地区，这里指周朝。越，与，及。一、二邦，指周王朝统治下所分封的诸侯国。修，治。⑫我西土惟时怙冒：时，通"是"，指示代词，这，此。怙，依恃。冒，上。帝，天帝，上帝。⑬休：美善。⑭命：降命。⑮殪戎殷，诞受厥命：殪戎殷，即灭掉殷商。殪，灭亡。戎，大。诞，语助词。越，与。厥，其，指殷商。⑯越厥邦厥民，惟时叙：越，与，和。惟，语助词。时叙，承顺，延续。⑰乃寡兄勖。肆汝小子封在兹东土：乃，你的。寡兄，即大兄，即周武王。勖，勉。武王承顺文王之业，伐商而有天下。肆，故。兹，这。东土，谓商王畿的故地。周公东征之后将康叔封于此。

【译文】三月间月亮初生，周公开始打算在东方的洛水旁边建造一个新的城邑，四方的臣民都同心来会。侯、甸、男的邦君，采卫的百官，殷商的遗民都来朝见，为周王室服务。周公普遍慰劳他们，于是代替成王大诰治理邦国的方法。

周公代王这样说："诸侯之长，我的弟弟，年轻的封啊！你的伟大光明的父亲文王，能够崇尚德教，慎用刑罚；不敢欺侮孤寡无靠的人，任用可用的人，尊敬可敬的人，威慑可以威慑的人，这些都彰显于百姓，因而开始造就了我们小夏，和我们的几个友邦共同治理我们西方。文王这种伟大的努力，被上帝知晓了，上帝很欣悦，就降大命给文王。灭亡大国殷商，接受上帝的大命和殷国殷民，继承文王的基业，是长兄武王努力所致，所以你这年轻人才被封在这东土。"

王曰："呜呼！封，汝念①哉！今民将在祗遹乃文考，绍闻衣德言②。往敷求于殷先哲王，用保乂民③，汝丕远惟商耇成人，宅心知训④。别求闻由古先哲王，用康保民⑤。宏于天，若德裕乃身，不废在王命⑥！"

王曰："呜呼！小子封，恫瘝乃身，敬哉⑦！天畏棐忱，民情大可见，小人难保⑧。往尽乃心，无康好逸，乃其乂民⑨。我闻曰：'怨不在大，亦不在小⑩，惠不惠，懋不懋⑪。'已，汝惟小子，乃服惟弘王，应保殷民⑫，亦惟助王宅天命，作新民⑬。"

**【注释】**① 念：思考。②今民将在祇遹乃文考，绍闻衣德言：将在，即"伤哉"。祇，敬。遹，遵循。乃，你，指康叔。文考，文王。绍，继。闻，指旧闻。衣，同"依"，依照。德言，德教。③往敷求于殷先哲王，用保乂民：敷，遍，布。哲，圣明。殷先哲王，谓殷商圣明的先王的治国之道。用，以。保乂，即"俾乂"，保有和治理。④汝丕远惟商耇成人，宅心知训：丕，大。惟，思，考虑。商，殷商。耇，年高德劭之老人。宅心，即放在心里。宅，度，揣度。知训，意谓当如何教导殷商之民。⑤别求闻由古先哲王，用康保民：别，另外。闻，遗闻。由，于。古先哲王，这里意谓传说中的除殷商以外的古代先贤哲王之后，西周分封了古代帝王之后为诸侯。用康保民，即"保民用康"的倒装语，保民以安康之意。康，安定。⑥宏于天，若德裕乃身，不废在王命：宏，大。天，即上天、上帝。若，即允诺、允许。德裕，德政。废，废弃。王命，天命，指周朝的统治受命于天。⑦呜呼！小子封，恫瘝乃身，敬哉：恫，痛。瘝，病。意谓殷商之地的病疾忧虑缠绕于你身。敬，警觉，警惕。⑧天畏棐忱；民情大可见，小人难保：畏，通"威"。天畏，天威，天命。棐，辅助。忱，诚。小人，小民，指百姓。保，安抚。⑨往尽乃心，无康好逸，乃其乂民：康，安。乂，治理。⑩怨不在大，亦不在小：孔传："不在大，起于小；不在小，小至於大。"⑪惠不惠，懋不懋：惠不惠，施恩惠于不驯顺的人。懋，勉力。前一"惠"作动词，后一"惠"当为驯顺之意。⑫已，汝惟小子，乃服惟弘王，应保殷民：已，叹词，无实义。乃，你的。服，官事，职务。惟，是。弘，宏大。应，受。应保殷民，指承受王命去安置统治殷民。⑬亦惟助王宅天命，作新民：宅，安定。作新民，谓使殷商之民成为周朝的新臣民。

**【译文】**周公代王说："啊！封，你要深思熟虑啊！现在殷商遗民将观察你恭敬地追随文王，努力听取殷商人的好建议。你去殷地，要遍求殷代圣明先王用来保护安养百姓的方法，你还要深长思考殷商长者揣度民心的智慧教导。另外，你还要探求古时圣明帝王安养保护百姓的遗训。要比天还宏大，用和顺的美德指导自己，不停地去完成王命！"

周公代王说："啊！年轻的封，治理邦国应当苦身劳形，要谨慎啊！上帝辅助诚信的人，民情大致可以看出，百姓难于安定。你去殷地要竭尽你的心意，不要苟求安乐贪图安逸，如此方可治理好百姓。我听说：'民怨不在于大，也不在于小，要使不顺从的顺从，不努力的努力。'啊！你这个年轻人，你的职责就是宽大对待王家所接受保护的殷商百姓，也是辅佐王家承顺天命，革新殷民。"

王曰："呜呼！封，敬明乃罚①。人有小罪，非眚，乃惟终②；自作不典，式尔③，有厥罪小，乃不可不杀④。乃有大罪，非终，乃惟眚灾⑤；适尔，既道极厥辜，时乃不可杀⑥。"

王曰："呜呼！封，有叙时乃大明服⑦，惟民其勅懋和⑧。若有疾，惟民其毕弃咎⑨。若保赤子，惟民其康乂⑩。

"非⑪汝封刑人杀人，无或⑫刑人杀人；非汝封又曰劓刵人⑬，无或劓刵人⑭。"

**【注释】**①呜呼！封，敬明乃罚：敬，恭谨。明，严明。敬明乃罚，慎重刑罚之意。②人有小罪，非眚，乃惟终：眚，悔过。乃，你，指有过失之人。终，始终。乃惟终，犹言"怙恶不悛"，坏到底。③自作不典，式尔：典，法。不典，即为不合法之事。式尔，故意常犯罪。④有厥罪小，乃不可不杀：有，虽。罪小，即小罪。⑤乃有大罪，非终，乃惟眚灾：非终，与上文"惟终"意思相反。灾，哉。⑥适尔，既道极厥辜，时乃不可杀：适尔，偶然犯罪。道，当为"迪"用。极，责罚。辜，罪。时，通"是"，代词，这，此。⑦呜呼！封，有叙时乃大明服：叙时，承叙、承顺。服，使动用法，使……心服。⑧惟民其勑（lài）懋和：勑，勤，劳作。懋，勉力。和，和顺。⑨若有疾，惟民其毕弃咎：惟，则。毕，攘除疾病。弃，通"袚"，除恶。咎，罪。⑩若保赤子，惟民其康乂：赤子，无知的婴孩。惟，则。康，安，保。乂，治。⑪非：除非。⑫无或：不一定。⑬非汝封又曰劓刵（ěr）人：又，有。劓，割鼻之刑。刵，截耳之刑。⑭无或劓刵人：孔传："所以举轻以戒，为人轻行之。"

**【译文】**周公代王说："啊！封，要认真通晓那些刑罚。人有小罪，不是过失，而是经常自作不法的行为；这样，即使他的罪行小，却不可不杀掉。人有大罪，不是经常自作不法而是过失；倘若如此，他已经说尽了他的罪过，这个人就不可杀。"

周公代王说："啊！封，能够顺从这样去做，就都会晓得上帝心悦诚服，百姓就会互相告诫，和顺相处。如同自己有病一样，看待臣民犯罪，臣民就会完全抛弃咎恶。如同保护幼儿一样，保护臣民，臣民就会康乐安定。

"不是你姬封刑人杀人，没有谁敢刑人杀人；不是你姬封有命令要割鼻断耳，没有谁敢施行割鼻断耳的刑罚。"

王曰："外事，汝陈时臬①，司师，兹殷罚有伦②。"又曰："要囚，服念五六日③，至于旬时，丕蔽要囚④。"

王曰："汝陈时臬事，罚蔽殷彝⑤，用其义刑义杀，勿庸以次汝封⑥。乃汝尽逊曰时叙，惟曰未有逊事⑦。已！汝惟小子，未其有若汝封之心⑧。朕心朕德，惟乃知⑨。

【注释】①外事,汝陈时臬:外事,即外朝听狱之事。陈,陈列、公布。时,通"是",这。臬,法规、刑律。②司师,兹殷罚有伦:司,事。师,众。兹,这样。罚,通"法"。伦,条理。③要囚,服念五六日:要囚,又作"幽囚",即监禁犯人。服念,即思。④至于旬时,丕蔽要囚:旬时,殷商历法,一月分为三旬。一旬,即十日。丕,乃。蔽,又作"弊",断、裁决。⑤汝陈时臬事,罚蔽殷彝:陈,陈列。事,这里指司法办事官员。罚,处罚。彝,常法。⑥用其义刑义杀,勿庸以次汝封:义,适应,合适。用其义刑义杀,意谓按罪犯应受到的刑罪用刑,即合理量刑。勿庸,不用。次,迁就。⑦乃汝尽逊曰时叙,惟曰未有逊事:乃,若。逊,顺。曰时叙,意谓顺从上帝的旨意。未,无。⑧已!汝惟小子,未其有若汝封之心:未,无。其,语气助词。若,顺。⑨朕心朕德,惟乃知:孔传:"言汝心最善,我心我德惟汝所知。欲其明成王所以命己之款心。"

【译文】周公代王说:"判断案件,你要宣布这些法则管理狱官,这样,殷商遗民的刑罚就会有条理。"周公代王又说:"囚禁的犯人,必须考虑五六天,甚至十天,才宣判他们。"

周公代王说:"你宣布这些法律进行惩罚。判断案件,要依据殷商遗民的常法,采用适宜的刑杀条律,不要随顺自己的心意。倘若完全随顺自己的意志断案才叫顺当,应当说不会有顺当的事。唉!你是年轻人,不可随顺你姬封的心意。我的心意,你要明白。

"凡民自得罪:寇攘奸宄,杀越人于货①,暋不畏死,罔弗憝②。"

王曰:"封,元恶大憝,矧惟不孝不友③。子弗祗服厥父事,大伤厥考心④;于父不能字厥子,乃疾厥子⑤;于弟弗念天显,乃弗克恭厥兄⑥;兄亦不念鞠子哀,大不友于弟⑦。惟吊兹,不于我政人得罪⑧,天惟与我民彝大泯乱⑨。曰:乃其速由文王作罚,刑兹无赦⑩。

**【注释】**①凡民自得罪：寇攘奸宄，杀越人于货：寇，贼。攘，盗取。奸宄，邪恶的行为，泛指作乱。越，抢劫。于，取。货，财物。杀越人于货，因抢劫财物而杀人。②暋不畏死，罔弗憝：暋，强，强横。罔、弗，都是否定副词。憝，怨。③封，元恶大憝，矧惟不孝不友：元，首。元恶与大憝，皆指罪大恶极之意。惟，是。孝，善父母，友，善兄弟。④子弗祗服厥父事，大伤厥考心：祗，敬。服，治。厥，其，代指儿子。考，父。⑤于父不能字厥子，乃疾厥子：字，爱。厥，其，代指父亲。疾，憎恶。⑥于弟弗念天显，乃弗克恭厥兄：于，为。天显，上天规定的伦理常道，或谓上帝明确的命令。克，能。恭，恭敬。⑦兄亦不念鞠子哀，大不友于弟：兄，为兄。鞠子，稚子。⑧惟吊兹，不于我政人得罪：吊，至。兹，这，代指上文那些不孝、不恭、不友、不爱的现象。政，通"正"，长官。政人，即掌握政权的官员。得罪，获得而惩罚。⑨天惟与我民彝大泯乱：惟，语气助词。与，给予。彝，常法。泯，灭。泯乱，破坏。⑩乃其速由文王作罚，刑兹无赦：乃，你。其，将，副词。由，用。文王作罚，文王制定的刑法。刑，惩罚。兹，这，指示代词。

**【译文】**"老百姓凡是由这些行为犯罪：偷窃、抢夺、内外作乱、杀人取财货，强横不怕死，这些罪行没有人不怨恨。"

周公代王说："封啊，首恶招人大怨，也有些是不孝顺不友爱的。儿子不认真管理他父亲的事，大大伤害他父亲的心；父亲不能爱怜他的儿子，反而厌恶儿子；弟弟不顾及天伦，不尊敬他的兄长；兄长也不顾念弟弟的痛苦，对小弟弟极不友爱。父子兄弟之间竟然到了如此地步，不由执政官员去惩罚他们，上帝赋予老百姓的常法就会大混乱。我说，就要赶快使用文王制定的刑罚，惩罚这些人，不可赦免。

"不率大戛，矧惟外庶子、训人①惟厥正人越小臣诸节②。乃别播敷，造民大誉③，弗念弗庸，瘝厥君④，时乃引恶，惟朕憝⑤。已！

汝乃其速由兹义率杀⑥。

"亦惟君惟长，不能厥家人越厥小臣外正⑦，惟威惟虐，大放王命；乃非德用乂⑧。

"汝亦罔不克敬典⑨。乃由裕民，惟文王之敬忌⑩；乃裕民，曰：'我惟有及。'⑪则予一人以怿⑫。"

【注释】①不率大戛，矧惟外庶子、训人：率，遵循。戛，楷，常法。矧，亦。惟，是。外庶子，专门负责贵族子弟的教育。训人，诸侯国掌管教化的官员。②惟厥正人越小臣诸节：惟，与。厥，其，指上述官员。正人，即政人，行政官员。越，与。小臣，官名。殷商、西周初期奉王命从事占卜、祭祀、畋猎或征伐的朝廷官员。西周的中后期，其地位降为小吏。诸节，持有符节的官。③乃别播敷，造民大誉：乃，就。别，另外。播敷，宣布。造民，造谣惑众。④弗念弗庸，瘝厥君：念，考虑。庸，执行大法。瘝，病。引申为损害。君，国君。⑤时乃引恶，惟朕憝：时，是，此。引，助长。惟，是。憝，厌恶。⑥已！汝乃其速由兹义率杀：已，叹词。由，根据。兹，这，指上述罪行。义，适宜。率，法。率杀，即依法而杀之。⑦亦惟君惟长，不能厥家人越厥小臣外正：惟，是。君，诸侯国君。长，执政官员。能，亲善，这里作使用用法，即使……善良。越，与。小臣外正，各封国中的官员。厥，其，代指上文的君、长。⑧惟威惟虐，大放王命：放，背弃。乃非德用乂：大放王命，即方命。乃，则。用，犹可。乂，治理。⑨汝亦罔不克敬典：罔，无。克，能。典，法。由，同猷，图谋。⑩乃由裕民，惟文王之敬忌：裕，同"欲"。敬忌，敬畏。⑪乃裕民，曰：'我惟有及。'：裕，道，诱导。我，民众自称。及，通"汲"，努力追随。⑫怿：高兴。

【译文】"不遵守国家大法的，也有诸侯国的庶子、训人和正人、小臣、诸节等官员。竟然另外发布政令，告知百姓，大大称赞不思考不执行国家法令的人，危害国君，这就助长了恶人，我怨恨他们。唉！你就要迅速根据这些条例捕杀他们。

"也有这种情况，诸侯不能教导好他们的家人和内外官员，作威罚行肆虐，完全放弃王命；这些人就不可用德教去治理。

"你也不要不能尊崇重视法令。前往教导老百姓，要思念文王的赏善罚恶的道理；前往教导老百姓说：'我们只求继承文王。'那么，我就欣悦了。"

王曰："封，爽惟民迪吉康<sup>①</sup>，我时其惟殷先哲王德，用康乂民，作求<sup>②</sup>。矧今民罔迪不适<sup>③</sup>；不迪则罔政在厥邦<sup>④</sup>。"

王曰："封，予惟不可不监<sup>⑤</sup>，告汝德之说于罚之行<sup>⑥</sup>。今惟民不静，未戾厥心<sup>⑦</sup>，迪屡未同<sup>⑧</sup>，爽惟天其罚殛我，我其不怨<sup>⑨</sup>。惟厥罪无在大，亦无在多<sup>⑩</sup>，矧曰其尚显闻于天<sup>⑪</sup>？"

**【注释】**①封，爽惟民迪吉康：爽，句首语气助词。迪，道，引导。吉，善。康，安。迪吉康，即引导走上正路。②我时其惟殷先哲王德，用康乂民，作求：时，通"是"，此，这。惟，思，思考。其，将。哲王，圣明的君王。意谓思念殷商圣明君王之德。哲，智。用，因。康，安。乂，治。作，及。求，终。意谓康乂民作求，以把百姓治理好，达到安康，作为最终的目的。③矧今民罔迪不适：矧，何况。罔，不。迪，道，导。适，归。④不迪则罔政在厥邦：罔，不。罔政，政治搞不好的意思。⑤监：通"鉴"。⑥告汝德之说于罚之行：于，与。行，道理。⑦今惟民不静，未戾厥心：不静，不安。意谓殷商之民尚未安定。戾，安定。厥，其，代指上文的殷商之民。⑧迪屡未同：迪，进，作。屡，数次，多次。故当作"屡迪"，未同，没有一心，即不服从统治。同，和谐。⑨爽惟天其罚殛我，我其不怨：爽，句首语气词。惟，虽。其，将。殛，诛罚。⑩惟厥罪无在大，亦无在多：意谓不管罪行的大小、多少。⑪矧曰其尚显闻于天：矧，何况。尚，上。显，明。

**【译文】**周公代王说："封啊，老百姓受到教化才会善良安定，我们时时都要思念着殷代圣明先王的德政教化，用来安治殷商的百姓，作为法则。并且现在的殷商百姓不加教导，就不会善良；不加教育，就没有善政保存殷国。"

周公代王说："封啊，我们不可不看清这些，我要告谕你施行德政的建议和招致责罚的道理。现在老百姓不安宁，没有安定他们的心，屡屡教导，仍然不曾和同，上帝将要责罚我们，我们不可怨恨。本来罪过不在于大，也不在于多，何况这些罪过还被上帝明显地听到呢？"

王曰："呜呼！封，敬哉！无作怨①，勿用非谋非彝②，蔽时忱。丕则敏德③，用康乃心，顾乃德，远乃猷④，裕乃以民宁，不汝瑕殄⑤。"

王曰："呜呼！肆汝小子封。惟命不于常⑥，汝念哉！无我殄⑦享，明乃服命⑧，高⑨乃听，用康乂民。"

王若曰："往哉！封，勿替⑩敬，典听朕诰汝，乃以殷民世享⑪。"

**【注释】**①呜呼！封，敬哉！无作怨：怨，引起怨恨之事。无作怨，即不要招怨于百姓。②勿用非谋非彝：非谋，不善之谋。彝，常法。③蔽时忱。丕则敏德：蔽，败，塞。时，通"是"，此，这。忱，诚。丕则，犹言于是。敏德，勉行德教。④用康乃心，顾乃德，远乃猷：用，以。康，安好。顾，念，回顾、反省之意。乃，你的。远，深远。猷，谋略。⑤裕乃以民宁，不汝瑕殄：裕，治民之道。以，与。不汝瑕殄，不以你传世久远而灭绝。瑕，疵，喻指过失、错误。殄，灭绝。⑥呜呼! 肆汝小子封。惟命不于常: 肆, 因此。惟, 语气词。命, 天命, 大命, 指自己的统治。于, 有。⑦无我殄: 无殄我。⑧享, 明乃服命: 享, 享祀。这里指宗庙社稷。殄享, 即灭绝祭祀, 即统治被推翻, 国家灭亡之意。明, 通"勉"。乃, 你的。服命, 行使职责。⑨高: 使动用法, 使……广阔高远。⑩替: 废弃。⑪典听朕诰汝, 乃以殷民世享: 典, 常, 经常。康叔受封于殷地, 故其民为殷民, 才能世代享祀封国。

**【译文】**周公代王说:"唉! 封, 要谨慎啊! 不要酿成怨恨, 不要使用不好的计谋, 不要采取不合法的措施, 以蔽塞你的诚心。于是努力施行德政教化, 以安定殷商百姓的心, 记挂他们的善良和美德, 宽缓他们的徭役, 丰足他们的衣食, 人民安宁了, 上天就不会责备和抛弃你了。

周公代王说:"啊, 努力吧! 你这年轻的姬封。天命不只帮助一家, 你要记住啊! 不要舍弃我的忠告, 要明确你的职责和使命, 重视你的听闻, 用来安治百姓。"

周公代王这样说:"去吧! 姬封啊, 不要放弃警惕, 经常听取我的告诫, 你就可以和殷商遗民世世代代享有殷国。"

# 酒诰第十二

**【题解】**酒诰者，宣告戒酒之诰辞也。本篇即周公命康叔在殷商故地卫国宣布戒酒，告诫康叔不可重蹈殷人覆辙的诰词。《史记·太史公自序》："申以商乱，酒、材是告。"《史记·卫康叔世家》："周公旦惧康叔齿少，……告以纣所以亡者，以淫于酒。酒之失，妇人是用，故纣之乱自此始。……故谓之《康诰》《酒诰》《梓材》。"

《周本纪》："初，管、蔡畔周，周公讨之，三年而毕定，故初作《大诰》，次作《微子之命》，次《归禾》，次《嘉禾》，次《康诰》、《酒诰》、《梓材》，其事在周公之篇。"《书序》以《康诰》、《酒诰》、《梓材》三篇合用一序。

周公深感殷商之末丑恶的陋习，风气奢华，酗酒乱德，纣王则酒池肉林、放纵淫乐。卫国本是殷商故地，他深怕这种恶习的影响，于是颁布了最严的禁酒令，阐述了戒酒的重要性，对改变周初的社会风气具有重大的意义。

王若曰："明大命于妹邦<sup>①</sup>。乃穆考文王，肇国在西土<sup>②</sup>。厥诰毖庶邦庶士越少正、御事<sup>③</sup>，朝夕曰：'祀兹酒。'<sup>④</sup>惟天降命，肇我民，惟元祀⑤。天降威，我民用大乱丧德，亦罔非酒惟行⑥；越小大邦用丧，亦罔非酒惟辜⑦。

**【注释】**①明大命于妹邦：明，昭告、宣布。大命，即天命，指周朝代替殷商而有国家。妹邦，商都的郊外牧野。封康叔于卫国首邑。②乃穆考文王，肇国在西土：乃，汝。指康叔。穆考，古代人对父亲的敬称。肇，开始。肇国，引申为创立国家。西土，周人先祖主要在岐周一带活动，故曰西土。③厥诰毖庶邦庶士越少正、御事：厥，其，指文王。诰毖，诰教。庶邦，众多国君。庶士，朝臣。越，与。少正，官名。御事，即执掌王室事务的官职。④朝夕曰：'祀兹酒。'：祀，祭祀。兹，则。⑤惟天降命，肇我民，惟元祀：降，下。天降命，即德助福佑之意，天降下福命。肇，立。元祀，指文王受命改元之事。元，大。⑥天降威，我民用大乱丧德，亦罔非酒惟行：天降威，即上天降下威罚。用，因。大乱，犯上作乱。丧德，丧失德行。⑦越小大邦用丧，亦罔非酒惟辜：罔，无。非，不。越，及。用，因。丧，灭亡。辜，罪。该句意谓因饮酒而干的恶行。

**【译文】**周公代王这样说："要在卫国宣布一项重大的教命。当初，穆考文王在西方创立邦国。他早晚告诫各国诸侯、各位卿士和各级官员说：'祭祀时，才饮酒。'上天降下教命，劝勉我们臣民，只在大祭时才可以饮酒。上天降下惩罚，我们臣民平常大乱失德，也没有不是以酗酒招致罪过的。

"文王诰教小子有正有事，无彝酒①；越庶国，饮惟祀，德将无醉②。惟曰我民迪小子，惟土物爱，厥心臧③。聪听祖考之彝训，越小大德④！

"小子惟一⑤，妹土嗣尔股肱纯⑥，其艺黍稷，奔走事厥考厥长⑦。肇牵车牛，远服贾⑧，用孝养厥父母⑨；厥父母庆，自洗腆，致用酒⑩。

"庶士有正越庶伯君子，其尔典听朕教⑪！尔大克羞耇惟君，尔乃饮食醉饱⑫。丕惟曰：尔克永观省，作稽中德⑬，尔尚克羞馈祀。尔乃自介用逸⑭，兹乃允惟王正事之臣⑮。兹亦惟天若元德，永不忘在王家⑯。"

【注释】①文王诰教小子有正有事，无彝酒：小子，谓文王的姬姓子孙。正，通"政"。有正，执政大臣。有事，治事小臣，泛指内朝的百官。彝酒，即经常喝酒。②越庶国，饮惟祀，德将无醉：越，与。庶国，附属于周朝的方国。饮惟祀，即上文"祀兹酒"。惟，只。德将无醉，饮酒要以德自持，少饮酒，不致醉。德，道德。将，扶持。③惟曰我民迪小子，惟土物爱，厥心臧：惟，发语词。迪，道，导。小子，指康叔。惟，思。土物，即土所生之物，指庄稼。黍稷，庄稼。厥，其。臧，善。④聪听祖考之彝训，越小大德：聪听，感觉敏锐，专心致志聆听。祖考，祖先，这里谓文王。彝，常法。彝训，谓尊长对后辈教诲的话。越小大德，言所有人都要崇德，即在戒酒上也不分大小。⑤小子惟一：惟，语助词，无实义。一，乃。惟一，即一同。小子惟一，谓姬姓子孙不论年龄大小，都要一视同仁地戒酒。⑥妹土嗣尔股肱纯：妹土，妹邦。嗣，今后。尔，你们，指殷民。股肱，犹如"手足"，指辅佐的贤臣。纯，专一。⑦其艺黍稷，奔走事厥考厥长：其，代词，指沫地。艺，种植。黍稷，泛指粮食作物。事，服事。长，兄长。⑧肇牵车牛，远服贾：肇，开始。服，从事。贾，经商。⑨用孝养厥父母：用，以。厥，其。⑩厥父母庆，自洗腆，致用酒：庆，喜庆欢乐。洗腆，清洁、丰厚。自洗腆，谓亲自准备丰盛的饮食。致，得到。⑪庶士有正越庶伯君子，其尔典听朕教：庶士，众士，指朝臣。有正，即长官。越，与。庶伯，众氏族之长。君子，谓当时的君主。其尔，是"尔其"的倒装，你们将。典，常，经常。⑫尔大克羞耇惟君，尔乃饮食醉饱：尔，加重语气。克，能。羞，进献。耇，老人。惟，与。君，指诸侯国君。乃，才。⑬丕惟曰：尔克永观省，作稽中德：丕，助词。惟，语气词。永，长久。观，顾。省，省察。作稽中德，谓所作所止都能合于道德。作，举动。稽，止。中，合乎。⑭尔尚克羞馈祀。尔乃自介用逸：尔，你们官员。尚克，还能。馈祀，以熟食进献鬼神。这里指国君所举行的祭祀。乃，就。介，乞，求。逸，安乐。⑮兹乃允惟王正事之臣：允，信。惟，是。正事之臣，即上文"有正、有事"。⑯兹亦惟天若元德，永不忘在王家：若，同"诺"，允诺。天若，即天命。元，善。元德，即大德。忘，同"亡"，丧失功业禄位。王家，谓周王室。

**【译文】**"文王还告诫在王朝任职大小官职的子孙，不要经常饮酒。告诫在诸侯国任职的子孙，只有在祭祀时才可以饮酒，并要用德行扶持，不要喝醉了。文王还告诫我们的臣民要教导子孙珍惜粮食，使我们的心地善良。我们要听清前辈的常训，发扬大大小小的美德！

"殷商的遗民们，你们要专心住在卫国，用你们的手足力量，专心种植黍稷，勤勉地敬奉你们的父兄。农事完毕以后，勉力牵牛赶车，到外地去从事贸易，孝顺赡养父母；父母欣悦，你们办了美好丰盛的膳食，可以饮酒。

"各级官员们，你们要经常听从我的教导！你们都能进献酒食给老人和君主，你们就能喝醉吃饱。我想，你们能够长久地审视自己，使自己的言行符合中正的美德，你们还能够参加国君举行的祭祀。你们倘若自己限制行乐饮酒，这样就能长期成为王家治理政事的官员。这些是天帝所赞赏的大德，将永远不会被王家忘记。"

王曰："封，我西土棐徂邦君、御事、小子①，尚克用文王教，不腆于酒②，故我至于今，克受殷之命③。"

王曰："封，我闻惟曰④：'在昔殷先哲王，迪畏天，显小民⑤，经德秉哲⑥。自成汤咸至于帝乙，成王畏相⑦。惟御事，厥棐有恭，不敢自暇自逸⑧，矧曰其敢崇饮⑨？越在外服，侯、甸、男、卫邦伯⑩；越在内服，百僚庶尹惟亚惟服宗工⑪，越百姓里君⑫，罔敢湎⑬于酒。不惟⑭不敢，亦不暇，惟助成王德显，越尹人祗辟⑮。'

【注释】①封，我西土棐徂邦君、御事、小子：西土，谓周人原居地岐周一带。棐徂，犹言"非自今日始"。棐，通"匪"，非。徂，往，引申为往日。②尚克用文王教，不腆于酒：尚，常。腆，丰厚。不腆于酒，引申为不多饮酒。③故我至于今，克受殷之命：孔传："以不厚於酒，故我周家至于今能受殷王之命。"④封，我闻惟曰：孔传："闻之於古。"⑤在昔殷先哲王，迪畏天，显小民：在，察，引申为稽古。哲，圣明的君王。迪，用。天显，指天命。⑥经德秉哲：经德，周人常语，常德。秉哲，保持明智。⑦自成汤咸至于帝乙，成王畏相：咸，成汤之名。帝乙，谓殷商纣王前一任君主。成王，成就王业。畏相，敬畏自省。⑧惟御事，厥棐有恭，不敢自暇自逸：御事，治事。棐，辅佐。恭，敬。这里指恭谨王命尽职尽责。暇，闲。逸，安乐。⑨矧曰其敢崇饮：孔传："崇，聚也。自假自逸犹不敢，况敢聚会饮酒乎？明无也。"⑩越在外服，侯、甸、男、卫邦伯：服，事。外服，指附属于商朝的方国诸侯首领。中央王室称内服，或叫王畿，地方诸侯叫外服。侯、甸、男、卫邦伯，谓方国诸侯，是商朝王畿之外的外服。⑪越在内服，百僚庶尹惟亚惟服宗工：越，发语词。内服，王室的百官，朝内官吏。庶，众。尹，正。惟，与。亚，次。服，事。宗，宗人。工，官。越，与。百僚庶尹，即上文之"有正"。僚，即"寮"，《毛公鼎》有"卿事寮"、"太史寮"，地位极高。宗工，宗人之官。⑫越百姓里君：越，与。百姓，百官。里君，即街道的里长。⑬湎：沉湎。⑭惟：只。⑮惟助成王德显，越尹人祗辟：成王，成就王业。一说指成汤王。德显，明德。越，与。尹人，治民。祗辟，敬奉君主。

【译文】周公代王说："封啊，我们西土辅佐佑助诸侯和官员，常常能够遵从文王的教导，不能多饮酒，所以我们到今天，能够接受重大的使命。"

周公代王说："封啊，我听到有人说：'过去，殷商的先人圣王畏惧天命和百姓，施行德政教化，保持恭敬。从成汤延续到帝乙，明君贤相都深思熟虑着治理国事，他们颁布政令很认真，不敢自我安闲逸乐，何况怎么敢聚众饮酒呢？在外地的侯、甸、男、卫的诸侯；在朝中的各级官员、宗室贵族以及退住在家的官员，没有人敢沉溺酣乐在酒中。不但不敢，他们也没有闲暇，他们只想帮助成就王的德教使它显扬，助成长官重视法令。'

"我闻亦惟曰：'在今后嗣王酗身<sup>①</sup>，厥命罔显于民，祗保越怨不易<sup>②</sup>。诞惟厥纵淫泆于非彝<sup>③</sup>，用燕丧威仪，民罔不盡伤心<sup>④</sup>。惟荒腆于酒，不惟自息乃逸<sup>⑤</sup>，厥心疾很，不克畏死<sup>⑥</sup>。辜在商邑，越殷国灭，无罹<sup>⑦</sup>。弗惟德馨香祀，登闻于天，诞惟民怨<sup>⑧</sup>，庶群自酒，腥闻在上<sup>⑨</sup>。故天降丧于殷，罔爱于殷，惟逸<sup>⑩</sup>。天非虐，惟民自速辜<sup>⑪</sup>。'"

【注释】①在今后嗣王酗身：嗣王，即帝乙之后继任的王，商纣。酗，饮酒不醒不醉。②厥命罔显于民，祗保越怨不易：命，天命。罔，无。厥命罔显，不能显天命于民。祗，通"哉"。保，安。祗保越怨，以怨报德。不易，不可改变。③诞惟厥纵淫泆于非彝：惟，为。纵，乱。淫，游。泆，乐。彝，法。④用燕丧威仪，民罔不盡(xì)伤心：用，以。燕，安乐。盡，伤痛。⑤惟荒腆于酒，不惟自息乃逸：惟，只。荒，大。腆，善、厚。惟，思考。息，停息。乃，其。逸，安乐。⑥厥心疾很，不克畏死：疾，害。很，戾。克，能。不克畏死，意谓商纣王恃天命，不知祸将至。⑦辜在商邑，越殷国灭，无罹：辜，罪。辜在商邑,在商都作恶、犯罪。越,及。罹,忧。⑧弗惟德馨香祀,登闻于天,诞惟民怨:弗,不。惟,有。馨香,芳香。祭祀时的香味。登,升。诞,其。诞惟民怨,言纣王只有民怨。⑨庶群自酒,腥闻在上:腥,臭恶。意谓纣王与群臣嗜酒的臭恶升闻上天,因而降下灭亡殷商的灾祸。⑩故天降丧于殷,罔爱于殷,惟逸:罔,不。惟,只。逸,过度享乐。⑪天非虐,惟民自速辜:虐,暴虐。惟,是。民,指商纣之类人。速,招致。辜,罪。

**【译文】**"我听到也有人说:'在近世的商纣王,嗜酒,以为有命在天,不晓知臣民的痛苦,安于怨恨而不改。他大作淫乱,游乐在违反常法的活动之中,因宴乐而丧失了威仪,臣民没有不悲痛伤心的。商纣王只想放纵于酒,不想自己制止其淫乐。他心地凶狠,不能以死来畏惧他。他作恶在商都,对于殷商的灭亡,没有忧虑过。没有明德芳香的祭祀升闻于上帝,只有百姓的怨气、只有群臣私自饮酒的腥气升闻于上。因而,上帝对殷商降下了灾祸,不喜欢殷商,就是淫乐的缘故。上帝并不暴虐,是殷民自己招来了罪罚。'"

王曰:"封,予不惟若兹多诰①。古人有言曰:'人无于水监,当于民监②。'今惟殷坠厥命,我其可不大监抚于时③!予惟曰:汝劼毖殷献臣④,侯、甸、男、卫⑤,矧太史友、内史友⑥,越献臣百宗工,矧惟尔事服休服采⑦,矧惟若畴,圻父薄违⑧,农父若保,宏父定辟⑨:'矧汝刚制于酒⑩!'

"厥或诰曰:'群饮。'汝勿佚⑪,尽执拘以归于周,予其杀⑫。又惟殷之迪诸臣惟工,乃湎于酒,勿庸杀之⑬,姑惟教之。有斯明享⑭,乃不用我教辞⑮,惟我一人弗恤,弗蠲乃事,时同于杀⑯。"

王曰:"封,汝典听朕毖⑰,勿辩乃司民湎于酒⑱。"

【注释】①封，予不惟若兹多诰：惟，思考。若兹，如此。诰，训诫。②监：据。③今惟殷坠厥命，我其可不大监抚于时：厥，其。命，这里指国运。其，同"岂"。监，鉴殷。抚，据。时，通"是"，此，这。④予惟曰：汝劼毖殷献臣：劼毖，当作"诰毖"，诰教之意。献臣，遗臣。⑤侯、甸、男、卫：谓外服的东方诸侯国。⑥矧太史友、内史友：矧，与。友，即"寮"。越，与。宗工，管理遗民的尊贵官员。⑦越献臣百宗工，矧惟尔事服休服采：越，与、和。百，非实数，言其多。宗，尊。工，官。宗工，指尊贵的官员。矧，与。尔，你们。事，治事的官员。即管理君主游宴休息和朝祭的近臣，属于御事之类。⑧矧惟若畴，圻父薄违：若，你。畴，通"寿"，指三公。圻父，掌管军事行政。薄违，讨伐叛逆。薄，迫。违，邪行。⑨农父若保，宏父定辟：农父，司徒。掌管农事。若，顺。保，安。若保，使农用法，即使农人顺服并安心生产。宏父，司寇，掌管司法事务。辟，法。⑩矧汝刚制于酒：矧，语气词。汝，你，指康叔封。刚，强。制，新。⑪厥或诰曰：'群饮。'汝勿佚：或，有。群饮，聚众饮酒。周初严厉禁止群饮。诰，告诉。佚，使农用法，即使……逃逸。⑫尽执拘以归于周，予其杀：尽，完全。执拘，逮捕。周，指周王都邑镐京或洛邑。予，我。其，将。⑬又惟殷之迪诸臣惟工，乃湎于酒，勿庸杀之：惟，与。迪，引导。诸臣惟工，泛指百官。庸，用。⑭姑惟教之。有斯明享：姑，暂且。斯，这。享，劝告教导。⑮乃不用我教辞：乃，还，仍。不用，不遵从。用，遵用。辞，语助词。⑯惟我一人弗恤，弗蠲乃事，时同于杀：我一人，谓古代君主自称。恤，怜悯。蠲，赦免。同，立刻。⑰封，汝典听朕毖：典，常。毖，诰，教导。⑱勿辩乃司民湎于酒：通"俾"，使。司，治，统治。

【译文】周公代王说："封啊，我不想如此多诰了。古人有话说：'人不要只从水中察看，应当从民情上察看。'现在殷商已丧失了他的天命，我们难道可以不大大地省察这个事实！我想告诉你，你要慎重告诫殷商的贤臣，侯、甸、男、卫的诸侯，有朝中记事记言的史官，忠诚贤良的大臣和许多尊贵的官员，还有你治理政事的官员，管理游宴休息和

祭祀的近臣，还有你的三卿，讨伐叛乱的圻父，顺承保育百姓的农父，制定法度的宏父：'你们要强行断绝饮酒！'

"假若有人报告说：'有人群聚饮酒。'你不要放纵他们，要全部逮捕起来送到镐京，我将杀掉他们。又如在殷商的辅臣百官中，沉湎于酒的，不用杀他们，暂且先教导他们。有这样明显的劝戒，若还有人不遵从我的教令，我不会怜惜，不会赦免，处理这类人，同群聚饮酒者一样，要杀。"

周公代王说："封啊，你要经常听从我的告诫，不要使你的官员酗乐在酒中。"

# 梓材第十三

【题解】梓材者，梓人制器之良材也。以材喻治国之策，为政之术耳。《史记·正义》："若梓人为材，君子观为法则也。梓，匠人也。"

《史记·卫康叔世家》："周公旦惧康叔齿少……为《梓材》，示君子可法则。"由于篇中提到"若作梓材"之言，故而以《梓材》命名，并以此喻治国之良策。该篇为周公教导康叔如何治理殷商故地的训诰之词。与此同时，周公还制定了一些对待殷商遗民的宽大政策。勉励康叔崇尚德行，和睦殷民，奋发图强，完成先王没有完成的功业。

王曰："封，以厥庶民暨厥臣，达大家①，以厥臣达王，惟邦君②，汝若恒③。

"越曰我有师师④、司徒、司马、司空、尹、旅⑤曰：'予罔厉杀人⑥。'亦厥君先敬劳，肆徂厥敬劳⑦！

"肆往，奸宄、杀人、历人，宥⑧；肆亦见厥君事，戕人，宥⑨。

【注释】①封，以厥庶民暨厥臣，达大家：该句谓"以大家达厥庶民暨厥臣"的倒装。以，由。庶民，百姓。臣，卿大夫以下的官员。达，通。大家，谓卿大夫。②以厥臣达王，惟邦君：该句谓"以王惟邦君达厥臣"的倒装。王，天子。邦君，指诸侯国君。③汝若恒：若，顺。恒，常。孔传："汝惟君道使顺常。"④越曰我有师师：越，发语词。师师，前一个"师"释为"众"，后一个"师"释为官长。⑤司徒、司马、司空、尹、旅：尹，正。旅，众官。⑥予罔厉杀人：罔，无。厉，杀害无辜。⑦亦厥君先敬劳，肆徂厥敬劳：该句谓"亦先厥君敬劳"的倒装。厥，其。敬劳，慰劳。肆，极。徂，往。⑧肆往，奸宄、杀人、历人，宥：肆往，过去。奸宄，行恶之人。杀人、历人，谓杀戮奴隶之人。宥，宽恕。⑨肆亦见厥君事，戕人，宥：肆亦，同"肆往"。见，同"觇"，刺探。戕，残害人的肢体。

【译文】周公代王说："封啊，从殷的老百姓和他们的官员到卿大夫，从他们的官员到诸侯和国君，你要顺从常法旧典。

"告诉我们的各位官长、司徒、司马、司空、大夫和众士说：'我们不滥杀无罪的人。'各位邦君也当以敬重慰劳为先，努力去施行那些敬重慰劳百姓的事吧！

"往日，内外作乱的罪犯、杀人的罪犯、虏人的罪犯，要宽恕；往日，泄露国君大事的罪犯、残坏人体的罪犯，也要宽恕。


"王启监，厥乱为民①。曰：'无胥戕，无胥虐②，至于敬寡，至于属妇，合由以容③。'王其效邦君，越御事，厥命曷以④？'引养引恬。'自古王若兹监，罔攸辟⑤！

"惟曰：若稽田，既勤敷菑⑥，惟其陈修，为厥疆畎⑦。若作室家，既勤垣墉，惟其涂塈茨⑧。若作梓材，既勤朴斫，惟其涂丹腹⑨。


【注释】①王启监，厥乱为民：启监，设立诸侯。周初在殷地设"三监"。厥，其。乱，通"率"，大抵。②无胥戕，无胥虐：胥，相互。戕，残害。虐，暴虐。③至于敬寡，至于属妇，合由以容：敬寡，即"鳏寡"，指孤独无依无靠之人。属妇，谓低贱的妻妾。合，同。由，道。④王其效邦君，越御事，厥命曷以：效，考。越，与。⑤'引养引恬。'自古王若兹监，罔攸辟：引，长。恬，安。监，治理。罔，无。攸，所。辟，邪僻，叛乱。⑥若稽田，既勤敷菑：若，像，如。稽田，即耕种治理田地。⑦惟其陈修，为厥疆畎：惟，思。陈，治。疆，界。畎，田间水道。⑧若作室家，既勤垣墉，惟其涂塈茨：垣墉，墙。矮的谓垣，高的谓墉。涂，涂上白垩。塈，涂屋顶。茨，用茅草盖屋。⑨若作梓材，既勤朴斫，惟其涂丹雘（huò）：梓材，良才。朴，原材料。斫，加工修治。丹雘，红色和青色。

【译文】"王者建立诸侯，大率在于教化人民。他说：'不要互相残害，不要互相暴虐，至于鳏夫寡妇，至于群妾，要同样教育和宽容。'王者教导诸侯和诸侯国的官员，他的诰命是用什么呢？就是'长养百姓，长安百姓'。自古君王都是如此监督，没有什么偏差！

"我想：好像作田，既已勤劳地开垦、播种，就应当考虑整治土地，修筑田界，开挖水沟。如同造房屋，既已勤劳地筑起了墙壁，就要考虑完成涂泥和盖屋的工作。如同制作梓木器具，既已勤劳地剥皮砍削，就应当考虑做完彩饰的工作。

"今王惟曰：先生既勤用明德，怀为夹①，庶邦享作，兄弟方来②。亦既用明德，后式典集，庶邦丕享③。

"皇天既付中国民，越厥疆土，于先王肆④，王惟德用，和怿先后迷民，用怿先王受命⑤。已⑥！若兹监，惟曰：欲至于万年惟王，子子孙孙永保民⑦。"

【注释】① 今王惟曰：先生既勤用明德，怀为夹：今王，谓成王，但由周公代替训话。明，通"勉"。夹，辅佐。享，献，即纳贡。② 庶邦享作，兄弟方来：兄弟方，即兄弟国家，谓姬性诸侯。方，方国。③ 亦既用明德，后式典集，庶邦丕享：后，诸侯国君。式，以，以此。典，经常。集，朝会。丕，大。④ 皇天既付中国民，越厥疆土，于先王肆：越，与。肆，故，所以。⑤ 王惟德用，和怿先后迷民，用怿先王受命：和怿，使动用法，即使……心悦诚服。迷民，指殷商的顽民。怿，通"斁"，终，完成。⑥ 已：叹词。⑦ 惟曰：欲至于万年惟王，子子孙孙永保民：孔传："则我周家惟欲使至于万年承奉王室，又欲令其子孙累世长居国以安民。"

【译文】"现在我们王室考虑：先王既已努力施行明德，来作洛邑，各国都来进贡任役，兄弟邦国也都来了。又是已经施行了明德，诸侯就依据常例来朝觐，众国才来进贡。

"上天既已把中国的臣民和疆土都付给先王，今王也只有施行德政，来和悦、教导殷商那些迷惑的人民，用来完成先王所受的使命。唉！像这样治理殷民，我想你将传到万年，同王的子子孙孙永远保有殷商百姓。"

# 召诰第十四

【题解】召诰者,召公奭之诰辞也。召(shào)公,姬姓,名奭(shì),因食邑在召,故称召公、召伯。召公辅佐武王灭殷商,始封燕国之君,后任太保,辅成王之政。《史记·周本纪》载:"成王在丰,使召公复营洛邑,如武王之意。周公复卜申视,卒营筑,居九鼎焉。曰:'此天下之中,四方入贡道里均。'作《召诰》《洛诰》。"《书序》云:"成王在丰,欲宅洛邑,使召公先相宅,作《召诰》。"

当周公摄政,平定管蔡之乱,迁殷商遗民于洛邑,营建洛邑以为东都。召公率领各国诸侯觐见周公和成王,召公总结了夏商两代灭亡的历史教训,提出了敬天保民之道,勉励成王敬重贤人,施行德政,爱护百姓,发扬光大文王、武王未竟的功业,以巩固周朝的统治。

○成王在丰,欲宅洛邑,使召公先相宅,作《召诰》。

惟二月既望①,越六日乙未,王朝步自周,则至于丰②。

惟太保先周公相宅③。越若来三月,惟丙午朏④。越三日戊申⑤,太保朝至于洛,卜宅。厥既得卜,则经营⑥。越三日庚戌,太保乃以庶殷攻位于洛汭⑦，越五日甲寅⑧，位成。

若翼日乙卯，周公朝至于洛⑨，则达观于新邑营⑩。越三日丁巳，用牲于郊，牛二⑪。越翼日戊午，乃社于新邑，牛一，羊一，豕一⑫。越七日甲子，周公乃朝用书，命庶殷侯、甸、男、邦伯⑬。厥既命殷庶，庶殷丕作⑭。

【注释】①惟二月既望：惟，发语词。既望，谓农历十六。望，十五。②越六日乙未，王朝步自周，则至于丰：朝，早。步，行。周，指周都镐京。丰，文王之时所作都邑。③惟太保先周公相宅：太保，官名，辅弼周王。先，在……之前。相，视。④越若来三月，惟丙午朏（fěi）：越若，发语词。来，至。惟，发语词。朏，《说文》："朏，月未盛之明也。"有此，而知下文，此指三月初三，丙午日。⑤戊申：三月初五。⑥厥既得卜，则经营：得卜，得到吉兆。经营，勘定方位，营建都城。⑦越三日庚戌，太保乃以庶殷攻位于洛汭：庚戌，即三月初七。庶，众。殷，殷商之民。攻，治。位，宗庙市朝之位。洛汭，洛水入黄河之处。汭，河流会合的弯曲处。⑧甲寅：三月十一日。⑨若翼日乙卯，周公朝至于洛：若，及。翼日，即"翌日"，第二天。⑩则达观于新邑营：达，通。观，观测。营，区域，工地。⑪越三日丁巳，用牲于郊，牛二：丁巳，三月十四。用牲于郊，在郊外祭祀天神。⑫越翼日戊午，乃社于新邑，牛一，羊一，豕一：戊午，三月十五日。社，设祭坛祭祀地祇。豕，猪。⑬越七日甲子，周公乃朝用书，命庶殷侯、甸、男、邦伯：甲子，三月二十一日。书，册命之书。⑭厥既命殷庶，庶殷丕作：丕，大。作，劳动。

【译文】二月十六日以后，到第六天乙未，成王早晨从镐京步行，到了丰邑。

太保召公在周公之前，到洛地视察营建的地址。到了下三月丙午，这一天新月初现光辉。到了第三天戊申，太保早晨到达了洛地，卜问所选的地址。太保已经得了吉兆，就规划起来。到第三天庚戌，太保便率领众多殷民，在洛水与黄河汇合的地方测定新邑的位置。到第五天甲寅，位置确定了。

到了明日乙卯，周公早晨到达洛地，就全面视察新邑的区域。到第三天丁巳，在南郊用牲祭祀上帝，用了两头牛。到明日戊午，又在新邑举行祭地的典礼，用了一头牛、一头羊和一头猪。到第七天甲子，周公就在早晨用诰书命令殷民以及侯、甸、男各国诸侯营建洛邑。命令下达给殷民之后，殷民就大举动工。

太保乃以庶邦冢君出取币，乃复入<sup>①</sup>，锡周公。周公曰："拜手稽首，旅王若公<sup>②</sup>，诰告庶殷，越<sup>③</sup>自乃御事。呜呼！皇天上帝，改厥元子<sup>④</sup>，兹大国殷之命。惟王受命，无疆惟休，亦无疆惟恤<sup>⑤</sup>。呜呼！曷其奈何弗敬<sup>⑥</sup>？

"天既遐终<sup>⑦</sup>大邦殷之命，兹殷多先哲王在天，越厥后王后民，兹服厥命<sup>⑧</sup>。厥终，智藏瘰在<sup>⑨</sup>。夫知保抱携持厥妇子<sup>⑩</sup>，以哀吁天，徂厥亡，出执<sup>⑪</sup>。呜呼！天亦哀于四方民，其眷命用懋<sup>⑫</sup>。王其疾敬德<sup>⑬</sup>！

【注释】①太保乃以庶邦冢君出取币，乃复入：以，和。庶邦冢君，谓诸侯国君。币，玄纁束帛等赠礼。②锡周公。周公曰："拜手稽首，旅王若公"：锡，献。旅，嘉。若，与。③越：与。④元子：天子。⑤惟王受命，无疆惟休，亦无疆惟恤：休，美。恤，忧。⑥呜呼！曷其奈何弗敬：孔传："何其奈何不忧敬之？欲其行敬。"⑦遐终：长久延续。⑧越厥后王后民，兹服厥命：厥，及。服，服事。⑨厥终，智藏瘰在：瘰，病。在，同"哉"。⑩夫知保抱携持厥妇子：夫，丈夫。知，语助词。保，同"褓"，小儿衣物。妇子，妻妾

之属。⑪以哀吁天，徂厥亡，出执：吁，呼告。徂，通"诅"。厥，其，代指商
纣王。出执，不安。⑫呜呼！天亦哀于四方民，其眷命用懋：眷，眷顾。懋，勉
励。⑬王其疾敬德：孔传："言王当疾行敬德。"

【译文】于是太保和各诸侯国君取了币帛，赠给周公。周公说：
"我跪拜叩头，感谢我国君和给诸侯们的好意。告诉广大殷民和周朝的
大臣们："啊！上天更换了天子，这大殷的天命就交付给了我我们周朝，
这必然是无限的美好，但也是无尽的忧患，我们怎敢不加以警惕呢！

"上天曾想长时间的延续殷朝的天命，许多殷朝圣王的神灵都在
天上，等到了他们末代君王的手里，开始还可以供奉其禄位延续其天
命，可到了最后，所有的贤人都隐藏起来了，是多大的悲哀啊！那时候男
子们怀抱着孩子，挽扶着妻妾，哀嚎着呼告上天，诅咒商纣王灭亡，是
多么的痛苦不安啊！哎，上天也眷顾这四方民众，所以就环视天下 寻
找一位勤勉又有德行的人交付天命，我国君应该施行德教育才行啊。"

"相①古先民有夏，天迪从子保；面稽天若，今时既坠厥命②。
今相有殷③，天迪格保④；面稽天若，今时既坠厥命⑤。今冲子嗣，则
无遗寿耈⑥，曰其稽我古人之德，矧⑦曰其有能稽谋自天？

"呜呼！有王虽小，元子哉⑧！其丕能諴于小民。今休⑨：王不
敢后用，顾畏于民喦⑩；王来绍上帝，自服于土中⑪。

"旦曰：'其作大邑，其自时配皇天⑫，毖祀于上下，其自时中乂⑬；
王厥有成命治民。'今休⑭。王先服殷御事，比介于我有周御事⑮，
节性，惟日其迈⑯。

【注释】①相：视。②天迪从子保；面稽天若，今时既坠厥命：迪，
用。子，通"慈"。面，通"偭"，背。天若，谓天道。若，顺，道。③今相有殷：

孔传："次复观有殷。"④格保：嘉保。⑤今时既坠厥命：孔传："坠其王命。"⑥今冲子嗣，则无遗寿耇：冲子，年幼之人，谓成王。嗣，接任，继承。寿耇，年高德劭之人。⑦矧：何况。⑧呜呼！有王虽小，元子哉：孔传："有成王虽少，而大为天所子。"⑨其丕能諴于小民。今休：丕，大。休，美。⑩喦：即"岩"，险。⑪王来绍上帝，自服于土中：绍，召卜，卜问。服，治。土中，即"中土"，指洛邑。⑫旦曰：'其作大邑，其自时配皇天：旦，周公自称。时，通"是"。配，配享，祭祀之时以周的祖先配享上帝。⑬毖祀于上下，其自时中乂：毖，告。中乂，治理中土的洛邑。⑭王厥有成命治民，今休：厥，其。成命，定命，即上帝之旨命。⑮王先服殷御事，比介于我有周御事：服，用。御事，泛指治事大臣。比，接近。介，当作"尔"，同"迩"，近。⑯节性，惟日其迈：节，节制，改造。迈，进。

【译文】"观察古时候的先民夏代，上帝教导顺从慈保，努力考求天意，现在已经丧失了王命。现在观察殷代，上帝教导顺从嘉保，努力考求天意，现在也已经丧失了王命。当今你这年轻人继承了王位，没有多余的老成人，考求我们古代先王的德政，何况说有能考求天意的人呢？

"啊！王虽然年轻，却是天子啊！要特别能够和悦老百姓。现在可喜的是：王不敢迟缓营建洛邑，对殷民的艰难险阻常常顾念和畏惧；王来卜问上帝，打算亲自在洛邑治理他们。

"姬旦对我说：'要营建洛邑，要从这里以始祖后稷配天，谨慎祭祀天地，要从这个中心地方统治天下；王已经有定命治理人民了。'现在可喜的是：王重视使用殷商旧臣，并使他们亲近我们周王朝的治事官员，使他们和睦的感情一天天地增长。


"王敬作所，不可不敬德①。我不可不监于有夏，亦不可不监②于有殷。我不敢知曰：有夏服天命，惟有历年③；我不敢知曰：不其延④。惟不敬厥德，乃早坠厥命。

"我不敢知曰：有殷受天命，惟有历年⑤；我不敢知曰：不其延。惟不敬厥德，乃早坠厥命⑥。今王嗣受厥命，我亦惟兹二国命，嗣若功⑦。

"王乃初服⑧。呜呼！若生子，罔不在厥初生，自贻哲命⑨。今天其命哲，命吉凶，命历年⑩；知今我初服，宅新邑。肆惟王其疾敬德⑪！王其德之用，祈天永命⑫。

【注释】①王敬作所，不可不敬德：孔传："敬为所不可不敬之德，则下敬奉其命矣。"②监：通"鉴"。③我不敢知曰：有夏服天命，惟有历年：知，语助词。服，受。历，久。④延：长久。⑤我不敢知曰：有殷受天命，惟有历年：孔传："夏言服，殷言受，明受而服行之，互相兼也。殷之贤王，犹夏之贤王，所以历年，亦王所知。"⑥我不敢知曰：不其延，惟不敬厥德，乃早坠厥命：孔传："纣早坠其命，犹桀不敬其德，亦王所知。"⑦今王嗣受厥命，我亦惟兹二国命，嗣若功：嗣，继承。惟，思考。⑧服：指受天禄命。⑨呜呼！若生子，罔不在厥初生，自贻哲命：生子，养育孩子。贻，传。哲，明。命，赐予。⑩今天其命哲，命吉凶，命历年：孔传："今天制此三命，惟人所修。修敬德则有智，则常吉，则历年，为不敬德则愚凶不长。虽说之，其实在人。"⑪知今我初服，宅新邑。肆惟王其疾敬德：肆，所以。疾，快。⑫王其德之用，祈天永命：孔传："言王当其德之用，求天长命以历年。"

【译文】"王重视造作新邑，不可以不重视行德。

"我们不可不鉴戒夏代，也不可不鉴戒殷代。我不敢说，夏接受天命有多久时间；我也不敢说，夏的国运没有延长。我只知道他们不重视行德，才过早失去了他们的福命。

"我不敢说，殷接受天命有多久时间；我也不敢说，殷的国运没有延长。我只知道他们不重视行德，才过早失去了他们的福命。现今大王继承了治理天下的大命，我们也该思考这两个国家的命运，继承他们的功业。

"王是初理政事。啊！好像教养小孩一样，没有不在开初教养时，就亲自传给他明哲的教导的。现今上帝该给予明哲，给予吉祥，给予永年；因为上帝知道我王初理国事时，就住到新邑来了。现在王该加快推行德政！王该用德政，向上帝祈求长久的福命。

"其惟王勿以小民淫用非彝①，亦敢殄戮用乂民②，若有功。其惟王位在德元③，小民乃惟刑用于天下，越王显④。上下⑤勤恤，其曰：我受天命，丕若有夏历年，式勿替有殷历年⑥，欲王以小民受天永命⑦。"

拜手稽首⑧曰："予小臣，敢以王之雠民百君子⑨，越友民，保受王威命明德⑩。王末有成命，王亦显⑪。我非敢勤，惟恭奉币，用供王能祈天永命⑫。"

【注释】① 其惟王勿以小民淫用非彝：淫，放纵，过度。彝，法。② 亦敢殄戮用乂民：殄，绝灭。戮，杀。乂，治理。③ 若有功。其惟王位在德元：功，功效。惟，语助词。④ 小民乃惟刑用于天下，越王显：刑，法。越，宣扬。显，彰显。⑤ 上下：谓君臣。⑥ 我受天命，丕若有夏历年，式勿替有殷历年：丕，乃。式，用。替，废。⑦ 欲王以小民受天永命：孔传："我欲王用小民受天长命。言常有民。"⑧ 拜手稽首：孔传："拜手，首至手。稽首，首至地。尽礼致敬，以入其言。"⑨ 予小臣，敢以王之雠民百君子：予小臣，谓召公。雠民，谓殷商顽民。百君子，泛指殷商旧臣。⑩ 越友民，保受王威命明德：越，与。友民，亲附于周的殷民。⑪ 王末有成命，王亦显：末，终。成命，上天的定命。⑫我非敢勤,惟恭奉币,用供王能祈天永命:勤,劳。币,赠礼。

**【译文】**"愿王不要让老百姓肆行非法的事,也不要用杀戮来治理老百姓,才会有功绩。愿王立于德臣之首,让老百姓效法施行于天下,发扬王的美德。君臣上下勤劳忧虑,也许可以说,我们接受的大命会像夏代那样久远,不止殷代那样久远,愿君王和臣民共同接受好上帝的永久大命。"

召公跪拜叩头说:"我这小臣和殷的臣民以及友好的臣民,会安然接受王的威严命令,宣扬王的大德。王终于决定营建洛邑,王也会光显了。我不敢慰劳王,只想恭敬奉上币帛,以供王去好好祈求上帝的永久福命。"

# 洛诰第十五

【题解】洛邑建成之后，周公请求成王居洛举行祭典、主持国政。成王遍观时局，审时度势，毅然决定留周公于洛邑，治理东方、安定殷民。君臣反复商议，最后决定继续治理洛邑。之后，成王将此决策，册告天下，名曰《洛诰》。

《书序》云："召公既相宅，周公往营成周，使来告卜，作《洛诰》。"《洛诰》叙事宏阔，内容广泛，皆以成王、周公君臣对话的方式记之。

〇召公既相宅，周公往营成周，使来告卜，作《洛诰》。

周公拜手稽首①曰："朕复子明辟②。王如弗敢及天基③命定命，予乃胤保，大相东土，其基作民明辟④。

"予惟乙卯，朝至于洛师⑤。我卜河朔黎水，我乃卜涧水东、瀍水西，惟洛食⑥；我又卜瀍水东，亦惟洛食。伻来以图及献卜⑦。"

王拜手稽首⑧曰："公不敢不敬天之休，来相宅，其作周匹，休⑨！公既定宅，伻来⑩，来视予卜，休恒吉。我二人共贞⑪。公其以予万亿年敬天之休⑫! 拜手稽首诲言⑬。"

**【注释】**①周公拜手稽首: 孔传:"周公尽礼致敬。"②朕复子明辟:
复, 复命。子, 成王。辟, 君主。③基: 开始。④予乃胤保, 大相东土, 其基
作民明辟: 胤, 继承。保, 太保, 指召公奭。其, 副词, 表示希望。基, 开始。⑤予
惟乙卯, 朝至于洛师: 乙卯, 谓成王五年三月十二。洛师, 指洛邑京师。⑥我
卜河朔黎水, 我乃卜涧水东、瀍水西, 惟洛食: 河, 黄河。朔, 北岸。黎水, 距
离洛水不远的黄河北岸。涧水, 在洛水以北, 发源于河南渑池东北, 流经新
安、洛阳而入涧水。⑦我又卜瀍水东, 亦惟洛食, 伻 (bēng) 来以图及献卜:
瀍水, 在洛水以北, 发源于今河南孟津西北谷城山, 向东流入洛水。惟洛
食, 洛水边吉兆。伻, 使, 令。图, 地图。⑧王拜手稽首: 孔传:"成王尊敬周
公, 答其拜手稽首而受其言。"⑨公不敢不敬天之休, 来相宅, 其作周匹,
休: 宅, 宗庙的宅基地。匹, 配, 辅。⑩公既定宅, 伻来: 孔传:"言公前已定
宅, 遣使来。"⑪来视予卜, 休恒吉。我二人共贞: 恒, 常。共贞, 共当此吉。
贞, 吉。⑫公其以予万亿年敬天之休: 孔传:"公其当用我万亿年敬天之美。
十千为万, 十万为亿, 言久远。"⑬拜手稽首诲言: 孔传:"成王尽礼致敬於
周公, 求教诲之言。"

**【译文】**周公跪拜叩头说:"我告诉您治理洛邑的重大政策。王谦
逊似乎不敢参预上帝打算告诉的安定天下的指示, 我继太保之后, 全面
视察了洛邑, 就商定了鼓舞老百姓的重大政策。

"我在乙卯这天, 早晨到了洛邑。我先占卜了黄河北方的黎水地
区, 我又占卜了涧水以东、瀍水以西的地区, 仅有洛地吉利。我又占卜了
瀍水以东的地区, 也仅有洛地吉利。于是请您来商量, 且献上卜兆。"

成王跪拜叩头, 回答说:"公不敢不敬重上帝赐给的福庆, 亲自勘
察地址, 将营建与镐京相配的新邑, 很好啊! 公既已选定地址, 使我

来，我来了，又让我看了卜兆，我为卜兆并吉而高兴。让我们二人共同承当这一吉祥。愿公领着我永远敬重上帝赐给的福庆！跪拜叩头接受我公的教诲。"

周公曰："王，肇称殷礼，祀于新邑，咸秩无文①。予齐百工，伻从王于周，予惟曰：'庶有事。'②今王即命曰：'记功，宗以功作元祀③。'惟命曰：'汝受命笃，弼丕视功载，乃汝其悉自教工④。'

"孺子其朋，孺子其朋，其往⑤！无若火始炎炎；厥攸灼叙，弗其绝⑥。厥若彝，及抚事如予，惟以在周工⑦。往新邑，伻向即有僚，明作有功⑧，惇大成裕，汝永有辞⑨。"

【注释】①王，肇称殷礼，祀于新邑，咸秩无文：肇，开始。称，举。殷礼，祭天改元的大礼。咸，皆。秩，有序。文，通"紊"，紊乱。②予齐百工，伻从王于周，予惟曰：'庶有事。'：齐，齐同。百工，百官。伻，使，令。庶，百官众庶。③元祀：大祀。④惟命曰：'汝受命笃，弼丕视功载，乃汝其悉自教工：笃，通"督"。弼，辅佐。⑤孺子其朋，孺子其朋，其往：孺子，幼子，谓成王。朋，群。⑥无若火始炎炎；厥攸灼叙，弗其绝：厥，其。攸，所。灼，烧。弗其绝，即不能失去秩序。⑦厥若彝，及抚事如予，惟以在周工：彝，常。抚，顺、循。如，通"汝"。工，百官。⑧往新邑，伻向即有僚，明作有功：伻，使。向，各有方向，归属。有僚，即"僚"、"察"。明，通"勉"。⑨惇大成裕，汝永有辞：惇，厚。裕，宽裕之治。辞，声誉。

【译文】周公说："王啊，开始举行殷礼接见诸侯，在新邑举行祭祀，都已安排得有条不紊了。我率领百官，使他们在镐京听取王的意见，我想道：'您或许可以去举行祭祀。'现在王命令道：'记下功绩，宗人率领功臣举行大祭祀。'王又命令道：'你接受先王遗命，督导辅助，

你全面查阅记功的书，然后你要悉心亲自指导这件事。'

"王啊！您要振奋，您要振奋，要到洛邑去！不要像火刚开始燃烧时那样气势很弱；那燃烧的余火，决不可让它熄灭。您要像我一样顺从常法，汲汲主持政事，率领在镐京的官员到洛邑去。使他们各就其职，勉力建立功勋，重视大事，完成大业，您就会永远获得美誉。"

公曰："已！汝惟冲子，惟终<sup>①</sup>。汝其敬识百辟享，亦识其有不享<sup>②</sup>。享多仪，仪不及物，惟曰不享<sup>③</sup>。惟不役志于享，凡民惟曰不享。惟事其爽侮<sup>④</sup>。乃惟孺子，颁朕不暇听<sup>⑤</sup>。

"朕教汝于棐民彝<sup>⑥</sup>，汝乃是不蘉，乃时惟不永哉<sup>⑦</sup>！笃叙乃正父，罔不若予，不敢废乃命<sup>⑧</sup>。汝往敬哉！兹予其明农哉<sup>⑨</sup>！彼裕我民，无远用戾<sup>⑩</sup>。"

**【注释】**①已！汝惟冲子。惟终：已，语气词。冲子，童子，幼子。王者自谦之词。终，通"崇"，尊崇。②汝其敬识百辟享，亦识其有不享：识，记。百辟，诸侯。享，朝贡之礼。③享多仪，仪不及物，惟曰不享：仪，礼意。物，币物。役，营。爽，差。侮，轻慢。④惟不役志于享，凡民惟曰不享。惟事其爽侮：孔传："言人君惟不役志于奉上，则凡人化之，惟曰不奉上矣。如此则惟政事其差错侮慢不可治理。"⑤乃惟孺子，颁朕不暇听：颁，颁赐。朕不暇听，不敢受命。⑥彝：法。⑦汝乃是不蘉（máng），乃时惟不永哉：乃是，若是，如果。蘉，勉。乃，你的。时，统治时间。永，长。⑧笃叙乃正父，罔不若予，不敢废乃命：笃，厚。叙，顺。正父，二者皆指官长。罔不若予，无不像我。⑨汝往敬哉！兹予其明农哉：孔传："汝往居新邑，敬行教化哉！如此我其退老，明教农人以义哉！"⑩彼裕我民，无远用戾：裕，使动用法，使……丰裕。戾，乖戾。

【译文】周公说:"唉! 您虽然是个年轻人,该考虑完成先王未竟的功业。您应该认真考察诸侯的享礼,也要考察其中也有不享的。享礼注重礼节,假如礼节赶不上礼物,应该叫作不享。因为诸侯对享礼不诚心,老百姓就会认为可以不享。这样,政事将会错乱怠慢。我极想您来分担政务,我没有闲暇管理这么多啊!

"我教给您辅导百姓的法则,您假如不努力办这些事,您的善政就不会推广啊! 全像我一样监督诠叙您的官长,他们就不敢废弃您的命令了。您到新邑去,要认真啊! 现在我们要奋发努力啊! 去教导好我们的百姓,远方的人因此也就归附了。"

王若曰:"公! 明保予冲子<sup>①</sup>。公称丕显德,以予小子扬文武烈<sup>②</sup>,奉答天命,和恒四方民,居师<sup>③</sup>;惇宗将礼,称秩元祀,咸秩无文<sup>④</sup>。惟公德明,光于上下,勤施于四方<sup>⑤</sup>,旁作穆穆,御衡不迷。文武勤教<sup>⑥</sup>,予冲子夙夜毖<sup>⑦</sup>祀。"

王曰:"公功棐迪笃,罔不若时<sup>⑧</sup>。"

【注释】①公! 明保予冲子:明,通"勉",勉力。保,辅佐,辅助。②公称丕显德,以予小子扬文武烈:称,举,扬。丕,大。以,与。文武烈,文王、武王的事业。③奉答天命,和恒四方民,居师:和恒,和悦。师,京师洛邑。④惇宗将礼,称秩元祀,咸秩无文:惇,厚。宗,崇。将,大。秩,叙次,次第。⑤惟公德明,光于上下,勤施于四方:孔传:"言公明德光於天地,勤政施於四海,万邦四夷服仰公德而化之。"⑥旁作穆穆,迓衡不迷。文武勤教:旁,浦,普。穆穆,美盛的样子。⑦毖:慎。⑧公功棐迪笃,罔不若时:棐,辅。迪,教导。笃,笃厚。若时,若是,如此。

【译文】王这样说:"公啊! 请努力保护我这年轻人。公发扬伟大光显的功德，使我继承文王、武王的事业，奉答上帝的教诲，使四方百姓和悦，居在洛邑；隆重举行大礼，办理好盛大的祭祀，都有条不紊。公的功德光照天地，勤劳施于四方，普遍推行美好的政事，虽遭横逆的事而不迷乱。文武百官努力实行您的教化，我这年轻人就昼夜慎重进行祭祀好了。"

王说："公善于辅导，我真的无不顺从。"

王曰："公！予小子其退即辟于周，命公后①。四方迪乱，未定于宗礼，亦未克敉公功②，迪将其后，监我士、师、工③，诞保文武受民乱，为四辅④。"

王曰："公定，予往已。公功肃将祗欢⑤，公无困哉！我惟无斁其康事⑥，公勿替刑，四方其世享⑦。"

**【注释】**①公！予小子其退即辟于周，命公后：孔传："我小子退坐之后，便就君于周，命正公后，公当留佑我。"②四方迪乱，未定于宗礼，亦未克敉公功：迪，还。乱，需要治理。宗礼，指元祀。克，能。敉，通"弥"，终。③迪将其后，监我士、师、工：后，继续。监，监督领导。士、师、工，指百官。④诞保文武受民乱，为四辅：诞，乃。乱，治理。四辅，四方之辅。⑤公定，予往已。公功肃将祗欢：定，止，留下来。已，通"祀"。祗，敬。欢，通"灌"，灌礼。⑥公无困哉！我惟无斁其康事：斁，厌倦，懈怠。康事，即"更事"，更习吏事。⑦公勿替刑，四方其世享：替，废。刑，通"型"。

**【译文】**王说："公啊！我这年轻人就要回去，在镐京就位了，请公继续治洛。四方经过教导治理，还没有安定，宗礼也没有完成，公善于教导扶持，要继续监督我们的各级官员，安定文王、武王所接受的殷民，做我的辅佐大臣。"

王说："公留下吧！我要往镐京去了。公要好好地、迅速地进行敬重和睦殷民的工作，公不要让我危困呀！我当不懈地学习政事，公要不停地示范，四方诸侯将会世世代代来到周国朝享了。"

周公拜手稽首①曰："王命予来，承保乃文祖②受命民，越乃光烈考武王，弘朕恭③。孺子来相宅，其大惇典殷献民④，乱为四方新辟，作周恭先⑤。曰：'其自时中乂，万邦咸休，惟王有成绩⑥。予旦以多子，越御事，笃前人成烈⑦，苔其师，作周孚先⑧。'考朕昭子刑，乃单文祖德⑨。

伻来毖殷，乃命宁⑩。予以秬鬯二卣⑪。曰：'明禋，拜手稽首，休享⑫。'予不敢宿⑬，则禋于文王、武王，'惠笃叙，无有遘自疾⑭，万年猒于乃德，殷乃引考⑮。''王伻殷乃承叙万年，其永观朕子怀德⑯。'"

【注释】①周公拜手稽首：孔传："拜而后言，许成王留。"②文祖：文王。③越乃光烈考武王，弘朕恭：越，与。光，光辉。烈，威严。考，父亲。弘朕，当作"弘训"。④孺子来相宅，其大惇典殷献民：孺子，指成王。惇，厚。典，录用。⑤乱为四方新辟，作周恭先：恭，敬。先，先导、表率。⑥其自时中乂，万邦咸休，惟王有成绩：时，通"是"。中，土中，指洛邑。乂，治。⑦予旦以多子，越御事，笃前人成烈：多子，承担王朝大部分官职的姬姓贵族。越，与。笃，厚。⑧苔其师，作周孚先：苔，符合。师，众。⑨考朕昭子刑，乃单文祖德：考朕，指文王。昭，示。刑，通"型"，模范。单，大，光大。⑩伻来毖殷，乃命宁：伻，使。毖，慎。殷，殷商祭祀之礼。宁，安。⑪予以秬鬯（chàng）二卣（yǒu）：秬，黑黍。祭祀时用的香酒。卣，盛酒的樽。⑫明禋，拜手稽首，休享：禋，古代祭天之礼。休，美。享，祭献。⑬宿：经一宿。⑭惠笃叙，无有遘

(gòu)自疾：惠，顺。笃，厚。叙，次第。遘，遇。疾，病。⑮万年猒于乃德，
殷乃引考：殷，殷商的天命。引，长。考，成。⑯王伻殷乃承叙万年，其永观
朕子怀德：承叙，承顺。朕子，指成王。

**【译文】**周公跪拜叩头说："王命令我到洛邑来，继续保护您的先
祖文王所受的殷民，宣扬您光明有功的父亲武王的伟大，我奉行命令。
王来视察洛邑的时候，要使殷商贤良的臣民都惇厚守法，制定了治理四
方的新法，作了周法的先导。我说过：'要是从这九州的中心进行治理，
万国都会喜欢，王也会有功绩。我姬旦率领众位卿大夫和治事官员，经
营先王的成业，集合众人，作修建洛邑的先导。'实现我告诉您的这一
法则，就能发扬光大先祖文王的美德。

"您派遣使者来洛邑慰劳殷人，又送来两卣黍香酒问候我。使
者传达王命说：'明洁地举行祭祀，要跪拜叩头庆幸地献给文王和武
王。'我一宿都在祈祷，'愿我很顺遂，不要遇到罪疾，万年饱受您的德
泽，殷事能够长久成功。'愿王使殷民能够顺从万年，将长久看到您安
民的德惠。'"

戊辰①，王在新邑烝，祭岁，文王骍牛一，武王骍牛一②。王命
作册逸祝册，惟告周公其后③。王宾杀禋咸格，王入太室，祼④。王
命周公后，作册逸诰⑤，在十有二月。惟周公诞保文武受命，惟七年⑥。

**【注释】**①戊辰：成王七年十二月晦日。②烝，祭岁，文王骍（xīng）
牛一，武王骍牛一：烝，冬祭。岁，岁祭。骍，红色。③王命作册逸祝册，惟告
周公其后：作册，官名。逸，人名。祝册，宣读册文以告神。告周公其后，告诉
文王、武王以周公留守洛邑之事。④王宾杀禋咸格，王入太室，祼：王宾，文
王、武王之傧。杀，杀牲。禋，禋祀。格，歆享。太室，太庙中央之室。祼，以

酒灌地降神之礼。⑤王命周公后，作册逸诰：诰，诰命天下。⑥在十有二月。惟周公诞保文武受命，惟七年：诞，乃。惟七年，周公摄政七年。

【译文】戊辰这天，成王在洛邑举行冬祭，向先王报告岁事，用一头红色的牛祭文王，也用一头红色的牛祭武王。成王命令名字叫逸的作册官宣读册文，报告文王、武王，周公将继续住在洛邑。助祭诸侯在杀牲祭祀先王的时候都来到了，成王命令周公继续治理洛邑，名字叫逸的作册官将这件大事告喻天下，在十二月。周公留居洛邑担任文王、武王所受的大命，摄政七年。

# 多士第十六

【题解】多士，谓殷商旧臣，即众士之意。《孔传》："所告者皆众士，故以名篇。"《史记·周本纪》："成王既迁殷顽民，周公以王命告，作《多士》。"《书序》云："成周既成，迁殷顽民，周公以王命诰，作《多士》。"

孔颖达《尚书正义》云："成周之邑既成，乃迁殷之顽民。民性安土重迁，或有怨恨。周公以成王命诰此众士，言其须迁之意。史叙其事，作《多士》。"

又《史记·鲁世家》："及七年后，还政成王，北面就臣位……及成王用事，人或谮周公，周公奔楚。成王发府，见周公祷书，乃泣，反周公。周公归，恐成王壮，治有所淫佚，乃作《多士》。"

本篇是周公代替成王向殷商遗民，特别是那些旧臣所发布的诰令。记录了周公借天命强迫殷商遗民迁徙洛邑之因和周王室所施行的政策，希望这些殷商遗民能够在洛邑安居乐业。

〇成周既成，迁殷顽民，周公以王命诰，作《多士》。

惟三月，周公初于新邑洛，用告商王士①。

王若曰："尔殷遗多士②！弗吊旻天，大降丧于殷③。我有周佑命，将天明威④，致王罚，敕殷命终于帝⑤。肆尔多士！非我小国敢弋殷命⑥。惟天不畀允罔固乱，弼我，我其敢求位⑦？惟帝不畀，惟我下民秉为，惟天明畏⑧。

【注释】①惟三月，周公初于新邑洛，用告商王士：三月，即周公摄政七年三月。王士，殷商的贵族阶级。②尔殷遗多士：孔传："顺其事称以告殷遗馀众士，所顺在下。"③弗吊旻（mín）天，大降丧于殷：弗，不。吊，善。旻天，指上天。降丧，降下灾祸。④我有周佑命，将天明威：佑命，帮助上帝行天命。将，奉。致，送。敕，告诫。⑤致王罚，敕殷命终于帝：孔传："天命周致王者之诛罚，王黜殷命，终周於帝王。"⑥肆尔多士！非我小国敢弋殷命：肆，现在。弋，取。⑦惟天不畀允罔固乱，弼我，我其敢求位：畀，给予。允罔，确定灭亡。固，继续。乱，治。其，岂。⑧惟帝不畀，惟我下民秉为，惟天明畏：秉，秉承。为，行事。明畏，圣明威严。畏，通"威"。

【译文】周成王七年三月，周公初往新都洛邑，用成王的命令告诫殷商的旧臣。

周公代王这样说："你们这些殷商的旧臣们！纣王不敬重上天，他把灾祸大降给殷国。我们周国佑助天命，奉行上天的明威，执行王者的诛罚，宣告殷的国命被上天终绝了。现在，你们众位官员啊！不是我们小小的周国敢于取代殷命，是上天不把大命给予那信诬怙恶的人，而辅助我们，我们岂敢擅求王位呢？正因为上天不把大命给予信诬怙恶的人，我们下民的所作所为，应当敬畏天命。

"我闻曰：'上帝引逸①。'有夏不适逸，则惟帝降格，向于时夏②。

弗克庸帝,大淫泆有辞③。惟时天罔念闻,厥惟废元命,降致罚④;乃命尔先祖成汤革夏,俊民甸四方⑤。

"自成汤至于帝乙,罔不明德恤祀⑥。亦惟天丕建保乂有殷⑦,殷王亦罔敢失帝,罔不配天其泽⑧。在今后嗣王,诞罔显于天⑨,矧⑩曰其有听念于先王勤家? 诞淫厥泆,罔顾于天显民祇⑪,惟时上帝不保,降若兹大丧⑫。

"惟天不畀不明厥德,凡四方小大邦丧,罔非有辞于罚⑬。"

**【注释】**①上帝引逸:引逸,限制使收敛,不至于犯下大的罪过。引,限制。逸,放纵。②有夏不适逸,则惟帝降格,向于时夏:有夏,即夏。适,节制。降格,谓降下灾祸。格,来。时,通"是"。③弗克庸帝,大淫泆有辞:克,能。庸,用。泆,通"逸"。有辞,有罪状可以指说。④惟时天罔念闻,厥惟废元命,降致罚:惟时,于是。天罔念闻,上天抛弃,不闻不问。元,天命,大命。⑤乃命尔先祖成汤革夏,俊民甸四方:成汤,商代的第一位大王。革夏,改变夏朝的天命。俊民,贤人。甸,治理。⑥自成汤至于帝乙,罔不明德恤祀:帝乙,商纣王的父王。罔,不。明,通"勉",恤,慎。⑦亦惟天丕建保乂有殷:丕,大。建,建立。保,安。乂,治。⑧泽:通"绎",嗣、绪。⑨在今后嗣王,诞罔显于天:后嗣王,即商纣王。诞,大。显,敬畏。⑩矧:何况。⑪诞淫厥泆,罔顾于天显民祇:天显,天命。祇,通"哉"。⑫惟时上帝不保,降若兹大丧:孔传:"惟是纣恶,天不安之,故下若此大丧亡之诛。"⑬惟天不畀不明厥德,凡四方小大邦丧,罔非有辞于罚:孔传:"惟天不与不明其德者,故凡四方小大国丧灭,无非有辞於天所罚。言皆有暗乱之辞。"

**【译文】**"我听说:'上帝制止游乐。'夏桀不节制游乐,上帝就降下教令,劝导夏桀。他不能听取上帝的教导,大肆游乐,并且怠慢。因此,上帝也不闻不问,而考虑废止夏的大命,降下大罚;上帝于是命令你们的先祖成汤代替夏桀，命令杰出的人才治理四方。

"从成汤到帝乙，没有人不力行德政，慎行祭祀。也因为上天树立了安治殷国的贤人，殷的先王也不敢违背天意，也没有人不配合上天的恩泽。当今后继的纣王，很不明白上天的意旨，何况说他又能听从、考虑先王勤劳家国的训导呢？他大肆淫游泆乐，不顾天意和民困，因此，上帝不保佑了，降下这样的大丧乱。

"上帝不把大命给予不勉行德政的人，凡是四方小国大国的灭亡，无人不是怠慢上帝而被惩罚。"

王若曰："尔殷多士，今惟我周王丕灵承帝事①，有命曰：'割殷，告敕于帝。'②惟我事不贰适，惟尔王家我适③。予其曰惟尔洪无度，我不尔动，自乃邑④。予亦念天即于殷大戾，肆不正⑤。"

王曰："猷！告尔多士，予惟时其迁居西尔⑥，非我一人奉德不康宁，时惟天命⑦。无违，朕不敢有后，无我怨⑧。

"惟尔知，惟殷先人，有册有典⑨，殷革夏命。今尔又曰：'夏迪简在王庭，有服在百僚。'⑩予一人惟听、用德。肆予敢求尔于天邑商⑪，予惟率肆矜尔⑫。非予罪，时惟天命⑬。"

**【注释】**①尔殷多士，今惟我周王丕灵承帝事：丕，大。灵，善。承，承顺。②有命曰：'割殷，告敕于帝。'：割殷，指灭殷商。割，通"害"。③惟我事不贰适，惟尔王家我适：惟，只有。适，通"敌"。④予其曰惟尔洪无度，我不尔动，自乃邑：尔，你们。洪，大。度，法度。不尔动，不动尔。⑤予亦念天即于殷大戾，肆不正：戾，罪。肆，因为，所以。正，治罪。⑥猷！告尔多士，予惟时其迁居西尔：迁居西尔，即"迁尔居西"的倒装。洛邑在殷地之西，所以说迁到西面。⑦非我一人奉德不康宁，时惟天命：奉德，根据道德原则。康宁,安宁。时,通"是"。⑧无违,朕不敢有后,无我怨:孔传:"汝无违命,我亦不敢有后诛,汝无怨我。"⑨有册有典:有典籍之谓。⑩今尔又曰:'夏迪简在王庭,有服在百僚。':迪,进。简,选拔。服,服务。百僚,泛指百官。⑪予一人惟听用德。肆予敢求尔于天邑商:予一人,周公代周王自称。肆,因此。天邑商,即"大邑商"。⑫予惟率肆矜尔:肆,宽赦。矜,怜。⑬非予罪,时惟天命:孔传:"非我罪咎,是惟天命。"

**【译文】**周公代王这样说:"你们殷国的众臣,现在只有我们周王善于奉行上帝的使命,上帝有命令说:'夺取殷国,并报告上天。'我们讨伐殷商,不把别人作为敌人,只把你们的王家作为敌人。我怎么会料想到你们众官员太不守法,我并没有动你们,动乱是从你们的封邑开始的。我也考虑到天意仅仅在于夺取殷国,于是在殷乱大定之后,便不治你们的罪了。"

周公代王说:"啊!告诉你们众官员,我之所以把你们迁居西方,并不是我执行教导不安静,这是天命。不可违背天命,我不敢迟缓执行天命,你们不要怨恨我。

"你们知道,殷人的祖先有书册有典籍,记载着殷国革了夏国的命。现在你们又说:'当年夏的官员被选在殷的王庭,在百官之中都有职事。'我只接受、使用有德的人。现在我从大邑商招你们来,我是宽赦你们和怜惜你们。这不是我的差错,这是天命。"

王曰:"多士,昔朕来自奄,予大降尔四国民命①。我乃明致天罚,移尔遐逖②,比事臣我宗多逊③。"

王曰:"告尔殷多士,今予惟不尔杀,予惟时命有申④。今朕作大邑于兹洛,予惟四方罔攸宾⑤,亦惟尔多士攸服奔走,臣我多逊⑥。

"尔乃尚有尔土,尔乃尚事宁干止⑦。尔克敬,天惟畀矜尔⑧;尔不克敬，尔不啻不有尔土，予亦致天之罚于尔躬⑨！

"今尔惟时宅尔邑，继尔居；尔厥有干有年于兹洛⑩。尔小子乃兴，从尔迁⑪。"

王曰："又曰时予，乃或言尔攸居⑫。"

【注释】①多士，昔朕来自奄，予大降尔四国民命：奄，古国名，在今山东曲阜以东。降，下。四国，指参加叛乱的管、蔡、商、奄四国殷商之民。②我乃明致天罚，移尔遐逖：遐，远。逖，远。③比事臣我宗多逊：比，亲附。事，服事。臣，臣服。我宗，指周王朝。逊，顺。④告尔殷多士，今予惟不尔杀，予惟时命有申：时，通"是"。有，同"又"。⑤今朕作大邑于兹洛，予惟四方罔攸宾：攸，所。宾，通"摈"，摈弃。⑥亦惟尔多士攸服奔走，臣我多逊：服，服务。逊，顺。⑦尔乃尚有尔土，尔乃尚事宁干止：尚，通"常"。宁，安。干，捍卫，守护。止，休息。⑧尔克敬，天惟畀矜尔：畀，给予。矜，怜爱。⑨尔不克敬，尔不啻不有尔土，予亦致天之罚于尔躬：不啻，不但。躬，身。⑩今尔惟时宅尔邑，继尔居；尔厥有干有年于兹洛：时，通"是"。宅，居。居，居处，谓正常生活。⑪尔小子乃兴，从尔迁：孔传："汝能敬，则子孙乃起从汝化而迁善。"⑫又曰时予，乃或言尔攸居：时，承顺。或，克，能。攸，所。

【译文】周公代王说："殷的众臣，之前我从奄地来，对你们管、蔡、商、奄四国臣民广泛地下达命令。我然后明行上天的惩罚，把你们从远方迁徙到这里，近来你们服务和臣属我们周族很恭顺。"

周公代王说："告诉你们殷商的众臣，现在我不杀害你们，我想重申这个命令。现在我在这洛地建成了一座大城市，我是由于四方诸侯没有地方朝贡，也是由于你们服务奔走臣属我们很恭顺的缘故。"

"你们还可以保有你们的土地，你们还会安宁下来。你们能够敬慎，上天将会对你们赐给怜爱；你们假如不能敬慎，你们不但不能保有你们的土地，我也将会把老天的惩罚加到你们身上。

　　"现在你们应当好好地住在你们的城里，继续做你们的事业。你们在洛邑会有安乐、会有丰年的。从你们迁来洛邑开始，你们的子孙也将兴旺发达。"

　　周公代王说："顺从我！顺从我！你们才能够长久安居下来。"

# 无逸第十七

**【题解】**无逸，无，通"毋"，不要。逸，安逸，逸乐。无逸，即劝谏成王不要安逸享乐也。

周公还政成王之后，深惧成王贪图享乐，荒废政事，故而以此告诫他不可逸乐，要以殷为戒，不可酗酒丧德；当知稼穑艰难，要效法周文王勤劳为政。

《无逸》，或作《毋逸》、《无佚》。《史记·鲁周公世家》："周公归，恐成王壮，治有所淫佚，乃作《多士》，作《毋逸》。"周公作《无逸》"以诫成王"。《书序》："周公作《无逸》。"

本篇以"君子所，其无逸"为宗旨，以"怀保小民"为本怀，告诫成王不可安逸也，反映了统治者居安思危的思想，对后世影响深远。

○周公作《无逸》。

周公曰："呜呼！君子所，其无逸①。先知稼穑之艰难，乃逸，则知小人之依②。相小人，厥父母勤劳稼穑，厥子乃不知稼穑之艰难③，乃逸乃谚④。既诞，否则侮厥父母⑤曰：'昔之人⑥无闻知。'"

【注释】①呜呼！君子所，其无逸：君子，指"嗣王"，君主。逸，安逸。②先知稼穑之艰难，乃逸，则知小人之依：稼穑，农事。小人，下层民众。③相小人，厥父母勤劳稼穑，厥子乃不知稼穑之艰难：相，观察。厥，其。④乃逸乃谚：孔传："小人之子既不知父母之劳，乃为逸豫游戏，乃叛谚不恭。"⑤既诞，否则侮厥父母：诞，同"延"，长久。否则，于是。⑥昔之人：指老一辈。

【译文】周公说："啊！君子在位，切不可安逸享乐。先了解耕种收获的艰难，然后处在逸乐的境地，就会知道老百姓的艰难。看那些老百姓，他们的父母勤劳地耕种收获，他们的儿子却不知道耕种收获的艰难，便安逸，便不恭。时间已经久了，于是就轻视侮慢他们的父母说：'老人们没有知识。'"

周公曰："呜呼！我闻曰：昔在殷王中宗①，严恭寅畏，天命自度②，治民祇惧，不敢荒宁③。肆中宗之享国七十有五年④。

"其在高宗，时旧劳于外，爰暨小人⑤。作其即位，乃或亮阴，三年不言⑥。其惟不言，言乃雍⑦。不敢荒宁，嘉靖⑧殷邦。至于小大，无时或怨⑨。肆高宗之享国五十有九年⑩。

"其在祖甲，不义惟王，旧为小人⑪。作其即位，爰知小人之依⑫，能保惠于庶民，不敢侮鳏寡⑬。肆太宗之享国三十有三年⑭。

"自时厥后，立王生则逸⑮。生则逸，不知稼穑之艰难⑯，不闻小人之劳，惟耽乐⑰之从。自时厥后，亦罔或克寿⑱。或十年，或七八年，或五六年，或四三年⑲。"

**【注释】**①中宗：商代第七任贤君祖乙。②严恭寅畏，天命自度：严，严肃庄重。寅，敬。度，衡量。③治民祗惧，不敢荒宁：祗惧，恭敬谨慎。荒宁，荒废政务，贪图安逸。④肆中宗之享国七十有五年：肆，所以。有，同"又"。⑤其在高宗，时旧劳于外，爰暨小人：时，即位之前。旧，久。爰，于是。高宗，殷王武丁宗庙的称号。武丁是商汤的第十一世孙，殷商的第二十三任君主。⑥作其即位，乃或亮阴，三年不言：作，及。亮阴，又作"谅阴"、"谅闇"，意谓沉默不言。⑦雍：和谐。⑧嘉靖：安定。⑨至于小大，无时或怨：小大，百姓，群臣。时，通"是"。⑩肆高宗之享国五十有九年：孔传："高宗为政，小大无怨，故亦享国永年。"⑪其在祖甲，不义惟王，旧为小人：祖甲，汤孙太甲。义，拟，打算。旧，久。⑫作其即位，爰知小人之依：孔传："在桐三年，思集用光，起就王位，於是知小人之所依。"⑬能保惠于庶民，不敢侮鳏寡：保，安。惠，爱。⑭肆太宗之享国三十有三年：孔传："太甲亦以知小人之依，故得久年。此以德优劣、立年多少为先后，故祖甲在下。殷家亦祖其功，故称祖。"⑮自时厥后，立王生则逸：孔传："从是三王，各承其后而立者，生则逸豫无度。"⑯生则逸，不知稼穑之艰难：孔传："言与小人之子同其敝。"⑰耽乐：沉湎享乐。⑱自时厥后，亦罔或克寿：罔或，没有。克，能。寿，长久。⑲或十年，或七八年，或五六年，或四三年：孔传："高者十年，下者三年，言逸乐之损寿。"

**【译文】**周公说："啊！我听说：过去殷王中宗，庄正敬畏，以天命作为自己的准则，治理百姓，敬慎恐惧，不敢荒废、安逸。所以中宗在位七十五年。

"在高宗，这个人长期在外服役，惠爱老百姓。等到他即位，便又听信家宰沉默不言，三年不轻易说话。因为他不轻易说话，有时说出来就能使人和悦。他不敢荒废、安逸，善于安定殷国。从老百姓到群臣，没有怨恨他的。所以高宗在位五十九年。

"在太甲，他以为代兄称王不合情理，逃亡民间，做过很久的平民百姓。等到他即位后，就知道老百姓的艰难，能够安定和爱护众民，对于鳏寡无依的人也不敢轻慢。所以太甲在位三十三年。

"从这以后，在位的殷王生来就安闲逸乐。生来就安闲逸乐，不知耕种收获的艰难，不知老百姓的劳苦，只是追求过度的逸乐。从这以后，在位的殷王也没有能够长寿的。有的十年，有的七八年，有的五六年，有的三四年。"

周公曰：'呜呼！厥亦惟我周太王、王季，克自抑畏①。文王卑服②，即康功、田功。徽柔懿恭，怀保小民，惠鲜鳏寡③。自朝至于日中、昃，不遑暇食，用咸和万民④。文王不敢盘于游田，以庶邦惟正之供⑤。文王受命惟中身⑥，厥享国五十年。"

**【注释】**①呜呼！厥亦惟我周太王、王季，克自抑畏：太王，古公亶父，文王之祖父，王季之父。王季，即文王的父亲。抑畏，谨慎戒惧。②卑服：卑下的工作。③徽柔懿恭，怀保小民，惠鲜鳏寡：徽，善良。懿，美。恭，敬。惠，爱。鲜，通"斯"，语助词，无实义。④自朝至于日中、昃，不遑暇食，用咸和万民：朝，早晨。日中，中午。昃，太阳偏西，谓黄昏。用，以。咸，同"诚"，和。⑤文王不敢盘于游田，以庶邦惟正之供：盘，乐。田，狩猎。以，与。庶邦，众邦，指臣服于周的诸方国。正，通"政"。供，奉。⑥中身：中年。

**【译文】**周公说："啊！只有我们周家的太王、王季，能够谦让敬畏。文王安于卑下的工作，从事过开通道路、耕种田地的劳役。他和蔼、仁慈、善良、恭敬，使百姓和睦、安定，爱护亲善孤苦无依的人。从早晨到中午、到下午，他没有闲暇吃饭，要使万民生活和谐。文王不敢乐于嬉游、田猎，不敢使众国只是进献赋税，供他享乐。文王中年受命为君，在位五十年。”

周公曰：“呜呼！继自今嗣王<sup>①</sup>，则其无淫于观、于逸、于游、于田，以万民惟正之供<sup>②</sup>。无皇曰：‘今日耽乐。’<sup>③</sup>乃非民攸训，非天攸若，时人丕则有愆<sup>④</sup>。无若殷王受<sup>⑤</sup>之迷乱，酗于酒德哉！”

周公曰：“呜呼！我闻曰：‘古之人犹胥训告，胥保惠，胥教诲<sup>⑥</sup>，民无或胥诪张为幻<sup>⑦</sup>。’此厥不听，人乃训之<sup>⑧</sup>，乃变乱先王之正刑<sup>⑨</sup>，至于小大。民否则厥心违怨，否则厥口诅祝<sup>⑩</sup>。”

【注释】①呜呼！继自今嗣王：孔传：“继从今已往嗣世之王，皆戒之。”②则其无淫于观、于逸、于游、于田，以万民惟正之供：淫，过渡玩乐。观，游览。③无皇曰：‘今日耽乐。’：皇，通“兄”，即“况”，更加。④乃非民攸训，非天攸若，时人丕则有愆：攸，所。训，顺。若，顺。时，通“是”。丕则，于是。愆，过错。⑤受：即商纣王。⑥呜呼！我闻曰：‘古之人犹胥训告，胥保惠，胥教诲：人，谓君主和臣民。犹，由，用。胥，互相。⑦民无或胥诪张为幻：或，有。诪张，欺诈。幻，惑乱。⑧此厥不听，人乃训之：厥，其，你。训，以……为榜样。⑨正刑：旧法。⑩民否则厥心违怨，否则厥口诅祝：否则，于是。违，怨。祝，诅咒。

【译文】周公说：“啊！从今以后继位的君王，不可沉迷在观赏、安逸、嬉游和田猎之中，不可只是使老百姓进献赋税供他享乐。不要自我宽解说：‘只是今天快乐快乐。’这样子就不是老百姓所赞成的，也不是上天所喜爱的，这样的人就有罪过了。不要像商纣王那样迷惑昏乱，以酗酒为德啊！”

周公说：“啊！我听说：‘古时的人还能互相劝导，互相爱护，互相教诲，所以老百姓没有互相欺骗或互相诈惑的。’不依照这样，官员就会顺从自己的意愿,就会变乱先王的正法,以至于大大小小的法令。老百姓于是就内心怨恨,就口头诅咒了。"

　　周公曰:"呜呼!自殷王中宗及高宗及祖甲及我周文王,兹四人迪①哲。厥或告之曰:'小人怨汝詈汝。'则皇自敬德②。厥愆,曰:'朕之愆。'③允若时,不啻不敢含怒④。此厥不听,人乃或诪张⑤为幻。曰小人怨汝詈汝,则信之⑥,则若时:不永念厥辟,不宽绰厥心⑦,乱罚无罪,杀无辜⑧。怨有同,是丛于厥身⑨!"

　　周公曰:"呜呼!嗣王其监于兹⑩!"

　　**【注释】**①迪:用。②厥或告之曰:'小人怨汝詈汝。'则皇自敬德:或,有的人。詈,骂。③厥愆,曰:'朕之愆。':孔传:"其人有祸,则曰:'我过,百姓有过,在予一人。'"④允若时,不啻不敢含怒:允,信。若时,如此。不啻,不但。⑤诪张:欺诳,欺哄。⑥曰小人怨汝詈汝,则信之:孔传:"言小人怨憾诅詈汝,则信受之。"⑦则若时,不永念厥辟,不宽绰厥心:永,长。辟,法度。⑧乱罚无罪,杀无辜:孔传:"信谗含怒,罚杀无罪。"⑨怨有同,是丛于厥身:同,会同。丛,聚集。⑩呜呼!嗣王其监于兹:嗣王,谓周成王。监,通"鉴",借鉴。

　　**【译文】**周公说:"啊!从殷王中宗,到高宗,到太甲,到我们周的文王,这四位君王领导得明智。有人告诉他们说:'老百姓在怨恨你咒骂你。'他们就更加敬慎自己的行为。有人举出他们的过错,他们就说:'我的过错确实像这样。'不但不敢怀怒。不依照这样,人们就会互相欺骗、互相诈惑。有人说老百姓在怨恨你咒骂你,你就会相信,就会像这样:不多考虑国家的法度,不放宽自己的心怀,乱罚没有罪过的人,乱杀没有罪过的人。老百姓的怨恨一旦汇合起来,就会集中到你的身上。"

　　周公说："啊！继位的王要鉴戒这些啊！"

# 君奭第十八

**【题解】**君奭是周公对召公的答辞。西周初期，叛乱平定，天命盛行，召公深怕官员唯信天命，怠于政事，故而，强调事在人为的道理。周公同意召公的主张，勉励与其共同辅佐朝政，完成功业。史官录之，名为《君奭》。

《史记·燕召公世家》载："成王既幼，周公摄政，当国践阼，召公疑之，作《君奭》。君奭不说周公。周公乃称'汤时有伊尹，假于皇天……'于是召公乃说。"《书序》云："召公为保，周公为师，相成王为左右。召公不说，周公作《君奭》。"

本篇为周公希望召公一起借鉴历史教训，和衷共济、团结一致治理国家的谈话，是研究周初及商周历史的重要资料。

〇召公为保，周公为师，相成王为左右。召公不说，周公作《君奭》。

周公若曰："君奭①！弗吊天降丧于殷，殷既坠厥命，我有周既受②。我不敢知曰厥基永孚于休。若天棐忱③，我亦不敢知曰其终出于不祥④。

"呜呼! 君已曰时我：我亦不敢宁于上帝命⑤，弗永远念天威越⑥我民；罔尤违，惟人⑦。在我后嗣子孙，大弗克恭上下，遏佚前人光在家⑧，不知天命不易，天难谌，乃其坠命，弗克经历⑨。嗣前人，恭明德，在今予小子旦⑩非克有正，迪惟前人光施于我冲子⑪。"又曰："天不可信，我道惟宁王德延⑫，天不庸释于文王受命⑬。"

**【注释】**①君奭：谓召公。君，尊称。②弗吊天降丧于殷，殷既坠厥命，我有周既受：弗吊，谓纣王干坏事。弗，不。吊，善。③我不敢知曰厥基永孚于休。若天棐忱：基，开始。孚，信。休，美。若，语气词。棐，通"匪"，非。忱，诚信。④我亦不敢知曰其终出于不祥：孔传："言殷纣其终坠厥命，以出於不善之故，亦君所知。"⑤呜呼! 君已曰时我，我亦不敢宁于上帝命：时我，同意我的做法。时，通"是"。宁，安，恃。⑥越：与，和。⑦罔尤违，惟人：罔，无。尤，罪过。违，违戾。⑧在我后嗣子孙，大弗克恭上下，遏佚前人光在家：在，通"哉"。克，能。上下，指天地。遏，绝。佚，失去。光，光烈。家，谓周王朝。⑨不知天命不易，天难谌，乃其坠命，弗克经历：谌，诚信。经历，经营行事。⑩予小子旦：周公自称。⑪非克有正，迪惟前人光施于我冲子：正，匡正，表率。施，延。冲子，幼子，谓周成王。⑫天不可信，我道惟宁王德延：道，语助词。宁王，当指文王。⑬天不庸释于文王受命：庸，用。释，弃。

**【译文】**周公这样说："君奭! 商纣王不敬重上天，给殷国降下了大祸，殷国已经丧失了福命，我们周国已经接受了。我不敢认为王业开始的时候，会长期保持休美。顺从上天，任用诚信的人为辅佐，我也不敢认为王业的结局会出现不吉祥。

"啊! 您曾经说：'依靠我们自己，我们不敢安然享受上帝赐给的福命，不去永远顾念上天的威严和我们的人民；没有过错和违失，只在人。考察我们的后代子孙，很不能够恭敬上天，顺从下民，把前人的光辉限制在我们国家之内，不知道天命难得，不懂得上帝难信，这就会失去天命，不能长久。继承前人，奉行明德，就在今天。'您的看法，我小子姬旦不能有什么改正，我想把前人的光辉传给我们的后代。"您还说过："上天不可信赖。我只想把文王的美德加以推广，上天将不会废弃文王所接受的福命。"

公曰："君奭！我闻在昔成汤既受命①，时则有若伊尹，格于皇天②。在太甲，时则有若保衡③。在太戊，时则有若伊陟、臣扈，格于上帝④；巫咸⑤乂王家。在祖乙，时则有若巫贤⑥。在武丁，时则有若甘盘⑦。

"率惟兹有陈，保乂有殷⑧，故殷礼陟配天，多历年所⑨。天惟纯佑命，则商实百姓王人⑩，罔不秉德明恤，小臣屏侯甸⑪，矧咸奔走。惟兹惟德称，用乂厥辟⑫，故一人有事于四方，若卜筮，罔不是孚⑬。"

【注释】①君奭！我闻在昔成汤既受命：孔传："已放桀，受命为天子。"②时则有若伊尹，格于皇天：伊尹，商汤之时的辅政大臣，受汤重用，建立商朝。③在太甲，时则有若保衡：太甲，商朝长子太丁之子，殷商王朝第五任君主。保衡，官名，大王身边的辅助大臣。旧说谓保衡指伊尹。④在太戊，时则有若伊陟、臣扈，格于上帝：太戊，殷商王朝第十任君主，太甲之孙。伊陟，商王太戊的辅政大臣。⑤巫咸：祖乙之时的贤臣。⑥在祖乙，时则有若巫贤：孔传："祖乙，殷家亦祖其功，时贤臣有如此巫贤。贤，咸子。巫，氏。"⑦在武丁，时则有若甘盘：孔传："高宗即位，甘盘佐之，后有傅说。"⑧率惟兹有陈，保乂有殷：孔传："言伊尹至甘盘六臣佐其君，循惟此道,有陈列之功,以安治有殷。"⑨故殷礼陟配天,多历年所:陟,登,升。历,久。所,助词。⑩天惟纯佑命,则商实百姓王人:百姓,异姓之臣。王人,王之族人,即同姓贵族。⑪罔不秉德明恤,小臣屏侯甸:秉,奉持。明,通"勉"。恤,谨慎。小臣,谓亲近君主的朝廷重臣。屏,并。侯甸,泛指殷商的附属诸侯国。⑫矧咸奔走。惟兹惟德称,用乂厥辟:矧,语助词。咸,都。奔走,效力。兹,此。称,举。乂,通"艾",相。辟,君主。⑬故一人有事于四方,若卜筮,罔不是孚:一人,谓君王。孚,信。

**【译文】**周公说:"君奭!我听说从前成汤既已接受天命,当时就有伊尹,得到上天的嘉许。在太甲,当时就有保衡。在太戊,当时就有伊陟和臣扈,得到上天的嘉许;又有巫咸治理王国。在祖乙,当时就有巫贤。在武丁,当时就有甘盘。

"这些有道的人,安定治理殷国,所以殷人的制度,君王死后,他们的神灵都配天称帝,经历了许多年代。上天用贤良教导下民,于是,殷商异姓和同姓的官员们,确实没有人不保持美德,知道谨慎,君王的小臣和诸侯的官员,也都奔走效劳。这些官员是依据美德而被推举出来,辅助他们的君王,所以君王对四方施政,如同卜筮一样,没有人不相信。"

公曰:"君奭!天寿平格,保乂有殷①,有殷嗣,天灭威②。今汝永念,则有固命,厥乱明我新造邦③。"

公曰:"君奭!在昔上帝割申劝宁王之德,其集大命于厥躬④?惟文王尚克修和我有夏⑤;亦惟有若虢叔,有若闳夭⑥,有若散宜生,有若泰颠,有若南宫括⑦。

"又曰:无能往来,兹迪彝教,文王蔑德降于国人⑧。亦惟纯佑秉德,迪知天威,乃惟时昭文王⑨迪见冒,闻于上帝,惟时受有殷命哉⑩！

**【注释】**①君奭！天寿平格，保乂有殷：寿，久。平格，平康。②有殷嗣，天灭威：嗣，谓纣王继位。威，恶。③今汝永念，则有固命，厥乱明我新造邦：永念，永远记住。固命，天命。厥，语助词。乱，治理。明，成。新造邦，即刚建立的西周王朝。④君奭！在昔上帝割申劝宁王之德，其集大命于厥躬：割，通"害"，曷，为什么。申，重，一再。劝，劝勉。宁王，文王。躬，自身。⑤惟文王尚克修和我有夏：修，治理。有夏，即"夏"，指中国。⑥亦惟有若虢叔，有若闳夭：指文王的卿士、贤臣。⑦有若散宜生，有若泰颠，有若南宫括：指文王的卿士、贤臣。⑧无能往来，兹迪彝教，文王蔑德降于国人：往来，奔走效力。迪，导。彝，常。蔑，无。⑨亦惟纯佑秉德，迪知天威，乃惟时昭文王：纯佑，贤臣良佐。秉，持。天威，天命。⑩迪见冒，闻于上帝，惟时受有殷命哉：冒，勉励。时，通"是"。昭，辅助。见，显示。

**【译文】**周公说："君奭！上天赐给中正和平的官员，安治殷国，于是殷王世世继承着，上天也不降给惩罚。现在您深长地考虑这些，就掌握了一定不移之命，将治好我们这个新建立的国家。"

周公说："君奭！过去上帝为什么一再嘉勉文王的品德，降下大命在他身上呢？因为文王重视能够治理和谐我们中国的人；也因为有这个虢叔，有这个闳夭，有这个散宜生，有这个泰颠，有这个南宫括。

"有人说：没有这些贤臣奔走效劳，努力施行常教，文王也就没有恩德降给国人了。也因为这些贤臣保持美德，了解上天的威严，因为这些人辅助文王特别努力，被上帝知道了，因此文王才承受了殷国的大命啊。

"武王惟兹四人尚迪有禄①。后暨武王，诞将天威，咸刘厥敌②。惟兹四人昭武王惟冒，丕单称德③。

"今在予小子旦，若游大川，予往暨汝奭其济④。小子同未在位，诞无我责收⑤，罔勖不及。耇造德不降我则，鸣鸟不闻，矧曰其有能格⑥？"

【注释】①武王惟兹四人尚迪有禄：迪，语助词。有禄，还活着。死者称"不禄"。②后暨武王，诞将天威，咸刘厥敌：暨，与。诞，乃。刘，杀。③惟兹四人昭武王惟冒，丕单称德：冒，覆盖。丕，大。单，通"殚"，尽。称，举。④今在予小子旦，若游大川，予往暨汝奭其济：今在，现在。予小子旦，周公自称。⑤小子同未在位，诞无我责收：小子，周公自称。同，即"侗"，幼稚。未，同"昧"，昏暗不明。诞，其。收，成。⑥罔勖不及。耇造德不降我则，鸣鸟不闻，矧曰其有能格：勖，勤勉。及，至。耇，年长。造，成。降，和同。鸣鸟，比喻高论。矧，况。格，至，知。

【译文】"武王的时候，文王的贤臣只有四人还活着。后来，他们和武王奉行上天的惩罚，完全消灭了他们的敌人。也因为这四人辅助武王很努力，于是天下普遍赞美武王的恩德。

"现在我小子姬旦好像游于大河，我和你奭一起前往谋求渡过。我知识不广，却身居大位，你不督责、纠正我，就没有人勉力指出我的不够了。您这年高有德的人不指示我治国的法则，连凤凰的鸣声都会听不到，何况说将又能被上天嘉许呢？"

公曰："呜呼！君肆其监于兹①！我受命无疆惟休，亦大惟艰②。告君乃猷裕我，不以后人迷③。"

公曰："前人敷乃心，乃悉命汝，作汝民极④。曰：'汝明勖偶王，在亶乘兹大命⑤，惟文王德丕承，无疆之恤⑥。'"

【注释】①呜呼！君肆其监于兹：君，指召公奭。肆，今，现在。监，通"鉴"，借鉴。②我受命无疆惟休，亦大惟艰：无疆，无限。休，美。③告君乃猷裕我，不以后人迷：乃，虚词。猷裕，告导。后人，即后王，成王。④前人敷乃心，乃悉命汝，作汝民极：前人，即武王。敷乃心，即坦露心意。敷，布。乃，其。悉，全，都。汝，指周公和召公。极，准则、楷模。⑤汝明勖偶王，在亶乘兹大命：明勖，勉励。偶，辅佐。在，通"哉"。亶，通"单"即"殚"，尽。⑥惟文王德丕承，无疆之恤：承，承受。恤，忧患。

【译文】周公说："啊！您现在应该看到这一点！我们接受的大命，有无限的喜庆，也有无穷的艰难。现在请求您，急于教导我，不要使后人迷惑呀！"

周公说："武王表明他的心意，详尽地告诉了您，要做老百姓的表率。武王说：'您要努力辅助成王，在于诚心承受这个大命，考虑继承文王的功德，这会有无穷的忧患啊！'"

公曰："君！告汝，朕允①保奭。其汝克敬以予，监于殷丧大否②，肆③念我天威。予不允惟若兹诰④，予惟曰：'襄⑤我二人，汝有合哉？'言曰：'在时⑥二人。'天休滋至，惟时二人弗戡⑦。其汝克敬德，明我俊民，在让后人于丕时⑧。

"呜呼！笃棐时二人，我式克至于今日休⑨？我咸成文王功于不怠，丕冒，海隅出日，罔不率俾⑩。"

【注释】①允：信。②保奭。其汝克敬以予，监于殷丧大否：保奭，召公为太保。否，厄。③肆：长。④予不允惟若兹诰：孔传："言命无常，我不信惟若此诰。"⑤襄：助。⑥时：通"是"。⑦天休滋至，惟时二人弗戡：休，美。戡，胜。⑧其汝克敬德，明我俊民，在让后人于丕时：明，彰明。俊民，贤人。

在，通"哉"。让，通"襄"，襄助。后人，即成王。丕时，此时。⑨呜呼！笃棐时二人，我式克至于今日休：笃，诚。棐，通"匪"，非。时，通"是"。我，指周王朝。式，用。克，能够。休，美。⑩我咸成文王功于不怠，丕冒，海隅出日，罔不率俾：咸，皆。丕，大。冒，覆。率，顺。俾，从。

【译文】周公说："君奭！请求您，我所深信的太保奭。希望您能警惕地和我一起看到殷国丧亡的大祸，长久使我们不忘上天的惩罚。我不但这样告诉，我还想道：'除了我们二人，您有志同道合的人吗？'您会说：'在于我们这两个人。'上天赐予的休美越来越多，仅仅是我们两人不能胜任了。希望您能够敬重贤德，提拔杰出的人才，帮助我们后人去承受它。

"啊！真的不是这两个人，我们还能达到今天的休美境地吗？我们共同来成就文王的功业吧！不懈怠地加倍努力，使那海边日出的地方，没有人不顺从我们。"

公曰："君！予不惠若兹多诰，予惟用闵于天越民①。"

公曰："呜呼！君！惟乃知民德亦罔②不能厥初，惟其终。祗若兹，往敬用治③！"

【注释】①君！予不惠若兹多诰，予惟用闵于天越民：闵，忧虑。越，与。②罔：不。③祗若兹，往敬用治：祗，敬。用，以。

【译文】周公说："君奭啊！我不这样多多劝告了，我们要忧虑天命和民心。"

周公说："啊！君奭！您知道老百姓的行为，开始时没有不好好干的，要看他的末尾。我们要搞好这件大事业，要勤劳恭敬地去治理啊！"

# 蔡仲之命第十九

【题解】周公摄政之时，管蔡叛乱，周公东征平定叛乱，囚禁蔡叔于郭邻，从宽发落，后既迁而死。《史记·管蔡世家》："放蔡叔，迁之，与车十乘，徒七十人从。"然蔡叔之子蔡仲，贤明崇德，敬天爱人，"胡乃改行，率德驯善。周公闻之，而举胡以为鲁卿士，鲁国治"。周公请命成王，封蔡仲于蔡国，"复封胡于蔡，以奉蔡叔之祀，是为蔡仲"，史官记之，是为《蔡叔之命》。《书序》云："蔡叔既没，王命蔡仲，践诸侯位，作《蔡仲之命》。"

○蔡叔既没，王命蔡仲，践诸侯位，作《蔡仲之命》。

惟周公位冢宰，正百工①，群叔流言。乃致辟管叔于商②；囚蔡叔于郭邻，以车七乘③；降霍叔于庶人，三年不齿④。蔡仲克庸祗德，周公以为卿士⑤。叔卒，乃⑥命诸王邦之蔡。

【注释】①惟周公位冢宰，正百工：冢宰，官名，也叫大宰，周代百官之长。正，即统领。百工，即百官。②群叔流言。乃致辟管叔于商：群叔，指管蔡等人。乃，于是。③囚蔡叔于郭邻，以车七乘：蔡叔，周文王之子，武王之弟。此句谓将叛臣蔡叔囚禁起来，并把他流放到边远之地，仅配以七乘车相从。④降霍叔于庶人，三年不齿：降，下。霍叔，周文王之子，武王之弟。庶人，即平民。齿，录用。即三年之后才被录用。⑤蔡仲克庸祗德，周公以为卿士：蔡仲，即蔡叔度之子胡。克，能。庸，用。祗，敬。卿士，有王室的卿士，也有诸侯之卿士。这里指鲁国的卿士。⑥乃：于是。

**【译文】**周公位居大宰、统帅百官的时候，几个弟弟对他散布流言。周公于是到达商地，杀了管叔；囚禁了蔡叔，用车七辆把他送到郭邻；把霍叔降为庶人，三年内不许录用。蔡仲能够经常重视德行，周公任用他为卿士。蔡叔死后，周公便告诉成王封蔡仲于蔡国。


王若曰："小子胡①！惟尔率德改行，克慎厥猷②，肆予命尔侯于东土③。往即乃封，敬哉④！尔尚盖前人之愆，惟忠惟孝⑤。尔乃迈迹自身，克勤无怠，以垂宪乃后⑥。率乃祖文王之彝训，无若尔考之违王命⑦！


**【注释】**①小子胡：即年轻的蔡仲。②惟尔率德改行，克慎厥猷：尔，你。率，循。克，能。慎，谨慎。猷，道。③肆予命尔侯于东土：肆，故。这里用为动词，封为诸侯。④往即乃封，敬哉：往，前往。即，就。封，封地。⑤尔尚盖前人之愆，惟忠惟孝：尚，庶几，表示希望，祈使。盖，掩盖。前人，指蔡叔度。愆，罪过。⑥尔乃迈迹自身，克勤无怠，以垂宪乃后：迈迹，行迹。自，从，以。克，能。怠，懈怠。垂，流传。宪，法。乃后，你的后代。⑦率乃祖文王之彝训，无若尔考之违王命：率，循。乃祖，你的祖父。彝，常法。训，教导。无，毋。若，像。尔考，你的父亲，指蔡叔度。

**【译文】**成王这样说："年轻的姬胡！你遵循祖德改变你父亲的行

为，能够谨守臣子之道，所以我任命你到东土去做诸侯。你前往你的封地，要敬慎呀！希望你掩盖前人的罪过，思忠思孝。你要以自身迈步前进，能够勤劳不怠，用以留下模范给你的后代。你要遵循你祖父文王的常训，不要像你的父亲那样违背天命！

　　"皇天无亲，惟德是辅①；民心无常，惟惠之怀②。为善不同，同归于治③；为恶不同，同归于乱④。尔其戒哉⑤！

　　"慎厥初，惟厥终，终以不困；不惟厥终，终以困穷⑥。懋乃攸绩，睦乃四邻，以蕃王室，以和兄弟⑦，康济小民。率自中，无作聪明乱旧章⑧。详乃视听，罔以侧言改厥度。则予一人汝嘉⑨。"

　　王曰："呜呼！小子胡。汝往哉！无荒弃朕命⑩。"

　　**【注释】**①皇天无亲，惟德是辅：皇，大。亲，亲近。辅，辅佐。②民心无常，惟惠之怀：惠，爱。怀，安。③为善不同，同归于治：归，归结。治，治理。④乱：祸乱。⑤尔其戒哉：其，表示祈使的语气词。戒，警戒，戒备。⑥慎厥初，惟厥终，终以不困；不惟厥终，终以困穷：慎，谨慎。厥，其。初，开始。惟，思。终，结果。困，困难，困境，困惑。⑦懋乃攸绩，睦乃四邻，以蕃王室，以和兄弟：懋，勉力。攸，所。绩，功。睦，和睦。四邻，指蔡国的四方邻国。兄弟，谓同姓诸侯国。⑧康济小民。率自中，无作聪明乱旧章：康，安。济，成。率，循。自，用。旧章，指先王的成法。⑨详乃视听，罔以侧言改厥度。则予一人汝嘉：予一人，成王自称。嘉，善。汝嘉，当为嘉汝之倒语。⑩呜呼！小子胡。汝往哉！无荒弃朕命：荒弃，废弃。命，即上述训命。

　　**【译文】**"皇天无亲无疏，只辅助有德的人；民心没有常主，只是怀念仁爱之主。做善事虽然各不相同，都会达到安治；做恶事虽然各不相同，都会走向动乱。你要警戒呀！

"谨慎对待事物的开初，也要考虑它的终局，终局因此不会困窘；不考虑它的终局，终将困穷。勉力做你所行的事，和睦你的四邻，以保卫周王室，以和谐兄弟之邦，而使百姓安居成业。要循用中道，不要自作聪明扰乱旧章。要审慎你的视听，不要因片面之言改变法度。这样，我就会赞美你。"

成王说："啊！年轻的姬胡。你去吧！不要废弃我的教导！"

○成王东伐淮夷，遂践奄，作《成王政》。

○成王既践奄，将迁其君于蒲姑，周公告召公，作《将蒲姑》

# 多方第二十

**【题解】** 多方，即众多诸侯方国之意。《书序》云："成王归自奄，在宗周，诰庶邦，作《多方》。"

淮夷和奄国叛乱之后，成王亲征平定淮夷和奄国。回到镐京之后，各国诸侯都前来朝会，周公即代替成王向不臣服周王朝统治的各国君臣发布诰命，史官记之，名为《多方》。

本篇强调天命，认为商灭周兴都是天命。天命不可违，周王朝的统治亦不可抗拒。于是，告诫各个诸侯国国君要服从周王朝的统治，不要叛乱，任何反叛都是违背天命、大逆不道的行径。

〇成王归自奄，在宗周，诰庶邦，作《多方》。

惟五月，丁亥，王来自奄，至于宗周①。

周公曰："王若曰：猷！告尔四国多方②惟尔殷侯尹民，我惟大降尔命，尔罔不知③。洪惟图天之命，弗永寅念于祀，惟帝降格于夏④。有夏诞厥逸，不肯戚言于民⑤，乃大淫昏，不克终日劝于帝之迪⑥，乃尔攸闻⑦。厥图帝之命，不克开于民之丽⑧，乃大降罚，崇乱有夏。因甲于内乱⑨，不克灵承于旅，罔丕惟进之恭，洪舒于民⑩。亦惟有夏之民叨懫日钦，劓割夏邑⑪。天惟时求民主，乃大降显休命于成汤⑫，刑殄⑬有夏。

**【注释】**①惟五月，丁亥，王来自奄，至于宗周：五月，丁亥，指周公摄政三年的五月丁亥。王这里指周公。奄，古国名。在今山东曲阜以东。宗周，镐京，武王始都。②王若曰：猷！告尔四国多方：王若曰，谓大臣代宣王命或史臣记载王命用语，这里指史臣记周公之语。猷，于。四国多方，谓四国境内的各族首领以及四方境内称为方的各族首领。③惟尔殷侯尹民，我惟大降尔命，尔罔不知：殷侯尹民，泛指殷商诸侯的正长。降尔命，给你们降下宽宥、好处。④洪惟图天之命，弗永寅念于祀，惟帝降格于夏：洪惟，周公代替成王发布命令时常用的发语词。图，败坏。寅，敬。祀，祭祀之礼。格，告。此处指谴告。⑤有夏诞厥逸，不肯戚言于民：诞，大。逸，放纵。戚，忧。言，语助词。⑥乃大淫昏，不克终日劝于帝之迪：克，能够。劝，劝勉。迪，导、由。⑦乃尔攸闻：孔传："言桀之恶乃汝所闻。"⑧丽：法则。⑨乃大降罚，崇乱有夏。因甲于内乱：崇，重、增。甲，通"狎"，习。⑩不克灵承于旅，罔丕惟进之恭，洪舒于民：灵承，自下奉上之词，善受之意。旅，嘉美。罔丕惟，无不如此。进，财。恭，共。洪，大。舒，通"荼"，荼毒。⑪亦惟有夏之民叨懫（zhì）日钦，劓（yì）割夏邑：叨，贪婪。懫，忿戾。钦，兴。劓割，残害。劓，害。⑫天惟时求民主，乃大降显休命于成汤：显，光。休，美。⑬殄：绝。

**【译文】**五月丁亥这天，成王从奄地回来，到了宗周。

周公说："成王这样说："啊！告诉你们四国、各国诸侯以及你们众诸侯国治民的长官，我给你们大下教令，你们不可昏昏不闻。夏桀夸大天命，不常重视祭祀，上帝就对夏国降下了严正的谴告。夏桀大肆逸乐，不肯恤问人民，竟然大行淫乱，不能用一天时间为上帝的教导而努力，这些是你们所听说过的。夏桀夸大天命，不能明白老百姓归附的道理，就大肆杀戮，大乱夏国。夏桀因习于让妇人治理政事，不能很好地顺从民众，无时不贪取财物，深深地毒害了人民。也由于夏民贪婪、忿戾的风气一天天盛行，残害了夏国。上天于是寻求可以做人民君主的人，就大下光明美好的使命给成汤，命令成汤消灭夏国。

　　"惟天不畀纯①，乃惟以尔多方之义民，不克永于多享②；惟夏之恭多士，大不克明保享于民③，乃胥惟虐于民，至于百为，大不克开④；乃惟成汤克以尔多方简，代夏作民主⑤。慎厥丽⑥，乃劝；厥民刑，用劝；以至于帝乙⑦，罔不明德慎罚，亦克用劝；要囚⑧殄戮多罪，亦克用劝；开释无辜，亦克用劝⑨。今至于尔辟⑩，弗克以尔多方享天之命，呜呼！

　　【注释】①惟天不畀纯：畀，给。纯，大福，大命。②乃惟以尔多方之义民，不克永于多享：以，与。义民，贤者。克，能够。③惟夏之恭多士，大不克明保享于民：恭，通"供"，谓所供职位。明，通"勉"。保，安。④乃胥惟虐于民，至于百为，大不克开：胥，皆。惟，为。开，通。⑤乃惟成汤克以尔多方简，代夏作民主：乃惟，只有。简，虚词，无实义。⑥丽：法则。⑦帝乙：商汤第六世孙祖乙，殷商第十四任君主，卜辞称中宗祖乙。⑧要囚：幽囚。⑨开释无辜，亦克用劝：孔传："开放无罪之人，必无枉纵，亦能用劝善。"⑩辟：君，这里指商纣王。

　　【译文】"上天不赐给众位诸侯，就是因为那时各国首长不能常常劝导人民，夏国的官员太不懂得保护和劝导人民，竟然对人民施行暴虐，至于各种工作都不能开展；以致成汤由于那时有各国邦君的选择，代替夏桀作了君主。他慎施教令，是劝勉人；他惩罚罪人，也是劝勉人；从成汤到帝乙，没有人不宣明德教，慎施刑罚，也能够用来劝勉人；他们监禁、杀死重大罪犯，也能够用来劝勉人；他们释放无罪的人，也能够用来劝勉人。现在到了你们的君王，不能够和你们各国邦君享受上天的大命，实在可悲啊！

"王若曰：诰告尔多方，非天庸释有夏①，非天庸释有殷②。乃惟尔辟以尔多方大淫，图天之命屑有辞③；乃惟有夏图厥政，不集于享，天降时丧，有邦间之④；乃惟尔商后王逸厥逸⑤图厥政，不蠲⑥烝，天惟降时丧。

"惟圣罔念作狂，惟狂克念作圣⑦。天惟五年须暇之子孙⑧，诞作民主，罔可念听⑨。天惟求尔多方，大动以威，开厥顾天⑩，惟尔多方罔堪顾之⑪。惟我周王灵承于旅⑫，克堪用德，惟典⑬神天。天惟式教我用休，简畀殷命，尹尔多方⑭。

**【注释】**①王若曰：诰告尔多方，非天庸释有夏：庸，用。释，厌弃。②非天庸释有殷：庸，用。释，厌弃。③乃惟尔辟以尔多方大淫，图天之命屑有辞：图，败坏。屑，繁碎众多的样子。④乃惟有夏图厥政，不集于享，天降时丧，有邦间之：集，和。享，祭祀。时，通"是"。有邦，这里指殷商末代君主纣王。⑤乃惟尔商后王逸厥逸：孔传："后王纣逸豫其过逸。言纵恣无度。"⑥蠲：清洁。⑦惟圣罔念作狂，惟狂克念作圣：惟，又。圣，聪明睿智。念，敬念，念善。狂，愚狂无知。⑧天惟五年须暇之子孙：须，等待。暇，宽暇。子孙，指纣王。⑨诞作民主，罔可念听：诞，其。民主，君主。⑩天惟求尔多方，大动以威，开厥顾天：大动以威，指天降灾异以谴告之。厥，其。指多方。顾天，仰承天意。⑪惟尔多方罔堪顾之：孔传："惟汝众方之中，无堪顾天之道者。"⑫惟我周王灵承于旅：灵承于旅，指文王、武王善承上天所赐大命。⑬典：主。⑭天惟式教我用休，简畀殷命，尹尔多方：式，用。教，告。休，美。简，大。畀，给。尹，正，治理。

【译文】"王这样说：告诉你们各位邦君，并不是上天要舍弃夏国，也不是上天要舍弃殷国。是因为你们夏、殷的君王和你们各国诸侯大肆淫佚，夸大天命，安逸而又懈怠；是因为夏桀谋划政事，不在于劝勉，于是上天降下了这亡国大祸，诸侯成汤代替了夏桀；是因为你们殷商的后王安于他们的逸乐生活，谋划政事不美好，于是上天降下这亡国大祸。

"圣人不思考就会变成狂人，狂人能够思考就能变成圣人。上帝用五年时间等待、宽暇商的子孙悔改，让他继续做万民之君主，但是，无法可以使他们思考和听从天意。上帝又寻求你们众诸侯国，大降灾异，启发你们众国顾念天意，你们众国也没有人能顾念它。只有我们周王善于顺从民众，能用明德，善待神、天。上帝就改用休祥指示我们，选择我周王，授予伟大的使命，治理众国诸侯。

"今我曷敢多诰，我惟大降尔四国民命①。尔曷不忱裕②之于尔多方？尔曷不夹介乂我周王，享天之命③？今尔尚宅尔宅，畋尔田，尔曷不惠王熙天之命④？

"尔乃迪屡不静，尔心未爱⑤。尔乃不大宅天命，尔乃屑播天命⑥，尔乃自作不典，图忱于正⑦。我惟时其教告之，我惟时其战要囚之⑧，至于再，至于三⑨。乃有不用我降尔命，我乃其大罚殛之⑩！非我有周秉德不康宁，乃惟尔自速辜⑪！

【注释】①今我曷敢多诰，我惟大降尔四国民命：孔传："今我何敢多诰汝而已，我惟大下汝四国民命。谓诛管、蔡、商、奄之君。"②忱裕：劝导。③尔曷不夹介乂我周王，享天之命：夹，近。介，善。乂，治。④今尔尚宅尔宅，畋尔田，尔曷不惠王熙天之命：宅尔宅，前一个"宅"作动词，居住；后一个"宅"是居住之处。畋，平治田亩。惠，顺。熙，广。⑤尔乃迪屡不静，尔心未爱：迪，作。静，安定。爱，惠，顺。⑥尔乃不大宅天命，尔乃屑播天命：宅，度，考虑。屑播，轻易抛弃。⑦尔乃自作不典，图忱于正：典，法。图，图谋。忱，信。正，正义。⑧我惟时其教告之，我惟时其战要囚之：惟时，于是。战，通"殚"，尽。⑨至于再，至于三：孔传："再，谓三监淮夷叛时。三，谓成王即政又叛。言迪屡不静之事。"⑩有不用我降尔命，我乃其大罚殛之：有，同"又"。殛，诛杀。⑪非我有周秉德不康宁，乃惟尔自速辜：康，安。速，召。辜，罪。

**【译文】**"现在我怎么敢重复地说，我有过发布给你们四国臣民的教令，你们为什么不劝导各国臣民？你们为什么不帮助我周王，共享天命呢？现在你们还住在你们的住处，整治你们的田地，你们为什么不顺从周王宣扬上帝的大命呢？

"你们竟然屡次教导还不安定，你们内心不顺。你们竟然不度量天命，你们竟然完全抛弃天命，你们竟然自作不法，图谋攻击长官。我因此教导过你们，我因此讨伐你们，囚禁你们，至于再，至于三。假如还有人不服从我发布给你们的命令，那么我就要重重惩罚他们！这并不是我们周国执行德教不安静，只是你们自己招致了罪过！

"王曰：呜呼！猷，告尔有方多士暨殷多士①，今尔奔走臣我监五祀②，越惟有胥伯小大多正，尔罔不克臬③。

"自作不和，尔惟和哉④！尔室⑤不睦，尔惟和哉！尔邑克明，尔惟克勤乃事⑥。尔尚不忌于凶德，亦则以穆穆在乃位⑦，克阅于乃邑谋介⑧。

"尔乃自时洛邑，尚永力畋尔田⑨，天惟畀矜尔⑩。我有周惟其大介赉尔<sup>⑪</sup>，迪简在王庭，尚尔事，有服在大僚<sup>⑫</sup>。

**【注释】**①呜呼！猷，告尔有方多士暨殷多士：孔传："王叹而以道告汝众方与殷多士。"②今尔奔走臣我监五祀：奔走，效劳。监，指灭殷商后设立监督殷民的"三监"。五祀，五年。③越惟有胥伯小大多正，尔罔不克臬：越惟，发语词。胥，徭役，亦即赋税。伯，通"赋"。正，通"征"，征调。臬，准。④自作不和，尔惟和哉：和，和睦。惟，思。⑤室：家庭。⑥尔邑克明，尔惟克勤乃事：孔传："汝邑中能明，是汝惟能勤汝职事。"⑦尔尚不忌于凶德，亦则以穆穆在乃位：忌，通"期"，期望。穆穆，和敬的样子。⑧克阅于乃邑谋介：阅，历久。介，助词。⑨尔乃自时洛邑，尚永力畋尔田：孔传："则汝乃用是洛邑，庶几长力畋汝田矣。言虽迁徙，而以修善，得反邑里。"⑩天惟畀矜尔：畀，赐予。矜，怜悯。⑪我有周惟其大介赉尔：介，助。赉，赐。⑫迪简在王庭，尚尔事，有服在大僚：迪，进。简，选择。服，服事。僚，官僚。

**【译文】**"王说：啊！告诉你们各国官员和殷国的官员，到现在你们奔走效劳臣服我周国已经五年了，所有的徭役赋税和大大小小的政事，你们没有不能遵守法规的。

"你们自己造成了不和睦，你们应该和睦起来！你们的家庭不和睦，你们也应该和睦起来！要使你们的城邑清明，你们应该能够勤于你们的职事。你们应当不被坏人教唆，也就可以好好地站在你们的位置上，就能够留在你们的城邑里谋求美好的生活了。

"你们如果用这个洛邑，长久尽力耕作你们的田地，上天会怜悯你们。我们周国会大大地赏赐你们，把你们引进选拔到朝廷来；努力做好你们的职事，将让你们担任重要官职。

"王曰：呜呼！多士，尔不克劝忱我命<sup>①</sup>，尔亦则惟不克享，凡民惟曰不享②。尔乃惟逸惟颇，大远王命③，则惟尔多方探天之威，我则致天之罚，离逖尔土④。

"王曰：我不惟多诰，我惟祗告尔命⑤。

"又曰：时惟尔初！不克敬于和，则无我怨⑥。"

【注释】①呜呼！多士，尔不克劝忱我命：劝，勉。忱，信。②尔亦则惟不克享，凡民惟曰不享：孔传："汝亦则惟不能享天祚矣，凡民亦惟曰不享於汝祚矣。"③尔乃惟逸惟颇，大远王命：逸，逸乐放荡。颇，邪。探，触冒。④则惟尔多方探天之威，我则致天之罚，离逖尔土：离逖，远远离开。逖，远。⑤王曰：我不惟多诰，我惟祗告尔命：孔传："我不惟多诰汝而已，我惟敬告汝吉凶之命。"⑥又曰：时惟尔初！不克敬于和，则无我怨：孔传："是惟汝初不能敬于和道，故诛汝。汝无我怨。"

【译文】"王说：啊！官员们，如果你们不能努力信从我的教命，你们也就不能享有禄位，老百姓也将认为你们不能享有禄位。你们如果放荡邪恶，大大地违抗王命，那就是你们各国妄图试探上天的惩罚，我就要施行上天的惩罚，使你们离开你们的故土。

"王说：我不想重复地说了，我只是认真地把天命告诉你们。

"王又说：好好地谋划你们的开始吧！若不能恭敬与和睦，那么你们就不要怨我了。"

# 立政第二十一

【题解】本篇是周公晚年对成王的诰词，主要内容是阐述设立官职理政的准则。自周公东征后，天下日趋安定，摆在周王朝面前的任务是健全官员制度，以求长治久安。在诰词中，周公说明了夏商两代设定官职的经验，告诫周成王必须奉行文王、武王设定官职的理法，任用贤人，不干涉狱讼案件；集中精力重点加强军事力量，学习大禹统一中国。这些政策安定了国家，促进了周王朝的发展。

〇周公作《立政》。

周公若曰："拜手稽首①，告嗣天子王矣。"用咸②戒于王，曰："王左右常伯、常任、准人、缀衣、虎贲。③"

周公曰："呜呼！休兹知恤④，鲜哉！古之人迪⑤惟有夏，乃有室⑥大竞，吁俊尊上帝迪，知忱恂⑦于九德之行。乃敢告教厥后曰：'拜手稽首后矣！'曰：'宅⑧乃事，宅乃牧，宅乃准，兹惟后矣。谋面，用丕训德，则乃宅人，兹乃三宅无义民。'

【注释】①稽首：跪拜。②咸：箴之借字，劝告，劝戒。③常伯、常任、准人、缀衣、虎贲：左右近臣。④休兹知恤：休，美也。恤，忧虑。⑤迪：无意义助词。⑥有室：指卿大夫。⑦忱恂：诚信。⑧宅：官职，三宅指常伯、常任、准人三种官职。

【译文】周公这样说："跪拜叩头，报告继任天子的王。"周公因而劝诫成王说："大王要教导常伯、常任、准人、缀衣和虎贲。"

周公说："啊！春风得意的时候，仍知道谨慎处事，这样的人很少啊！古代的人只有夏代的君王，他们的卿大夫很强，夏王还呼吁他们长久地尊重上帝的教导，使他们知道诚实地相信九德的准则。夏代君王经常教导他们的诸侯道：'跪拜叩头了，诸侯们！'夏王说：'考察你们的常任、常伯、准人，这样才称得上君主。以貌取人，任人唯亲，不依循德行，假若这样考察人，你们的常任、常伯和准人就没有贤人了。'

"桀德①，惟乃弗作往任，是惟暴德，罔②后。

"亦越③成汤陟，丕厘④上帝之耿命。乃用三有宅，克即宅，曰三有俊，克即俊。严惟丕式，克用三宅三俊，其在商邑，用协于厥⑤邑；其在四方，用丕式见德。

"呜呼！其在受德，暋⑥惟羞刑暴德之人同于厥邦；乃惟庶习逸德之人，同于厥政。帝钦罚之，乃伻⑦我有夏，式商受命，奄甸⑧万姓。

【注释】①德：通"得"，得天下。②罔：没有。③越：到了。④丕厘：大受福运。⑤厥：那个。⑥暋：勉强。⑦伻：令使。⑧奄甸：覆盖治理。

【译文】"夏桀即位后，他废弃往日任用官员的法则，于是只用些暴虐的人，最后导致夏朝灭亡。

"到了成汤登上帝位，得天帝之命委以重任。他选用事、牧、准三宅的官，所用之人都各尽其职，选用三宅的属官，也能就其属官之位。他敬念上帝选用官员的大法，能够很好地任用各级官员，他在商都用这些官员协同都城的臣民；他在天下四方，用这种大法显扬他的圣德。

"啊！在商王纣登上帝位，强行把罪人和暴虐的人聚集在他的国家里；竟然用众多亲幸和失德的人，共同治理他的政事。上帝于是重重地惩罚他，使我们周王代替商纣王接受上天的大命，安抚治理天下的老百姓。

"亦越文王、武王，克知三有宅心，灼见①三有俊心，以敬事上帝，立民长伯②。立政：任人、准夫、牧，作三事；虎贲、缀衣、趣马、小尹、左右携仆、百司庶府；大都小伯、艺人、表臣百司；太史、尹伯，庶常吉士；司徒、司马、司空、亚旅；夷、微、卢烝；三毫、阪尹③。

"文王惟克厥宅心，乃克立兹常事司牧人，以克俊有德。文王罔攸兼于庶言、庶狱、庶慎④，惟有司之牧夫⑤是训用违；庶狱、庶慎，文王罔敢知于兹。亦越武王，率惟敉⑥功，不敢替厥义德，率惟谋从容德，以并受此丕丕基⑦。

【注释】①灼见：明白透彻的见解。②长伯：官长。③三毫阪尹：三毫是古地名，殷之北毫、南毫、西毫的总称。④庶狱庶慎：各种狱讼案件和各种禁戒。⑤牧夫：主管官员。⑥敉：安抚，安定。⑦丕基：巨大的基业。

【译文】"到了文王、武王，他们能够知道三宅的思想，还能清楚地看到三宅部属的思想，用敬奉上帝的诚心，为老百姓建立官长。设立的官职是：任人、准夫、牧作为三事；有虎贲、缀衣、趣马、小尹、左右携仆以及百司庶府；有大小邦国的君主、艺人，外臣百官；有太史、尹伯；

他们都是祥善的人；诸侯国的官员有司徒、司马、司空、亚旅；夷、微、卢各国没有君主；还设立了商和夏的旧都管理官员。

"文王因能够度知三宅的思想，就能设立这些官员，管理万民，大建功德。文王不兼管各种教令、各种狱讼案件和各种禁戒，由其主管官员和治民的人指示用否；对于各种狱讼案件和各种禁戒，文王不敢过问这些。到了武王，完成了文王的事业，不敢丢弃文王的善德，谋求顺从文王宽容的美德，因此，文王和武王共同接受了这伟大的王业。

"呜呼！孺子王矣。继自今我其立政：立事、准人、牧夫，我其克灼知厥若，丕乃俾①乱。相我受民，和我庶狱、庶慎，时则勿有间②之，自一话一言。我则末惟成德之彦③，以乂④我受民。

"呜呼！予旦已受人之徽言⑤咸告孺子王矣。继自今文子文孙，其勿误于庶狱、庶慎，惟正是乂之。

"自古商人亦越我周文王立政，立事、牧夫、准人，则克宅之，克由绎⑥之，兹乃俾乂，国则罔有。立政用憸人⑦，不训于德，是罔显在厥世。继自今立政，其勿以憸人，其惟吉士，用劢⑧相我国家。

【注释】①俾：使，这里指役使，治理。②间：去掉。③彦：指有才学、德行的人。④乂：治理，安定。⑤徽言：美言，善言。⑥由绎：任用之而使其尽力施展才能。⑦憸人：小人，奸佞的人。⑧劢：努力。

【译文】"啊！您现在已是君王了。从今以后，我们要这样设立官员：设立事、准人、牧夫，我们要明白了解他们的优点，才能让他们治理政事。管理我们所接受的人民，平治我们的各种狱讼和各种禁戒的事务，这些事务不可代替，甚至一言一语。那么，我们就终会有德才兼备的人，来治理我们的老百姓。

"啊！我姬旦把前人的美言全部告诉年轻的君王了。从今以后，继承的贤子贤孙，千万不要在各种狱讼和各种禁戒上犯这种错误，这些事只让主管官员去治理。

"从古时的商代先王到我们周的文王设立官员：设立事、牧夫、准人，就是能够考察他们，能够扶持他们，这样才让他们治理，国事就没有失误。假如设立官员，任用贪利奸佞的人，不依循于德行，于是君王终世都会没有显著的政绩。从今以后设立官员，千万不可任用贪利奸佞的小人，应当任用善良贤能的人，来努力治理我们的国家。

"今文子文孙，孺子王矣！其勿误于庶狱，惟有司之牧夫，其克诘①尔戎兵，以陟禹之迹，方行天下，至于海表，罔有不服。以觐文王之耿光②，以扬武王之大烈。呜呼！继自今后王立政，其惟克用常人。"

周公若曰："太史！司寇苏公，式敬尔由狱，以长我王国。兹式有慎，以列用中罚。"

**【注释】**①诘：查，查办。②耿光：光明，光辉，光荣。

**【译文】**"现在，先王贤明的子孙，您已做君王了！您不要在各种狱讼案件上耽误，只让主管官员去治理，您要能够治理好军队，循着大禹的足迹，统一天下，直至海外，万民臣服。以此显扬文王圣德的光辉，继续武王伟大的功业。啊！从今以后，继位君王设立官员，必须任用善良的人。"

周公这样说："太史！司寇苏公，要认真地处理狱讼案件，使我们的王国长治久安。现在要按规定慎之又慎，依据常例，使用中道的刑罚。"

# 周官第二十二

【题解】本篇详细地讲述了周代设官、分职、居官的方法。这是周成王即位后宣布官制的诰令，所以取名《周官》。

周成王灭了淮夷，回到王都丰邑，向群臣说明周家设官分职用人的法则。史官记叙这件事，写成《周官》。

本篇前几句是史官记事的话。王曰以下是成王对周家设官分职用人的说明：建官的体制；居官为政的法则；告戒群臣敬恭职守，治理政事，永安兆民。

〇成王既黜殷命，灭淮夷，还归在丰，作《周官》。

惟周王抚万邦，巡侯甸，四征弗庭①，绥厥兆民。六服群辟，罔不承德。归于宗周，董正②治官。

王曰："若昔大猷③，制治于未乱，保邦于未危。曰唐虞稽古，建官惟百。内有百揆四岳，外有州牧侯伯。庶政惟和，万国咸宁。夏商官倍，亦克用乂。明王立政，不惟其官，惟其人。今予小子，祗勤于德，夙夜不逮④。仰惟前代时若，训迪⑤厥官。

**【注释】**①庭：朝廷，引申为朝见。②董正：监督纠正，督察整顿。③大猷：治国大道。④不逮：比不上，不及。⑤训迪：教诲启迪。

**【译文】**周成王安抚万国，巡视侯服、甸服等诸侯，四方征讨不来朝见的诸侯，以安定天下的老百姓。六服的诸侯，无人不承受他的恩德。成王回到王都丰邑，又督导整顿治事的官员。

成王说："顺从以前的规矩，要在未出现动乱的时候制定治理的办法，在未出现危机的时候安定国家。尧舜稽考古代制度，建立了上百个官职。内有百揆和四岳，外有州牧和侯伯。各种政策适合，天下万国都安宁。夏代和商代，官数增加一倍，也能用来治理。明君设立官员，不考虑他的官员之多，而考虑任用贤人。现在小人我恭敬勤奋施行德政，起早睡晚都像有所不及。仰思顺从前代，教诲启迪我们的官制。

"立太师、太傅、太保，兹惟三公。论道经邦，燮理①阴阳。官不必备，惟其人。

"少师、少傅、少保，曰三孤。贰公弘化，寅亮②天地，弼予一人。

"冢宰③掌邦治，统百官，均四海。司徒掌邦教，敷五典，扰兆民④。宗伯掌邦礼，治神人，和上下。司马掌邦政，统六师，平邦国。司寇掌邦禁，诘奸慝⑤，刑暴乱。司空掌邦土，居四民，时地利。六卿分职，各率其属，以倡九牧，阜成⑥兆民。

**【注释】**①燮理：协和治理。②寅亮：恭敬信奉。③冢宰：为六卿之首，亦称太宰。④兆民：百姓。⑤奸慝：指奸恶的人。⑥阜成：使富厚安定。

**【译文】**"设立太师、太傅、大保，这是三公。阐明重要道理，治理国家，调和矛盾。三公职位可以空缺，所任之人必须适当。

"设立少师、少傅、少保，叫作三孤。他们协助三公弘扬教化，敬明天地的事，辅助我一人。

"冢宰主管国家的治理，统帅百官，安定四海。司徒主管国家的教育，传布五常的教训，使万民和顺。宗伯主管国家的典礼、祭祀，调和上下尊卑的关系。司马主管国家的军政，统率六师，平服诸侯。司寇主管国家的法禁，查办奸邪为恶的人，刑杀暴乱之徒。司空主管国家的土地，安置士农工商，依时发展地利。六卿分管职事，各自统率他的属官，以倡导九州之牧，大力安定百姓。

"六年，五服①一朝。又六年，王乃时巡，考制度于四岳。诸侯各朝于方岳，大明黜陟。"

王曰："呜呼！凡我有官君子，钦乃攸司，慎乃出令。令出惟行，弗惟反。以公灭私，民其允怀②。学古入官，议事以制，政乃不迷。其尔典常作之师，无以利口乱厥官。蓄疑败谋，怠忽荒政。不学墙面，莅③事惟烦。

"戒尔卿士：功崇惟志，业广惟勤。惟克果断，乃罔后艰。位不期骄，禄不期侈，恭俭惟德，无载尔伪。作德心逸日休④，作伪心劳日拙⑤。居宠思危，罔不惟畏，弗畏入畏。推贤让能，庶官乃和；不和政厖⑥。举能其官，惟尔之能；称匪其人，惟尔不任。"

王曰："呜呼！三事暨⑦大夫：敬尔有官，乱⑧尔有政，以佑乃辟，永康兆民，万邦惟无斁⑨。"

**【注释】**①五服：通常称为本宗九族。②允怀：归顺。③莅：到。④心逸日休：不费心机，反而越来越好。⑤心劳日拙：心劳，费尽心机。日，逐日。拙，笨拙。多指做坏事的人，虽然使尽坏心眼，到头来不但捞不到好处，处境反而一天比一天糟。⑥厖：杂，乱。⑦暨：和。⑧乱：治理。⑨斁：厌倦，懈怠，厌弃。

**【译文】**"六年，五服诸侯来朝见一次。又隔六年，天子按照四时巡视天下，在四岳考正制度礼法。诸侯各在所属方向的大岳朝见，王对诸侯进行升降赏罚。"

成王说："啊！凡在职的大小官员们，要认真对待你们所管理的工作，慎重对待你们发布的命令。命令一发出，就必须进行，不允许违抗。用公正消除私情，人民将会信任归服。先学古代治法再入仕途，议论政事依据法制，政事就不会迷乱。你们要师法旧典常法，不要以巧言干扰你的官员。迟疑不决，必定败坏所谋，懈怠疏忽，必定废弃政事。不学习就如同面墙而站，什么也看不见，遇事就会烦乱。

"告诉你们各位卿士：功高在于有志，业大由于勤劳。能够果敢决断，就没有后来的艰难。居官不当骄傲，享禄不当奢侈，恭和勤俭是美德，不要行使诈伪。做好事心安理得，日子会越过越好，做伪诈的事心虚，一日就不如一日。当你处于尊宠的高位时，要居安思危，想到日后的危险，为人处事应怀敬畏，不知道敬畏，就会进入危险的境地。推举贤明而让能者，众官就会和谐；众官不和，政事就复杂了。选拔的官员称职，那是你们有才能；不称职，这是你们不能胜任。"

成王说："啊！任人、准夫、牧三位首长和大夫们：你们要恪尽职守，治理好政事，来辅助你们的君主，使广大百姓长远安宁，让天下不厌弃周朝之德。"

○成王既伐东夷，肃慎来贺。王俾荣伯作《贿肃慎之命》。
○周公在丰，将没，欲葬成周。公薨，成王葬于毕，告周公，作《亳姑》。

# 君陈第二十三

【题解】周公东征，平定武庚叛乱之后，把殷商遗民迁到周王都的东郊成周，亲自监督施行教化。这一举措，对于稳定当时的政局，巩固周初的统治，有着积极作用。周公去世后，成王命令他的臣子君陈继承周公的职务，勉励君陈继续执行周公制定的治殷方法，施行德政，彻底改造殷民。史官记录了成王的策书，即成本篇《君陈》。

〇周公既没，命君陈分正东郊成周，作《君陈》。

王若曰："君陈！惟尔令德孝恭。惟孝，友于兄弟，克施有政。命汝尹①兹东郊，敬哉！昔周公师保②万民，民怀其德。往慎乃司！兹率厥常，懋昭③周公之训，惟民其乂。

"我闻曰：'至治馨香，感于神明；黍稷非馨，明德惟馨。'尔尚式时周公之猷④训，惟日孜孜，无敢逸豫！凡人未见圣，若不克见；既见圣，亦不克由圣。尔其戒哉！尔惟风，下民惟草。图厥政，莫或不艰，有废、有兴，出入自尔师虞，庶言同则绎⑤。尔有嘉谋嘉猷，则入告尔后于内，尔乃顺之于外，曰：'斯谋斯猷，惟我后之德。'呜呼！臣人咸若时，惟良显哉！"

王曰："君陈！尔惟弘周公丕训！无依势作威，无倚法以削。宽而有制，从容以和。殷民在辟，予曰辟⑥，尔惟勿辟；予曰宥⑦，尔惟勿宥；惟厥中。有弗若于汝政，弗化于汝训，辟以止辟，乃辟。狃于奸宄⑧，败常乱俗，三细不宥。尔无忿疾于顽，无求备于一夫。必有忍，其乃有济；有容，德乃大。简厥修，亦简其或不修；进厥良，以率其或不良。

"惟民生厚，因物有迁，违上所命，从厥攸好。尔克敬典在德，时乃罔不变。允升于大猷，惟予一人膺⑨受多福，其尔之休，终有辞于永世。"

【注释】①尹：治理。②师保：教养。③懋昭：勉力宣明。④猷：计谋，谋划。⑤绎：理出头绪。⑥辟：处罚。⑦宥：宽宥。⑧狃于奸宄：狃，因袭。奸宄，违法作乱的事情。⑨膺：接受，承当。

【译文】成王这样说："君陈！你有孝顺恭敬的美德。因为你孝顺父母，又友爱兄弟，有这样的美德，你可以来朝廷从政为官。我命令你治理东郊成周，你要敬慎呀！从前周公做万民的师保，人民怀念他的美德。去上任吧！慎重地对待职位，遵循周公的常道，勉励宣扬周公的教导，人民就会安定。

"我听说：'最好的治世之法，如同沁人心肺的馨香，感动天上的神明；黍稷的香气，不是远闻的馨香，明德才是远闻的馨香。'你要效法这一周公的教训，日日孜孜不倦，不要安逸享乐！凡人未见到圣道，好像不能见到一样；已经见到了圣道，又不能遵行圣人的教导。你要戒惧呀！你就像是风，百姓如同是草，草随风而动，上行下效，一言一行不可不慎重。治理政事，没有一件不难，有废除、有兴办，这需要你反复地同众人商讨，大家意见相同，还需深思一番，才可施行。你有好谋好言，就要进入宫内告诉你的君主，你于是在外面顺从君主，并且说：'这样的好谋，这样的好言，是我们君主的美德。'啊！臣下都像这样，就会臣贤君明！"

成王说："君陈！你当宏扬周公的大训！不要倚势造作威恶，不要倚法侵害人民。要宽大而有法制，从容而又和谐。殷民犯了罪，我说要处罚，你不要不经审问就进行处罚；我说赦免，你也不要不经审察就直接赦免他；你应当公平合理的判决。有人不服从你颁布的政令，不接受教化，那就该惩罚他，如此可以防止其他犯法。有人惯于做奸宄犯法的事，破坏常法，败坏风俗，这三项中的小罪，也不宽宥。对于冥顽不灵的人，不要忿怒记恨，不要向一人求全责备。人君一定要有所忍耐，事才能有成；有所宽容，德才算是大。鉴别有德行的人，也要鉴别德行有亏的人；任用那些贤良的人，来勉励贤良不足的人。

"百姓本性敦厚，易受外物的影响而有所改变，以致于违抗君命，你要引导百姓的喜好，使其顺从君命。你能够敬重常法和省察自己的德行，这些人就不会不变。你的政教就能提升到大道的境界，我也可享受厚福，你的美名也会百世称道。"

# 顾命第二十四

**【题解】**顾命，等同于遗嘱。周成王临终前，担心太子钊不能胜任天子之位，命令大臣召公和毕公辅佐太子。成王逝世后，太子钊在先王之庙接受册命的仪式；登上王位，史称康王。其后朝见诸侯，召公芮公献词，康王勉励诸侯保卫周王朝。

本篇详细地记载周成王的丧礼和周康王即位的典礼，是研究周代礼制的珍贵史料。

〇成王将崩，命召公、毕公，率诸侯相康王，作《顾命》。

惟四月，哉生魄①，王不怿。甲子，王乃洮颒②水，相被冕服，凭玉几。乃同召太保奭、芮伯、彤伯、毕公、卫侯、毛公、师氏、虎臣、百尹、御事。

王曰：“呜呼！疾大渐惟几，病日臻③，既弥留④，恐不获誓言嗣，兹予审训命汝。昔君文王、武王，宣重光，奠丽陈教则肄，肄不违，用克达殷集大命。

“在后之侗⑤，敬迓天威，嗣守文、武大训，无敢昏逾。今天降疾殆，弗兴弗悟。尔尚明时朕言，用敬保元子钊弘济于艰难，柔远能迩，安劝小大庶邦。思夫人自乱于威仪，尔无以钊冒贡于非几。"

兹既受命，还，出缀衣⑥于庭。越翼日乙丑，王崩。

**【注释】**①哉生魄：指农历每月十六日。此日月始缺，即始生月魄。月魄，月黑无光的部分。②洮颒：洗发洗面。③臻：到。④弥留：临终。⑤侗：幼稚，无知。⑥缀衣：王的冕服。

**【译文】**四月十六日，成王生了病。甲子这天，成王洗了头发、洗了脸，太仆给成王戴上王冠，披上朝服。成王体虚，背靠玉几，举行会见诸侯之礼。成王召见太保奭、芮伯、彤伯、毕公、卫侯、毛公、师氏、虎臣、百官的首长以及办事官员。

成王说："啊！我病得厉害，生死难料，病情一天天地加重，或许到了临终时刻，时日无多，恐怕不能郑重地讲后嗣的事了，现在，我详细地训告你们。过去，我们的先君文王、武王，光照四方，制定法律，发布教令，臣民都努力奉行，不敢违背，因而能够讨伐殷商，成就我周国的大命。

"后来，幼稚的我，认真奉行天威，继续遵守文王、武王的伟大教导，不敢昏乱越轨。如今上天降下重病，我几乎不能起床、不能说话了。你们要勉力接受我的话，认真保护我的大儿子姬钊大渡艰难，要柔服远方，亲善近邻，安定、教导大小各国。我想众人全都要用礼法自治，你们不可使姬钊冒犯以至陷于非法啊！"

群臣接受教命后，就退回来，拿出成王的朝服放在王庭。到了第二天乙丑日，成王逝世了。

太保命仲桓、南宫毛俾爰齐侯吕伋，以二干戈①，虎贲百人，逆子钊于南门之外。延入翼室，恤宅宗。丁卯，命作册度。越七日癸酉，伯相命士须材。

狄设黼扆②、缀衣。牖③间南向，敷重篾席、黼纯，华玉，仍几④。西序东向，敷重底席，缀纯，文贝，仍几。东序西向，敷重丰席，画纯，雕玉，仍几。西夹南向，敷重笋席，玄纷纯，漆，仍几。

越玉五重，陈宝、赤刀、大训、弘璧、琬琰，在西序。大玉、夷玉、天球、河图，在东序。胤之舞衣、大贝、鼖鼓，在西房。兑之戈、和之弓、垂之竹矢，在东房。

大辂在宾阶面，缀辂在阼阶面，先辂在左塾之前，次辂在右塾之前。

二人雀弁⑤，执惠，立于毕门之内。四人綦弁⑥，执戈上刃夹两阶戺。一人冕，执刘，立于东堂。一人冕，执钺，立于西堂。一人冕，执戣，立于东垂。一人冕，执瞿，立于西垂。一人冕，执锐，立于侧阶。

【注释】①干戈：均为古代兵器。②狄设黼扆：狄，狄人，主持祭祀礼仪的官员。黼扆，古代帝王座后的屏风，上画斧形花纹。③牖：窗户。④仍几：保留原样的几案。为纪念死者，保留如生前原样，故称。⑤雀弁：古代比冕次一级的礼冠。广八寸，长一尺二寸。如雀头色，赤而微黑，故称。⑥綦弁：古代的一种青黑色鹿皮冠。

【译文】太保命令仲桓和南宫毛跟从齐侯吕伋，二人分别拿着干戈，率领一百名勇士，在南门外迎接太子钊。请太子钊进入侧室，太子钊忧伤居住于此，主持周成王的丧事。丁卯这天，命令作册制定丧礼。到了第七天癸酉，召公命令官员布置各种器物。

主持祭祀的官员把斧纹屏风放于主位之后、先王的礼服置于主位之上。门窗间朝南的位置，铺设着双层竹席、饰着黑白相间的丝织花边，陈设彩玉，用无饰的几案。在西墙朝东的位置，铺设双层细竹篾席，饰着彩色的花边，陈设花贝壳，用无饰的几案。在东墙朝西的位置，铺设双层莞席，饰着绘有云气的花边，陈设雕刻的玉器，用无饰的几案。在堂的西边夹室朝南的位置，铺设双层青竹蔑席，饰着黑丝绳连缀的花边，陈设漆器，用无饰的几案。

越玉五种，陈宝、赤刀、大训弘璧、琬琰，陈列在西墙向东的席前。大玉、夷玉、天球、河图，陈列在东墙向西的席前。胤制作的舞衣、大贝壳、大军鼓，陈列在西房。兑制作的戈、和制作的弓、垂制作的竹矢，陈列在东房。

成王的玉车放置在宾客们所走的台阶前，金车放置在主人走的台阶前，象车放在门左侧堂屋的前面，木车放在门右侧堂屋的前面。

二人戴着赤黑色的礼帽，执三角矛，站在祖庙门里边。四人戴着青黑色的礼帽，执着戈，戈刃向前，夹着台阶，对面站在台阶两旁。一人戴着礼帽，拿着大斧，站立在东堂的前面。一人戴着礼帽，拿着大斧，站立在西堂的前面。一人戴着礼帽，拿着三锋矛，站立在东堂外边。一人戴着礼帽，拿着三锋矛，站立在西堂外边。还有一人戴着礼帽，拿着矛，站立在北堂北面的台阶上。


王麻冕黼裳，由宾阶隮①。卿士邦君麻冕蚁裳，入即位。太保、太史、太宗皆麻冕彤裳。太保承介圭，上宗奉同瑁，由阼阶②隮。太史秉书，由宾阶隮，御王册命。曰："皇后凭玉几，道扬末命。命汝嗣训，临君周邦，率循大卞③，燮和天下，用答扬文、武之光训。"王再拜，兴，答曰："眇眇予末小子，其能而乱四方以敬忌天威！"

乃受同，王三宿，三祭，三咤。上宗曰："飨！"太保受同，降，盥，以异同秉璋以酢④，授宗人同，拜。王答拜。太保受同，祭，哜，宅，授宗人同，拜。王答拜。太保降，收，诸侯出庙门俟。

【注释】①由宾阶隮：宾阶，西阶，古时宾主相见，宾自西阶上，故称。隮，登上。②阼阶：东阶。③大卞：大法。④酢：用酒回敬。

【译文】康王戴着麻制的礼帽，穿着绣有斧形花纹的礼服，从西阶上来。卿士和众诸侯戴着麻制的礼帽，穿着黑色礼服，进入中庭，各人站在规定的位置上。太保、太史、太宗都戴着麻制的礼帽，穿着红色礼服。太保捧着大圭，太宗捧着酒杯和天子专用的玉瓒，从东阶上来。太史拿着策书，从西阶走上来，进献策书给康王。太史说："大王靠着玉几，宣布他临终的教命，命令您继承文王、武王的大训，治理领导周国，遵守大法，协和天下，以宣扬文王、武王的光明教训。"康王拜了两拜，然后起来，回答说："我这个微末的小子，怎么能协和治理天下以敬畏天威呢！"

康王接受了酒杯和玉瓒，前进三次，祭酒三次，奠酒三次。太宗说："请喝酒！"康王喝酒后，太保接过酒杯，走下堂，洗手，又登上堂，用另外一种酒杯斟酒回敬，然后把酒杯交给宗人，对康王下拜。康王也回拜。太保又从宗人那里接过酒杯，祭酒，尝酒，奠酒，然后把酒杯交给宗人，又拜。康王又回拜。太保走下堂，行礼结束，撤去所有陈设仪仗，诸侯卿士们都走出祖庙门，恭候康王视朝。

# 康王之诰第二十五

【题解】康王之诰，即周康王即位时的诰命。这一篇是周康王即位后的第一批诰词，分为两大段，第一段记叙太保和芮伯劝勉周康王继承发扬文王和武王的遗志；第二段记叙周康王勉励诸侯群臣们继续忠于周王朝，勤于政务。

〇康王既尸天子，遂诰诸侯，作《康王之诰》。

王出，在应门之内。太保率西方诸侯，入应门左，毕公率东方诸侯入应门右，皆布乘黄朱。宾称奉圭兼币，曰："一二臣卫敢执壤奠①。"皆再拜稽首。王义嗣德，答拜。

太保暨芮伯咸进，相揖，皆再拜稽首。曰："敢敬告天子，皇天改大邦殷之命，惟周文、武诞受羑②若，克恤西土。惟新陟王毕协赏罚，戡定厥功，用敷③遗后人休。今王敬之哉！张皇④六师，无坏我高祖寡命！"

王若曰："庶邦侯、甸、男、卫！惟予一人钊报诰。昔君文、武丕平富，不务咎，底至齐信⑤，用昭明于天下。则亦有熊罴之士，不二心之臣，保乂王家，用端命于上帝。

"皇天用训厥道,付畀⑥四方。乃命建侯树屏,在我后之人。今予一二伯父,尚胥⑦暨顾,绥尔先公之臣服于先王。虽尔身在外,乃心罔不在王室,用奉恤厥若,无遗鞠子羞!"

群公既皆听命,相揖,趋出。王释冕,反,丧服。

【注释】①壤奠:本土所产贡物。②羑:向好的方向诱导。③敷:铺开。④张皇:加强。⑤底:平。齐信:中正诚信。⑥畀:给与。⑦胥:全,都。

【译文】康王走出祖庙,来到应门内。太保召公率领西方的诸侯进入应门左侧,毕公率领东方的诸侯进入应门的右侧,他们都穿着绣有花纹的礼服和黄朱色的裤子。赞礼的官员传呼进献命圭和贡物,诸侯走上前,说:"我等王室的护卫向大王奉献土产。"诸侯都再拜叩头。康王依礼辞谢,然后升位答拜。

太保召公和芮伯同走向前,互相作揖后,同向康王再拜叩头。他们说:"恭敬地禀告天子,伟大的天帝更改了大国殷的命运,我们周国的文王、武王大受福祥,能够安定西方。新逝世的成王,赏罚适度,能够成就文、武的功业,因此把幸福普遍地留给我们后人。现在大王要敬慎啊!要加强王朝的六军,不要败坏我们高祖的大命。"

康王这样说:"侯、甸、男、卫的各位诸侯!现在我姬钊答复你们的教导。先君文王、武王公平仁厚慈爱,不滥施刑罚,致力实行中信,因而他们的光辉普照天下。还有像熊罴一样勇武的将士、忠贞不渝的大臣,安定治理我们的国家,因此,我们才被上帝加以任命。

"上天顺从先王的治理之道,把天下交给先王。先王于是命令分封诸侯,树立藩卫,眷顾我们后代子孙。现在,我们几位伯父希望你们互相爱护顾念王室,继续像你们的祖先一样臣服于先王。虽然你们身在朝廷之外,你们的心不可不在王室,要辅助我得到吉祥,不要把羞辱留给我!"

　　众位大臣都听完了命令，互相作揖，快步走出。康王脱去吉服，返回居丧的侧室，穿上丧服。

# 毕命第二十六

**【题解】**周康王命令作册书，册命毕公治理成周，分别殷民善恶，区别居里疆界，安定周王都的郊区，史官写了《毕命》。

殷商遗民动迁，住在成周，经过周公和君陈两代人的治理，多数人已经服从周王朝的统治。不过，治理殷民仍旧是周王朝的首要任务。康王十二年，周康王又命令四朝元老毕公继续治理成周。史官记叙康王策命毕公这件大事，称为《毕命》。本篇开头是史官记事的话，"王若曰"以下是康王的策命。策命分三部分，一是康王赞美毕公治理国家的成绩；二是康王指示教化殷民的具体方法；三是康王勉励毕公尽心教导殷民，治理好先王的事业。

〇康王命作册毕，分居里，成周郊，作《毕命》。

惟十有二年，六月庚午，朏①。越三日壬申，王朝步自宗周，至于丰，以成周之众，命毕公保厘②东郊。

王若曰："呜呼！父师，惟文王、武王敷大德于天下，用克受殷命。惟周公左右③先王，绥定厥家，毖④殷顽民，迁于洛邑，密迩王室, 式化厥训。既历三纪, 世变风移, 四方无虞, 予一人以宁。道有升降, 政由俗革, 不臧厥臧, 民罔攸劝。惟公懋德, 克勤小物, 弼亮四世, 正色率下, 罔不祗⑤师言。嘉绩多于先王, 予小子垂拱仰成。"

王曰: "呜呼! 父师。今予祗命公以周公之事, 往哉! 旌别淑慝⑥, 表厥宅里, 彰善瘅⑦恶, 树之风声。弗率训典, 殊厥井疆, 俾克畏慕。申画郊圻, 慎固封守, 以康四海。政贵有恒, 辞尚体要, 不惟好异。商俗靡靡, 利口惟贤, 余风未殄⑧, 公其念哉!

【注释】①朏: 天将明。②保厘: 治理百姓, 保护扶持使之安定。③左右: 相帮, 相助。④毖: 教导, 告诫。⑤祗: 恭敬。⑥旌别淑慝: 旌别, 识别。淑慝, 善恶。⑦瘅: 憎恨。⑧殄: 尽, 绝。

【译文】康王十二年六月庚午日, 月亮新放光明。到第三天壬申日, 康王早晨从镐京行到丰邑, 把成周的民众交待给毕公, 命令太师毕公安治于东郊。

康王这样说: "啊! 父师, 文王、武王行大德于天下, 因此能够承受殷的王命, 代理殷王。周公辅助先王安定国家, 告诫殷商顽民, 迁徙到洛邑, 靠近王都便于监督管理, 他们逐渐被周公感化。自从迁徙以来, 已经过了三十六年, 人世变化, 风俗转移, 今四方没有忧患, 我因此感到安宁。治道有起有落, 政教也随着风俗改革, 如果不能褒奖善良, 树立起以善为美的榜样, 百姓将无向善之心。毕公您德高望重, 不但能将大小事务处理得妥妥当当, 而且还先后辅助过四代天子, 严正地率领下属, 臣下没有人不敬重师训。你的美好功绩被先王所重视, 小子我才疏学浅, 比不上先王, 对您敬仰万分, 仰望您的功绩。"

康王说: "啊! 父师。我把周公治理殷民的重任委托给您, 您现在就去上任吧！您到那里，要识别善恶之人，对善民要加以表彰，让他荣耀乡里，奖善罚恶，树立以善为美的良好风气。对于顽固不化的人，将他们和善民隔离开，让他们住在那里继续教化，使他们懂得善恶，服从管束。你还要明确地划分出郊区与城市的分界，大力加强军事力量，从而安定天下。为政者当重视前人定下的常法，发布的政令应当突出重点，不要标新立异。殷商遗民奢侈之风甚胜，以善辩为贤，虽然经多年的整治，收效甚微，时至今日此歪风仍未断绝，您可得想想办法啊！

　　"我闻曰：'世禄之家，鲜克由礼。'以荡陵德，实悖天道。敝化奢丽，万世同流。兹殷庶士，席宠①惟旧，怙侈②灭义，服美于人。骄淫矜侉，将由恶终。虽收放心，闲之惟艰。资富能训，惟以永年。惟德、惟义，时乃大训；不由古训，于何其训？"

　　王曰："呜呼！父师。邦之安危，惟兹殷士。不刚不柔，厥德允修。惟周公克慎厥始；惟君陈克和厥中；惟公克成厥终。三后协心，同底于道，道洽政治，泽润生民。四夷左衽③，罔不咸赖，予小子永膺多福。公其惟时成周，建无穷之基，亦有无穷之闻。子孙训其成式④，惟义。呜呼！罔曰弗克，惟既厥心；罔曰民寡，惟慎厥事。钦若先王成烈，以休于前政！"

　　【注释】①席宠：倚仗恩宠。②怙侈：放纵奢欲。③左衽：我国古代部分少数民族的服装，前襟向左掩，不同于中原一带人民的右衽。④成式：旧有的法规。

　　【译文】"我听说：'世代享有禄位的人家，很少能够遵守礼法。'他们放荡不羁，仗势欺人，欺辱有德之人，实在是有违天地正道。腐败的风俗奢侈华丽，万世相同。殷商的士族们，享受先人的福泽太久了，已经堕落了。他们凭仗强大的势力，灭绝德义，穿着奢侈无度，而且骄横放荡，目中无人，无人管束则行恶一生，这些人已经无药可救。即使加以惩戒也只能使他们收敛一时，但是很难让他们改过自新，重新做人。对于有钱有势又能接受我朝管束的人，自当让其福寿绵绵。重视德、重视义，这是天下的大训；如果连这个古训都不听，那么他们还会听什么呢？"

康王说："啊！父师。教化殷民责任重大，关乎国家安危，不可不慎重。施政当刚柔相济，有赏有罚，如此方能政令通达。当初，周公谨慎地教化殷民；接着，周公之子君陈和谐治理殷民，使其与我朝和睦相处；如今，就要靠毕公您完成这教化的最终使命。三位齐心协力，先后教导殷民，治理殷民，政治清明，如春风化雨，润泽百姓。四方的少数民族，也受到您的福泽，我这个年轻人也托您的福，永远享受大福。您要治理好成周殷民事宜，建立我周王朝万世基业，功成则永享美名，流芳百世。后世子孙遵从您制定的治国方略，天下就该安定了。啊！您不要谦虚地说，不能胜任此重任，应当尽心尽力地去做；不要说百姓少，当慎重政事。认真治理好先王的大业，要超越前人，使它更加美好！"

# 君牙第二十七

**【题解】**君牙，人名。本篇是周穆王命君牙任大司徒的册书，周穆王论述了敷典、正身、思艰、安民的治国策略，对于我们研究西周的政治制度和古代思想史有参考价值。

　　本篇分三部分：一是穆王请求君牙协助，解除自己的忧危；二是穆王告戒君牙宣扬五常之教，重视民艰，追配前贤；三是穆王勉励君牙奉行先正的法式，治理人民。

　　〇穆王命君牙，为周大司徒，作《君牙》。

　　王若曰："呜呼！君牙。惟乃祖乃父，世笃<sup>①</sup>忠贞，服劳王家，厥有成绩，纪于太常。惟予小子，嗣守文、武、成、康遗绪，亦惟先正之臣，克左右乱四方。心之忧危，若蹈虎尾，涉于春冰。

　　"今命尔予翼<sup>②</sup>，作股肱心膂<sup>③</sup>。缵乃旧服，无忝祖考！弘敷五典，式和民则。尔身克正，罔敢弗正；民心罔中，惟尔之中。夏暑雨，小民惟曰怨咨<sup>④</sup>；冬祁寒，小民亦惟曰怨咨。厥惟艰哉！思其艰以图其易，民乃宁。呜呼！丕显哉！文王谟<sup>⑤</sup>。丕承哉！武王烈。启佑<sup>⑥</sup>我后人，咸以正罔缺。尔惟敬明乃训，用奉若于先王，对扬文、武之光命，追配于前人。"

王若曰："君牙！乃惟由先正旧典时式，民之治乱在兹。率乃祖考之攸行，昭⑦乃辟之有乂。"

【注释】①笃：忠实，一心一意。②翼：帮助，辅佐。③股肱心膂：辅佐君主的大臣，左右辅助得力的人。④怨咨：怨恨嗟叹。⑤谟：计谋，策略。⑥启佑：开导佑助。⑦昭：指导。

【译文】穆王这样说："啊！君牙。你的祖父和你的父亲，世世纯厚忠正，服劳于王家，为我周王朝立下汗马功劳，这些功绩都记录在我王家的旌旗之上。我这个年轻人，继守文、武、成、康的遗业，却没有能臣辅佐，助我治理天下。这让我即忧愁又恐惧，好似踩到老虎的尾巴，又如同走在春天的薄冰上，忐忑不安。

"现在我命令你辅助我，做我的心腹重臣。要继续你旧日的行事，不要累及你的祖考！普遍传布五常的教育，用为和谐人民的准则。你自身能正，人民不敢不正；民心没有标准，只考虑你的标准。夏天大热大雨，小民只是怨恨嗟叹；冬天大寒，小民也只是怨恨嗟叹。治民艰难呀！你要想到他们的艰难，因而谋求那些治理的办法，人民才会安宁。啊！光明呀！我们文王的谋略。相承呀！我们武王的功业。它可以启示佑助我们后人，使我们都依从正道而无邪缺。你当不懈地宣扬你的教训，以此恭顺于先王。你只要敬明五典教化，来奉顺先王，就可以弘扬文王、武王的光明教导，与你的祖辈和父辈相配匹了。"

穆王这样说："君牙！你当奉行先正的旧典善法，人民治乱的关键，就在这里。你应当遵循你祖辈和父辈的行为，指导你的君王立下治道。"

# 冏命第二十八

**【题解】**冏，就是伯冏，人名，周穆王时太仆正。本篇是周穆王命伯冏担任太仆正的册书。周穆王认识到侍从仆役对国君影响很大，他说"后德惟臣，不德惟臣"，勉励伯冏注重选用贤臣，杜绝行贿。这些认识是正确的，有其进步意义。

本篇分三段。一段穆王着重说明要依靠忠良，匡救自己的不及，以便能够继承先人的大业。二段穆王勉励伯冏慎选贤良，增进自己的德行。三段穆王勉励伯冏用常法辅助自己。

〇穆王命伯冏，为周太仆正，作《冏命》。

王若曰："伯冏！惟予弗克于德，嗣先人宅丕后，怵惕<sup>①</sup>惟厉，中夜以兴，思免厥愆<sup>②</sup>。

"昔在文、武，聪明齐圣，小大之臣，咸怀忠良。其侍御仆从罔匪正人，以旦夕承弼<sup>③</sup>厥辟，出入起居罔有不钦，发号施令罔有不臧<sup>④</sup>。下民祗若，万邦咸休。

"惟予一人无良，实赖左右前后有位之士，匡其不及。绳愆<sup>⑤</sup>

纠谬, 格其非心, 俾克绍先烈。

"今予命汝作大正, 正于群仆、侍御之臣。懋乃后德交修不逮。慎简乃僚, 无以巧言令色、便辟侧媚⑥, 其惟吉士。仆臣正, 厥后克正; 仆臣谀, 厥后自圣。后德惟臣, 不德惟臣。尔无昵于憸人, 充耳目之官, 迪上以非先王之典。非人其吉, 惟货其吉, 若时, 瘝⑦厥官, 惟尔大弗克祗厥辟; 惟予汝辜。"

王曰: "呜呼! 钦哉! 永弼乃后于彝宪⑧。"

【注释】①怵惕: 恐惧警惕。②愆: 罪过, 过失。③承弼: 辅佐上级。④臧: 善, 好。⑤绳愆: 木工用的墨线, 引申为标准, 法则, 又引申为按一定的标准去衡量, 纠正。⑥便辟侧媚: 逢迎谄媚。⑦瘝: 旷废。⑧彝宪: 常法。

【译文】穆王这样说: "伯冏! 我不能够敬修德行, 继承先人处在大君的位置, 戒惧会有危险, 甚至半夜起来, 想法子避免过失。

"从前在文王、武王的时候, 他们聪明、通达、圣明, 小臣大臣都怀着忠良之心。他们的侍御近臣, 没有人不是正人, 用他们早晚侍奉辅佐他们的君主, 所以君主出入起居, 没有不敬慎的事, 发号施令, 也没有不好的。老百姓恭敬顺服, 万国和洽休美。

"我没有好的德行, 实在要依赖左右前后的官员, 匡正我的不到之处。纠正过错, 端正我不正确的思想, 使我能够继承先王的功业。

"今天我任命你做太仆长, 领导群仆、侍御的臣子。你们要勉励你们的君主增修德行, 共同勉励做得不够的地方。你要慎重选择你的部属, 不要任用巧言令色、阿谀奉承的人, 要任用的都是贤良正士。仆侍近臣都正, 他们的君主才能正; 仆侍近臣谄媚, 他们的君主就会自以为圣明。君主有德, 由于臣下, 君主失德, 也由于臣下。你不要亲近小人, 充当我的视听之官, 不要引导君上违背先王之法。如果不以贤人最善,只以货财最善,像这样,就会败坏我们的官职,就是你大大地不能敬重你的君主;我将惩罚你。"

穆王说:"啊!要认真呀!永远辅助你的君王实行常法。"

# 吕刑第二十九

**【题解】**周穆王初年，滥用刑罚，政乱民怨，等到吕侯为相，传导周穆王明德慎罚，制定刑律，采用中刑，国家得到治理，功绩流传后世。本篇虽然记载的是周穆王的诰词，但是体现了吕侯的法律思想和刑罚主张，所以名为《吕刑》。

本篇诰词中，穆王详尽叙述了刑的源流，说明了当时刑法总共有三千条，而且制定了赎刑的条例，强调要依法定罪和采用中刑。它在穆王之世，起到了由乱变治的重要作用。它是我国历史上最早的系统刑法文献，具有很高的史料价值。

本篇分三部分。第一部分详述刑的源流，告诫诸侯应当勤政慎刑。第二部分说明刑法的种类、条目，以及审理狱讼的方法。第三部分说明惩办贪污和使用中刑的重要意义。

○吕命，穆王训夏赎刑，作《吕刑》。

惟吕命，王享国百年，耄①，荒度②作《刑》，以诘四方。

王曰："若古有训，蚩尤惟始作乱，延及于平民，罔不寇贼鸱义③，奸宄夺攘矫虔④。苗民弗用灵，制以刑，惟作五虐之刑曰法。杀戮无辜，爰始淫为劓、刵、椓、黥。越兹丽刑⑤并制，罔差有辞。

"民兴胥渐，泯泯棼棼⑥，罔中于信，以覆诅盟。虐威庶戮⑦，方告无辜于上，上帝监民，罔有馨香德，刑发闻惟腥。皇帝哀矜庶戮之不辜，报虐以威，遏绝苗民，无世在下。乃命重、黎，绝地天通，罔有降格。群后之逮在下，明明棐常⑧，鳏寡无盖。

【注释】①耄：年老，八九十岁的年纪。②荒度：大力治理，统盘筹划。③鸱义：丧失天良的行为。④矫虔：诈称上命强夺他人财物。⑤丽刑：触犯刑法。丽通"罹"。⑥泯泯棼棼：纷乱的样子。⑦庶戮：众被戮者。⑧棐常：辅行常法。

【译文】吕侯被命为卿时，穆王在位很久，军纪老了，还是广泛谋求制定《刑》书，来禁戒天下。

穆王说："古代有教训，蚩尤作乱，影响到平民百姓，无不寇掠贼害，轻率不正，内外作乱，争夺窃盗，诈骗强取。苗民不遵守政令，就用刑罚来制服，制定了五种酷刑以为法律。杀害无罪的人，开始大肆使用劓、刵、椓、黥等刑罚。于是，施行杀戮，抛弃法制，不减免无罪的人。

"苗民互相欺诈，纷纷乱乱，没有忠信，以致背叛誓约。受了虐刑和一些被侮辱的人都向上帝申告自己无罪，上帝考察苗民，没有芬芳的德政，刑法所发散的只有腥气。颛顼帝哀怜众多被害的人没有罪过，就用威罚处置施行虐刑的人，制止和消灭行虐的苗民，使他们没有后嗣留在世间。又命令重和黎，禁止地民和天神相互感通，神和民再不能升降来往了。高辛、尧、舜相继在下，都显用贤德的人，扶持常道，于是孤苦之人的苦情，不再被壅蔽。

"皇帝清问下民鳏寡有辞于苗。德威惟畏，德明惟明。乃命三后，恤功于民。伯夷降典，折民惟刑；禹平水土，主名山川；稷降播种，农殖嘉谷。三后成功，惟殷①于民。爰制百姓于刑之中，以教祇德。

"穆穆②在上，明明在下，灼于四方，罔不惟德之勤，故乃明于刑之中，率乂于民棐彝③。典狱非讫④于威，惟讫于富。敬忌，罔有择言在身。惟克天德，自作元命，配享在下。"

王曰："嗟！四方司政典狱，非尔惟作天牧⑤？今尔何监？非时伯夷播刑之迪？其今尔何惩？惟时苗民匪察于狱之丽，罔择吉人，观于五刑之中；惟时庶威夺货，断制五刑，以乱无辜。上帝不蠲⑥，降咎于苗。苗民无辞于罚，乃绝厥世。"

**【注释】**①殷：富裕，富足，殷实。②穆穆：端庄恭敬。③棐彝：辅成教化。④讫：完结，终了。⑤天牧：指掌管政事的统治者。⑥蠲：免除。

**【译文】**"尧帝清楚地听到下民和孤寡对苗民的怨言。于是提拔贤人，贤人所惩罚的，人都畏服，贤人所尊重的，人都尊重。命令三位大臣，慎重地为民服务。伯夷颁布法典，用刑律制服人民；大禹平治水土，负责名山大川，后稷教民播种，努力种植庄稼。三后成功了，老百姓富足了。士师又用公正的刑罚制御百官，教导臣民敬重德行。

"尧帝恭敬在上，三位大臣努力治事在下，光照四方，没有人不勤行德政，所以能勉力于刑罪的公平，治理老百姓以扶持常道。主管刑罚的官，不是停止在威虐上，而是停止在仁厚上。又敬、又戒，自身不说坏话。他们肩负上天仁爱的美德，自己造就了好命，所以配在天下享有禄位。"

穆王说："啊！四方的诸侯们，你们不是要做上天的治民官吗？现在，你们重视什么呢？难道不是这伯夷施行刑罚的道理吗？现在你们要用什么作为惩戒呢？就是苗民不详察狱事的施行，不选择善良的人，监察五刑的公正；就是任用虚张威势，掠夺财物的人，裁决五刑，乱罚无罪。上帝不加赦免，降灾给苗民。苗民对上帝的惩罚无话可说，于是断绝了他们的后嗣。"

王曰："呜呼！念之哉！伯父、伯兄、仲叔、季弟、幼子、童孙，皆听朕言，庶有格命。今尔罔不由慰日勤，尔罔或戒不勤。天齐于民，俾我，一日非终惟终，在人。尔尚敬逆天命，以奉我一人！虽畏勿畏；虽休勿休。惟敬五刑，以成三德。一人有庆，兆民赖之，其宁惟永。"

王曰："吁！来，有邦有土，告尔祥刑。在今尔安百姓，何择非人？何敬非刑？何度非及？

"两造具备，师听五辞。五辞①简孚②，正于五刑③；五刑不简，正于五罚④；五罚不服，正于五过⑤。五过之疵：惟官、惟反、惟内、惟货、惟来。其罪惟均，其审克之！

"五刑之疑有赦，五罚之疑有赦，其审克之！简孚有众，惟貌有稽⑥。无简不听，具严天威。

"墨⑦辟疑赦，其罚百锾，阅实其罪。劓辟疑赦，其罚惟倍，阅实其罪。剕⑧辟疑赦，其罚倍差，阅实其罪。宫辟疑赦，其罚六百锾，阅实其罪。大辟⑨疑赦，其罚千锾，阅实其罪。墨罚之属千，劓罚之属千，剕罚之属五百，宫罚之属三百，大辟之罚其属二百。五刑之属三千。

【注释】①五辞：诉讼时原告、被告双方的述词。②简孚：核实可信。

③五刑：五种刑罚的统称。④五罚：对罪不当五刑者处以相应的五种赎金。⑤五过：中国古代司法审判制度的一种，它列举了判官的五种禁止性行为。即："惟官、惟反、惟内、惟货、惟来"。⑥稽：考核。⑦墨：一种刑罚，在脸上刺字并涂墨（亦称"黥"）。⑧刖：古代把脚砍掉的酷刑。⑨大辟：古五刑之一，初谓五刑中的死刑，隋后泛指一切死刑。

【译文】穆王说："啊！你们要记住这个教训啊！伯父、伯兄、仲叔、季弟以及年幼的子孙们，都听从我的话，或许会享有好命。如今你们没有一个不自我安慰说已经很勤劳了，你们没有人警诫自己不勤劳。上帝治理下民，暂时任用我们，不成与成，完全在人。你们可要恭敬地接受天命，来辅助我！虽然遇到可怕的事，不要害怕；虽然可以休息，也不要休息。希望慎用五刑，养成这三种德行。一人办了好事，万民都受益，国家的安宁就会长久了。"

穆王说："啊！来吧，诸侯国君和各位大臣，我告诉你们要善用刑法。如今你们安定百姓，要选择什么呢，不是吉人吗？要慎重什么呢，不正是刑罚吗？要考虑什么呢，不就是判断适宜吗？

"原告和被告都来齐了，法官就审查五刑的讼辞。如果讼辞核实可信，就用五刑来处理。如果用五刑处理不能核实，就用五罚来处理；如果用五罚处理也不可从，就用五过来处理。五过的弊端是：法官畏权势、报恩怨、谄媚内亲、索取贿赂、受人请求。发现上述弊端，法官的罪就与罪犯相同，你们必须详细察实啊！

"根据五刑定罪的疑案有赦免的，根据五罚定罪的疑案有赦免的，要详细察实啊！要从众人中核实验证，审理案件也要有共同办案的人。没有核实不能治罪，应当共同敬畏上天的威严。

"判处墨刑感到可疑，可以从轻处治，罚金一百锾，要核实其罪行。判处劓刑感到可疑，可以从轻处治，罚金二百锾，要核实其罪行。判处剕刑感到可疑，可以从轻处治，罚金五百锾，要核实其罪行。判处宫刑感到可疑，可以从轻处治，罚金六百锾，要核实其罪行。判处死刑感到可疑，可以从轻处治，罚金一千锾，要核实其罪行。墨罚的条目有一千，劓罚的条目有一千，剕罚的条目有五百，宫罚的条目有三百，死罪的刑罚，其条目有二百。五种刑罚的条目共有三千。

"上下比罪，无僭乱<sup>①</sup>辞，勿用不行，惟察惟法，其审克之！上刑适轻，下服；下刑适重，上服。轻重诸罚有权<sup>②</sup>。刑罚世轻世重，惟齐非齐，有伦有要。

"罚惩非死，人极于病。非佞折狱，惟良折狱，罔非在中。察辞于差，非从惟从。哀敬折狱，明启刑书胥占，咸庶中正。其刑其罚，其审克之！狱成而孚，输而孚。其刑上备，有并两刑。"

王曰："呜呼！敬之哉！官伯族姓，朕言多惧。朕敬于刑，有德惟刑。今天相民，作配在下。明清于单辞<sup>③</sup>，民之乱，罔不中听狱之两辞，无或私家于狱之两辞！狱货非宝，惟府辜功<sup>④</sup>，报以庶尤。永畏惟罚，非天不中，惟人在命。天罚不极，庶民罔有令政在于天下。"

王曰："呜呼！嗣孙，今往何监？非德？于民之中，尚明听之哉！哲人惟刑，无疆之辞，属于五极，咸中有庆。受王嘉师，监于兹祥刑<sup>⑤</sup>。"

**【注释】**①僭乱：虚妄淆乱。②权：变通，不依常规③单辞：指诉讼中无对质无证据的单方面言辞。④辜功：罪状。⑤祥刑：善用刑罚。

**【译文】**"要上下比较其罪行，不要错乱供词，不要采取已经废除的法律，应当明察，应当依法，要核实啊！上刑宜于减轻，就减一等处治，下刑宜于加重，就加一等处治。各种刑罚的轻重允许有些灵活性。

刑罚时轻时重，相同或不相同，都有它的条理和纲要。

"刑罚虽不置人死地，但受刑罚的人感到比重病还痛苦。不是巧辩的人审理案件，而是善良的人审理案件，就没有不公正合理的。从矛盾处考察供词，不服从的犯人也会服从。应当怀着哀怜的心情判决诉讼案件，明白地检查刑书，互相斟酌，都要以公正为标准。当刑当罚，要详细察实啊！要做到案件判定了，人们信服；改变判决，人们也信服。刑罚贵在慎重，有时也可以把两种罪行合并考虑，只罚一种。"

穆王说："啊！谨慎啊！诸侯国君以及同姓官员们，对我的话要多多戒惧。我重视刑罚，有德于老百姓的也是刑罚。如今上天扶助老百姓，你们是在下面作天之配。应当明察一面之辞，老百姓的治理，无不在于公正地审理双方的诉讼词，不要对诉讼双方的诉词贪图私利啊！狱讼接受贿赂不是好事，那是获罪的事，我将以众人犯罪来论处这些人。永远可畏的是上天的惩罚，不是天道不公平，只是人们自己终结天命。上天的惩罚不加到他们身上，众民就不知有美好的政治在天下了。"

穆王说："啊！子孙们，从今以后，用什么作为鉴戒呢？难道不是德行吗？对于老百姓案情的判决，要明察啊！治理老百姓要运用刑罚，使无穷无尽的讼辞合于五刑，都能公正适当，就有福庆。你们接受治理好我的百姓，可要明察这种祥刑啊！"

# 文侯之命第三十

【题解】文侯，指晋文侯，名仇，字义和。本篇是周平王表彰晋文侯功绩的册书。周幽王荒淫无度、宠爱褒姒，褒姒生子伯服。周幽王废申后和太子宜臼，立褒姒为后，伯服为太子。申后的父亲申侯联合犬戎攻杀周幽王。诸侯拥立宜臼为王，就是周平王。晋文侯、郑武公等辅佐周平王平定戎乱，东迁洛邑。周平王表彰晋文侯的功绩，赐给车马弓矢，作《文侯之命》。

○平王锡晋文侯秬鬯圭瓒，作《文侯之命》。

王若曰："父义和！丕显文、武，克慎明德，昭升于上，敷闻在下，惟时上帝集厥命于文王。亦惟先正克左右昭事厥辟，越小大谋猷①罔不率从，肆先祖怀在位。

"呜呼！闵予小子嗣，造天丕愆。殄资泽于下民，侵戎我国家纯。即我御事，罔或耆寿俊在厥服②，予则罔克。曰：'惟祖惟父，其伊恤朕躬。'呜呼！有绩③予一人永绥在位。

"父义和！汝克昭乃显祖，汝肇④刑文、武，用会绍⑤乃辟，追孝于前文人。汝多修，捍⑥我于艰，若汝，予嘉。"

王曰："父义和！其归视尔师，宁尔邦。用赉尔秬鬯一卣⑦；彤弓一，彤矢百；卢弓⑧一，卢矢百；马四匹。

"父往哉！柔远能迩，惠康小民，无荒宁。简恤尔都，用成尔显德。"

**【注释】**①谋猷：计谋，谋略。②耆寿俊在厥服：耆寿，年高德劭者，亦泛指老寿之人。俊，通"骏"，长久。服，职位。③绩：成果，功业。④肇：勉力。⑤绍：继承。⑥捍：保卫。⑦秬鬯一卣：秬鬯，古代以黑黍和郁金香草酿造的酒，用于祭祀降神及赏赐有功的诸侯。⑧卢弓：黑色的弓。古代诸侯有大功，则天子赐予黑色弓矢，以之象征征伐之权。

**【译文】**平王这样说："族父义和啊！伟大光明的文王和武王，能够慎重行德，德辉升到上天，名声传播到下土，于是上帝降下那福命给文王、武王。也因为先前的公卿大夫能够辅佐、指导、服事他们的君主，对于君主的大小谋略无不遵从，所以先祖能够安然在位。

"啊！不幸我这年轻人继承王位，遭到了上天的大责罚。没有福利德泽施给老百姓，侵犯我国家的人很多。现在我的治事大臣，没有老成人长期在职，我便不能胜任了。我呼吁：'祖辈和父辈的诸侯国君，要替我担忧啊。'啊！果然有促成我长安于王位的人了。

"族父义和啊！您能够继承您的显祖唐叔，您努力制御文武百官，用会合诸侯的方式延续了您的君主，追怀效法文王和武王。您很好，在困难的时候保卫了我，像您这样，我很赞美！"

平王说："族父义和啊！希望您回去治理您的臣民，安定您的国家。现在我赐给您黑黍香酒一坛；红色的弓一张，红色的箭一百支；黑色的弓一张，黑色的箭一百支；四匹马。

"您回去吧！安抚远方，亲善近邻，爱护安定老百姓，不要荒废政事，贪图安逸。大力安定您的国家，成就您显著的德行。"

# 费誓第三十一

【题解】费，地名，在今山东省费县西北。《说文》引作棐，《史记》作肸，唐人改作《誓》。本篇是鲁公伯禽率师征伐淮夷、徐戎，在鲁国费地发布的诰命。

本篇可分三段。第一段告戒鲁人作好治理兵器和清除道路这些准备工作，第二段宣布军事纪律，第三段宣布作战日期和军事任务。

○鲁侯伯禽宅曲阜，徐、夷并兴，东郊不开，作《费誓》。

公曰："嗟！人无哗，听命。徂兹淮夷，徐戎并兴。

"善敹乃甲胄<sup>①</sup>，敿乃干<sup>②</sup>，无敢不吊！备乃弓矢，锻乃戈矛，砺<sup>③</sup>乃锋刃，无敢不善！

"今惟淫舍牿<sup>④</sup>牛马，杜乃擭<sup>⑤</sup>，敜乃阱<sup>⑥</sup>，无敢伤牿！牿之伤，汝则有常刑！

"马牛其风，臣妾逋逃，无敢越逐！祗复之，我商赍汝。乃越逐，不复汝则有常刑！无敢寇攘，逾垣墙，窃马牛，诱臣妾，汝则有常刑！

"甲戌,我惟征徐戎。峙乃糗粮⑦,无敢不逮;汝则有大刑!鲁人三郊三遂,峙乃桢干⑧。甲戌,我惟筑,无敢不供;汝则有无馀刑,非杀。鲁人三郊三遂,峙乃刍茭⑨,无敢不多;汝则有大刑!"

【注释】①善敹乃甲胄:好好缝缀你们的军服头盔。②敿乃干:系结你们的盾牌。③砺:磨砺。④牿:关养牛马的圈。⑤杜乃擭:掩盖你们捕兽的工具。⑥敜乃阱:填塞你们捕兽的陷阱。⑦峙乃糗粮:准备你们的干粮。⑧桢干:筑墙用的木板,桢用在墙的两端,干用在墙的两旁。⑨刍茭:生草和干草。

【译文】公说:"喂!大家不要喧哗,听我命令。现今淮夷、徐戎同时起来作乱。

"好好缝缀你们的军服头盔,系结你们的盾牌,不许不准备好!准备你们的弓箭,锻炼你们的戈矛,磨利你们的锋刃,不许不准备好!

"现在要大放圈中的牛马,掩盖你们捕兽的工具,填塞你们捕兽的陷阱,不要伤害牛马。伤害了牛马,你们就要受到常刑!

"牛马走失了,男女奴仆逃跑了,不许离开队伍去追赶!得到了的,要恭敬送还原主,我会赏赐你们。如果你们擅自离开队伍去追赶,或者不归还原主,你们就要受到常刑!不许抢夺掠取,跨过围墙,偷窃马牛,骗取别人的男女奴仆,否则,你们都要受到常刑!

"甲戌这天,我们征伐徐戎。准备你们的干粮,不许不够;不够,你们就要受到死刑!我们鲁国三郊三遂的人,要准备你们的筑墙工具。甲戌这天,我们要修筑营垒,不许不供给;如果不供给,你们将受到终身不释放的刑罚,只是不杀头。我们鲁国三郊三遂的人,要准备你们的生草料和干草料,不许不够;如果不够,你们就要受到死刑!"

# 秦誓第三十二

【题解】鲁僖公三十三年，穆公派遣大将孟明视、西乞术、白乙丙率领军队远道偷袭郑国。老臣蹇叔竭力谏劝，穆公不听。军行途中，秦军获知郑国有了防备，只好消灭滑国后回去，在崤遭到了晋军的伏击，全军覆灭。本篇是秦军将帅回国时，秦穆公对他们和群臣说的誓辞。

本篇可分两段。第一段穆公悔恨顺从自己的过失，愿意亲近老臣。第二段穆公悔恨待士的偏差，希望容人之善。

○秦穆公伐郑，晋襄公帅师败诸崤，还归作《秦誓》。

公曰："嗟！我士，听无哗！予誓告汝群言之首①。

"古人有言曰：'民讫②自若是多盘。'责人斯无难，惟受责俾如流，是惟艰哉！我心之忧，日月逾迈③，若弗云来。

"惟古之谋人，则曰'未就予忌'④；惟今之谋人，姑将以为亲。虽则云然，尚猷询兹黄发，则罔所愆。

"番番良士，旅力既愆⑤，我尚有之；仡仡勇夫，射御不违，我尚不欲。惟截截⑥善谝言，俾君子易辞，我皇多有之！

"昧昧⑦我思之，如有一介臣，断断猗无他伎，其心休休焉，其如有容。人之有技，若已有之。人之彦圣，其心好之，不啻如自其口出。是能容之，以保我子孙黎民，亦职有利哉！

"人之有技，冒疾⑧以恶之。人之彦圣，而违之俾不达。是不能容，以不能保我子孙黎民，亦曰殆哉！

"邦之杌陧⑨，曰由一人；邦之荣怀，亦尚一人之庆。"

【注释】①群言之首：许多话中最重要的话。②讫：尽。③逾迈：过去，消逝。④忌：教导。⑤愆：亏损。⑥截截：截，通"諓"，浅薄的样子。⑦昧昧：暗暗。⑧冒疾：妒忌。冒，通"媢"；疾，通"嫉"。⑨杌陧：倾危不安的样子。

【译文】穆公说："啊！我的官员们，听着，不要喧哗！我有重要的话要告诉你们。

"古人有话说：'人只随心所欲，就会多出差错。'责备别人不是难事，被别人责备却如流水一样地顺从，这就困难啊！我心里的忧虑，在于时间过去，就不回来了。

"往日的谋臣，却说'不能顺从我的教导'；现在的谋臣，我愿意以他们为亲人。虽说这样，还是要请教年老的，才没有失误。

"白发苍苍的好官员，体力已经衰了，我还是亲近他们；强壮勇猛的武士，射箭和驾车都不错，我还是不大喜爱。只是那些浅薄善辩的人，使君子容易疑惑，我竟然太亲近他们！

"我暗暗思量着，如果有一个官员，诚实专一而没有别的技能，他的胸怀宽广而能容人。别人有能力，好像自己的一样。别人美好明哲，他的心里喜欢，又超过了他口头的称道。这样能够容人，用来保护我的子孙众民，也或许有利啊！

　　"别人有能力，就妒忌，就厌恶。别人美好明哲，却阻挠使他不能被君主知道。这样不能宽容人，任用他们不能保护我的子孙众民，也危险啊！

　　"国家的危险不安，由于君主一人；国家的繁荣安定，也许是由于君主一人的善良啊！"

# 谦德国学文库丛书

## （已出书目）

颜氏家训

列子

心经·金刚经

六祖坛经

茶经·续茶经

唐诗三百首

宋词三百首

元曲三百首

小窗幽记

菜根谭

围炉夜话

呻吟语

人间词话

古文观止

黄帝内经

五种遗规

一梦漫言

楚辞

说文解字

资治通鉴

智囊全集

酉阳杂俎

商君书

读书录

战国策

吕氏春秋

淮南子

营造法式

韩诗外传

长短经

虞初新志

迪吉录

浮生六记

文心雕龙

幽梦影

东京梦华录

阅微草堂笔记

说苑

竹窗随笔